Gerald May   ICH SCHLAFE, DOCH MEIN HERZ IST WACH

D1729293

Gerald May

ICH SCHLAFE, DOCH MEIN HERZ IST WACH

Wege zum kontemplativen Leben

Claudius Verlag

Titel der amerikanischen Originalausgabe:
THE AWAKENED HEART
Living Beyond Addiction
HarperCollins Publishers, San Francisco
Copyright © 1991 by Gerald G. May

Aus dem Amerikanischen übersetzt
von Hans-Martin Engelbrecht

Die Deutsche Bibliothek – CIP-Einheitsaufnahme

May, Gerald:
Ich schlafe, doch mein Herz ist wach: Wege zum
kontemplativen Leben / Gerald May. [Aus dem Amerikan.
übers. von Hans-Martin Engelbrecht]. – München:
Claudius Verl., 1995
    Einheitssacht.: The awakened heart ⟨dt.⟩
    ISBN 3-532-62173-8

Umschlaggestaltung: Werner Richter
Gesamtherstellung: Clausen & Bosse, Leck
Gesetzt aus der Linotype-Walbaum

ISBN 3-532-62173-8

Für Patricia Gibler Clark

»Gott, sei mein Atem, meine Schritte,
mein erstes Wort.«
In Deinem Gebet und Deinem Mut
hast Du für uns Stellung bezogen
in grenzenloser Gnade.

INHALT

VORWORT

Im inneren Leben dürfen wir nie
unsere Erfahrungen als Maßstab für
alle anderen Menschen nehmen.
Die Wolke des Nichtwissens

Im folgenden Text steckt viel von meiner eigenen Erfahrung. Ich habe ihn von ganzem Herzen geschrieben, weswegen ich manchmal so rede, als ob mein Weg der einzig richtige wäre. Falls Sie entdecken, daß Sie mit etwas, von dem ich hier rede, nicht einverstanden sind oder sich darin nicht wiederfinden können, verschwenden Sie keinen Augenblick mit Selbstzweifel. Versuchen Sie, Ihrer eigenen Wahrheit und dem Wirken der Liebe in Ihrem Herzen zu trauen. Im Text finden sich viele Fragen, die Ihnen helfen sollen, sich über Ihre Erfahrungen klar zu werden. Verbringen Sie ein wenig Zeit mit diesen Fragen.

Quellen

Für den Fall, daß Sie zum Thema noch mehr lesen möchten, habe ich eine ganze Reihe möglicherweise hilfreicher Quellen in den Anmerkungen aufgeführt. Es gibt drei kleine, schlichte Texte, die mir besonders geholfen haben. Der erste ist »The Practice of the Presence of God« von Bruder Lorenz. Er ist ein Karmelitermönch aus dem siebzehnten Jahrhundert und taucht regelmäßig in meinen Schriften auf. Auf ihn geht die Entwicklung der vier Wege zurück, die ich in den Kapiteln 7 – 10 darstelle. Der zweite ist Thomas Kellys »A Testament of Devotion«. Kelly ist ein Quäker aus unserem Jahrhundert, dessen besondere Begabung die Beschreibung radikaler kontemplativer Gegenwart ist. Der dritte ist »Present Moment Wonderful Moment« von Thich Nhat Hanh. Hanh ist ein vietnamesischer Zen-Meister und wurde von Dr. Martin Luther King jr. für den Friedensnobelpreis vorgeschlagen. Er ist der Autor einer ganzen Reihe wunderbarer kleiner Bücher.

Die Bibelstellen sind in den Anmerkungen angegeben. Ich empfehle, mehrere Übersetzungen des Hohenliedes zu lesen. Ich beziehe mich oft darauf, und ihm entstammt auch der Titel meines Buches.[1] Die Übersetzungen sind sehr unterschiedlich. Ich empfehle besonders Marcia Falks wunderbare Neuübertragung. Die bibliographischen Angaben dieses Buches und der oben erwähnten finden sich in den Anmerkungen. Außerdem verweise ich öfter auf das Shalem-Institut. Das ist eine ökumenische Organisation zur Förderung kontemplativer Spiritualität. Wenn Sie sich über sein Programm und seinen finanziellen Aufbau informieren wollen, schreiben Sie an: »Shalem Institute for Spiritual Formation, Mount Saint Alban, Washington, D.C. 20016«. Das hebräische Wort *shalem* ist verwandt mit dem Wort *shalom* und verweist auf Ganzheit. Wir finden es in Ausdrücken wie *leb shalem*: ein ungeteiltes Herz.[2]

Danksagungen

Ich möchte allen Leuten von Shalem, die mein Schreiben auf verschiedenartigste Weise möglich gemacht, unterstützt und bevollmächtigt haben, meinen Dank aussprechen, ganz besonders Tilden Edwards für seine unerschöpfliche Liebe. Vielen Dank an folgende Menschen, die Lebenswichtiges zu den frühen Versionen des Manuskripts beigetragen haben: Patricia Gibler Clark, Eileen Tinsley Colbert, Carolyn Tanner Irish, Norma Jarrett Locher, Marilyn Merikangas und Leland Wilson. Wie immer bin ich voll tiefer Dankbarkeit gegenüber meiner stets wachsenden Familie: Betty, Earl, Denise, Paul, Kathie, Greg, Julie und den beiden Sams. Danke für Eure Zuneigung und Unterstützung und dafür, daß Ihr Euch geduldig mit einem »mystikschen Theoloken« in Eurem Leben eingerichtet habt.

Mehr als irgendeines meiner früheren Bücher war dieses eingeschlossen in das von Herzen kommende Gebet meiner spirituellen

Freunde. Jene Freunde bedeuten mir mehr, als ich sagen kann. Dieses Buch ist genauso sehr das ihre, wie es das meine ist. Nun ist es Ihr Buch.

Kapitel 1 DIE STRAHLEN DER LIEBE TRAGEN

Und wir sind gesetzt auf diese Erde
für eine kleine Weile,
um die Strahlen der Liebe
tragen zu lernen.
William Blake

In jedem von uns, tief in unserem Zentrum, das wir unser Herz nennen, gibt es ein Verlangen. Wir werden damit geboren. Dieses Verlangen wird nie vollkommen gestillt, und es stirbt nie. Wir nehmen es oft nicht wahr, aber es ist immer wach. Das ist der menschliche Wunsch nach Liebe. Jeder Mensch auf dieser Erde möchte lieben, geliebt werden, die Liebe erfahren. Unsere eigentliche Identität, der Grund, warum wir leben, liegt in diesem Verlangen.

Ich denke, William Blake hatte recht, als er den Daseinszweck der Menschheit formulierte: Wir sind hier, um die Strahlen der Liebe tragen zu lernen. Liebe zu tragen hat drei Bedeutungen: sie zu ertragen, sie weiterzutragen und sie zur Welt zu bringen. Die erste meint, daß unsere Fähigkeit, die Schönheit und den Schmerz der Liebe auszuhalten, wachsen soll. Die zweite Bedeutung ist, wir sollen sie weitertragen und ausbreiten, so wie Kinder Gelächter oder Masern übertragen. Die dritte ist, wir sollen neue Liebe in die Welt bringen, wir sollen sie gebären. Das ist die dreifache Natur unserer Sehnsucht.

Belege für diese Sehnsucht finden sich in der großen Kunst, in der Musik, in der Literatur und auch in den Religionen: sie alle durchdringt eine gemeinsame, universelle Leidenschaft für die Liebe. Auch die Psychologie liefert Beweise; die Leidenschaft für die

13

Liebe liegt im Kern der menschlichen Antriebe. Sogar auf neurologischem Gebiet gibt es Belege. Der Forscher Paul MacLean sagt, die hochentwickelte menschliche Großhirnrinde »mache die erforderliche Einsicht möglich, die Bedürfnisse anderer mitzubedenken« und gebe uns »eine Sorge für alles Lebendige«.[1]

Aber um einen wirklichen Beweis zu haben, müssen Sie Ihre eigenen Wünsche und Sehnsüchte anschauen, müssen Sie horchen auf die Grundthemen Ihrer eigenen Lebensgeschichte. In den meisten von uns wurde das Bedürfnis nach Liebe oft verdreht oder vergraben, aber wenn Sie mit aufrichtigem und freundlichem Blick Ihr eigenes Leben betrachten, können Sie es wahrnehmen: ein tiefes Suchen nach Verbundenheit, Heilung, Schöpfung und Freude. Dies ist Ihre wahre Identität; dies ist es, was Sie wirklich sind und wofür Sie leben. Sie haben Ihre eigene, einzigartige Erfahrung mit dem Verlangen nach Liebe, aber ebenso hat sie etwas Universelles an sich. Etwas, das Sie mit allen anderen menschlichen Wesen und mit der ganzen Schöpfung verbindet.

Sie kennen wahrscheinlich bereits Ihre Sehnsucht sehr gut. Sie haben sie als eine Hoffnung auf Beziehung, Sinn, Erfüllung gespürt, vielleicht sogar als ein Gefühl der Bestimmung. Denken Sie einen Moment darüber nach, was der Beweggrund war für das, was Sie in Ihrem Leben getan haben. Worum ging es, als Sie versuchten, in Ihrem Studium oder in Ihrer Arbeit erfolgreich zu sein? Was für eine Hoffnung steckte wirklich dahinter, wenn Sie sympathisch und attraktiv erscheinen wollten oder wenn Sie anderen halfen? Denken Sie an einige Momente in Ihrem Leben, in denen Sie sich am vollkommensten und erfülltesten fühlten. Wonach hat das geschmeckt? Erinnern Sie sich auch daran, als Sie sich ganz schlecht, allein und wertlos vorkamen; was haben Sie vermißt?

Wenn Sie innehalten und still in sich hineinschauen, können Sie vielleicht etwas von der Sehnsucht nach Liebe, genau in diesem Augenblick, spüren. Manchmal ist es wunderbar, mit diesem tiefen Sehnen in Berührung zu kommen, ein Gefühl von Überschwang und Freude. Zu anderen Zeiten kann es schmerzhaft, einsam und ein wenig ängstigend sein. Ob es sich gut oder schlecht anfühlt, es ist von einer furchterregenden Kraft und Tiefe. Wenn die Sehnsucht stärker wird, als wir es ertragen können, dann begraben wir sie unter hektischen Gedanken und Aktivitäten oder entfliehen, indem wir unser unmittelbares Bewußtsein für das Leben betäuben. Es ist möglich, vor diesem Verlangen jahre-, manchmal jahrzehntelang davonzulaufen, aber wir können es nie ganz auslöschen. Es berührt uns immer wieder mit flüchtigen Winken und kleinen Fingerzeigen – in unseren Träumen, unseren Hoffnungen, in den Momenten, in denen unsere Wachsamkeit nachläßt. Wir können uns hinlegen und schlafen, unser Verlangen nach Liebe tut das nicht. Es umfaßt, was wir sind.

Manchmal, in Augenblicken stillen Staunens, ist es möglich, einfach zu *sein* mit unserer Sehnsucht. Wir können ihre Kraft und ihre Schönheit spüren, selbst wenn sie schmerzhaft nach Erfüllung drängt. Tatsächlich ist es eine ganz einfache Sache. Ich kann mich daran erinnern, wie ich es als Kind erlebte. Ich stand auf einem Feld, schaute den Himmel an und war ganz einfach verliebt. Das war keine Liebe für eine bestimmte Sache oder Person. Es war eher, als wäre ich eingetaucht in eine Atmosphäre der Liebe. Ich fühlte mich sehr lebendig, sehr gegenwärtig, innig verbunden mit allen Dingen um mich herum.

Ab und zu erleben wir dieselbe Einfachheit auch als Erwachsene. Aber bei den meisten von uns hält das nicht sehr lange an. Es macht uns Probleme, einfach zu *sein*; wir denken, wir müßten mit wichtigeren Dingen weitermachen. Wir müßten effizient sein. Während des Erwachsenwerdens sind wir darauf getrimmt worden, Effizienz für wichtiger zu halten als Liebe.

Effizienz und Liebe

Effizienz[2] ist das »Wie« des Lebens: Wie werden wir mit den Forderungen des täglichen Lebens fertig? Wie überleben wir, wachsen wir und sind wir schöpferisch? Wie gehen wir mit Streß um, wie effektiv sind wir in unseren Funktionen und Aktivitäten?

Im Gegensatz dazu ist die Liebe das »Warum« des Lebens: Warum funktionieren wir überhaupt, und wozu wollen wir effizient sein? Ich kann Liebe nicht präzise definieren, aber ich bin überzeugt, sie ist die grundlegende Energie der menschlichen Seele, der Brennstoff, der uns antreibt, die Quelle unserer Lebenskraft. Und Gnade, die die fließende und schöpferische Aktivität der Liebe selbst ist, macht alle Herzensgüte erst möglich.

Die Liebe sollte an erster Stelle stehen, sie sollte Anfang und Ursache von allem anderen sein. Effizienz sollte das »Wie« sein, mit dem die Liebe ihr »Warum« ausdrückt. Aber das gerät sehr leicht durcheinander. Als ich noch nicht lange Vater war, wollte ich mich gut um meine Kinder kümmern (Effizienz), weil ich sie so sehr liebte (Liebe). So sollte es sein. Aber bald schon war ich ganz auf meine eigene Effizienz konzentriert: Was haben meine Kinder gegessen? Bekommen sie genug Schlaf? Schaffen wir es rechtzeitig durch den Stau zur Schule? Meine Sorgen um die Effizienz begannen, die Liebe, der sie doch dienen sollten, in den Schatten zu stellen. Die Effizienz, rechtzeitig zur Schule zu kommen, wurde wichtiger, als sich um eine unbedeutende Angst oder ein verletztes Gefühl zu kümmern. Zu oft war das Zeugnis – das bedeutendste Symbol der Effizienz während der Kindheit – wichtiger als die Hoffnungen und Wünsche des kleinen Menschen, der es nach Hause brachte.

So etwas passiert uns allen. Manche Menschen sind so verstrickt in ihren Kampf um ihre eigene Effizienz, daß Liebe wie ein Luxus erscheint oder gar wie ein Hindernis für ein reibungsloses Funktionieren. Führen wir diesen Gedanken weiter, so kommt das unheilvolle Bild von Leuten heraus, die sowohl sehr lieblos als auch sehr effizient in ihren Aktivitäten sind. Fast ein Jahrzehnt lang gelang es Adolf Hitler sehr wirkungsvoll, das Dritte Reich zu vergrößern. Ich erinnere mich an einen Professor der Medizin, der seinen Studierenden erzählte, er fände es lohnender, seine chirurgischen Erfolge zu lieben als seine Kranken. »Sobald Sie anfangen, den Schmerz des Patienten zu fühlen«, sagte er, »beginnen Sie Ihre Geschicklichkeit zu verlieren.« Er meinte es gut.

Genauso wie Menschen effizient sein können, ohne zu lieben, so kennen wir alle Leute, die liebevoll, aber nicht besonders effizient sind. Denken Sie für einen Augenblick an die liebevollsten Menschen, die Sie erlebt haben. Wie effizient sind sie gewesen, gemessen an unseren modernen Erfolgskriterien? Die Menschen, die mich am meisten über Liebe lehrten, hatten mehr als genug von dem, was wir als dysfunktional bezeichnen: Selbstzweifel, Leid und Versagen. Mir fällt Bruder Lorenz ein, der Mönch aus dem siebzehnten Jahrhundert, der so viel von dem, was ich schreibe, inspiriert hat. Die Leute, die seine Biographie verfaßten, beschrieben ihn als einen plumpen, ungeschickten Mann, der sogar mit dem Geschirrspülen in der Klosterküche Probleme hatte. Seine Brüder lachten über ihn. Durch die Brille der Populärpsychologie betrachtet, war Bruder Lorenz ineffizient und unnütz. Er war nie gut in Dingen des Personal-Managements. Aber was er für die Sache der Liebe leistete, ist größer, als es zu ermessen ist. Der französische Theologe Fénelon beschrieb ihn nach einem Treffen als »plump von seiner Natur her und feinfühlig durch die Gnade«. Feinfühlig durch die Gnade: Mir ist das mehr wert als alle Effizienz der Welt.[3]

Ich denke auch an einige der Menschen, um die ich mich in der Psychiatrie gekümmert habe. Eines Tages befragte ich eine Frau, die an schwerer Schizophrenie litt, als mir die Streichhölzer für meine Pfeife ausgingen. Sie hatte zuvor nichts gesprochen, aber sie durchbrach ihre Halluzinationen, um die Krankenschwester um Feuer für mich zu bitten. In der Krankenstation eines Gefängnisses kämpfte ich darum, zu einem aggressiven, fordernden Patienten eine Verbindung herzustellen. In einem Moment der Verzweiflung ließ ich meinen Blick umherschweifen und entdeckte, daß mich ein anderer Mann beobachtete. Sein Blick war so zärtlich und verstehend, daß ich mich unterstützt und ermutigt fühlte, ohne daß zwischen uns ein Wort gefallen war. Dieser Mann litt an paranoiden Wahnvorstellungen und hatte sieben Menschen umgebracht. Er sorgte sich um mich. Diese beiden Leute waren extrem gestört, aber die Gnade durchdrang sie. Wir alle kennen Leute, die nur wenig effizient sind, aber die uns innerlich durch ihre Liebe berührt haben. Vielleicht haben wir vergessen, wie sie hießen, oder sogar, wo wir sie trafen, der Eindruck aber, den sie in uns hinterlassen haben, bleibt.

Vom Funktionieren und Nicht-Funktionieren

Wenn ich könnte, würde ich die Verantwortung für mein Leben übernehmen und es meistern. Ich kann es nicht. Ich habe es versucht und bin wiederholt gescheitert. Ich kann nicht richtig einschätzen, wie liebevoll ich bin, aber ich weiß, daß es mir an Effizienz fehlt. Nach langer Überlegung kam ich zu der Feststellung, daß ich in vieler Hinsicht unpraktisch bin.

Vollkommen funktionierende Leute sind organisiert, diszipliniert und fähig, zu erreichen, was sie vom Leben wollen. Zu organisieren liegt mir fern: Es passiert so viel und es ändert sich alles so schnell, da kann ich nicht mithalten. Schon der Begriff »Disziplin« macht mir Schuldgefühle. Ich habe buchstäblich jeden Vorsatz übertreten, den ich jemals gefaßt habe, wenn es darum geht, das zu bekommen, was ich vom Leben will: Das, was ich am meisten will, ist Liebe, und Liebe gibt es nur als Geschenk. Alles, was ich dazu *tun* kann, ist bewußt und aktiv bereit sein, es anzunehmen.

Liebe ist ein Geschenk. Das weiß ich, weil ich mehr Liebe in meinem Leben erfahren habe, als ich je in irgendeiner Weise hätte verdienen können. Ich kann mir nichts davon als Verdienst anrechnen. Das ist alles Gnade. Ich bin sicher, daß eine liebende Gegenwart mir über all die Jahre treu geblieben ist und auf geheimnisvolle Weise die Liebe in meine Hoffnungen und mein Scheitern eingeflochten hat. Das macht mich so dankbar, daß ich es nicht mit Worten ausdrücken kann.

Und trotzdem kann ich das Gefühl nicht loswerden, ich hätte das alles alleine schaffen sollen. Irgendeine hartnäckige, süchtige Stimme hört nicht auf zu sagen: »Du solltest die Dinge im Griff haben, sie kontrollieren. Sich auf die Gnade verlassen ist eine fadenscheinige Ausrede.« Die Stimme ist alt und hohl; ich weiß, daß sie nicht aus meinem Herzen kommt. Aber sie ist mächtig. Jedesmal, wenn ich in meinem Leben scheitere, fühle ich Schuld oder Scham und manchmal beides zugleich. Das Schuldgefühl sagt: »Hättest du es nur besser gemacht.« Das Schamgefühl sagt: »Wärst du nur besser gewesen.« Zu viele Jahre habe ich das mitgemacht, bis ich kapitulierte. Ich bin so unpraktisch, daß ich keine Ahnung habe, wie ich »funktionstüchtiger« werden könnte. Und das ist in Ordnung so.

Es ist sogar mehr als in Ordnung, und zwar, weil es mehr meine Fehler als meine Erfolge waren, die mich für die Liebe geöffnet haben. Wenn ich mich wieder einmal völlig von Gedanken um Effizienz ausgefüllt wiederfinde, dann wende ich mich der geheimnisvollen, verblüffenden Gnade zu, die mich durch alle meine Fehlleistungen hindurchbegleitet hat. Manchmal komme ich zu ihr, weil ich Hilfe brauche, manchmal voller Dankbarkeit. Meistens allerdings ist mein inneres Ausrichten auf die Gnade ein schlichter, wortloser Akt der Liebe. Gnade ist die sich ereignende Liebe, Liebe in Aktion. Ich habe soviel Gnade mitten in soviel Zerbrochenheit erlebt, in mir und in anderen, daß ich weiß, wir alle sind in der Liebe. Wir sind mitten in der Liebe, so wie die Fische im Meer sind und die Wolken

18

am Himmel. Sie umgibt uns und durchdringt uns. Wir sind im wahrsten Sinne des Wortes aus Liebe gemacht. Die Liebe erschafft uns, und wir erschaffen die Liebe. Ich habe das erlebt. Ich vermute, Sie haben das auch schon erlebt, obwohl es zu schön schien, um wahr zu sein. Die Tatsache, daß wir in der Liebe sind, ist für mich weit wichtiger als das beste Funktionieren. Fast immer, wenn ich versuche, mich der Gnade zuzuwenden, tue ich es deshalb in einem Akt der Liebe. Es ist meine Reaktion darauf, daß ich in der Liebe bin.

Das sind meine Erfahrungen. Ihre sind vielleicht anders. Sie sind eine eigene Persönlichkeit, mit eigenen Süchten, Erwartungen und einer eigenen Konditionierung. Mit anderen Worten, Sie sind dysfunktional auf Ihre eigene Art. In ähnlicher Weise haben Sie eigene Wege, Liebe und Gnade zu erleben. Trotzdem bin ich bereit, zu wetten, daß Sie – vorausgesetzt, Sie haben Ihre fünf Sinne beieinander – wissen, daß Liebe viel wichtiger ist als Effizienz.

Ich glaube nicht, daß es jemand gibt, der perfekt funktioniert. Ich kenne seit jeher einige Leute, die zumindest oberflächlich den Eindruck erwecken, als hätten sie ihr Leben im Griff. Anscheinend wissen sie, was sie kontrollieren können und was nicht. Sie tendieren nicht zu Selbstzweifel. Sie zaudern nicht. Sie scheinen perfekte Ehen und pflegeleichte Kinder zu haben. Das sind hilfsbereite Leute, und sie sind immer bereit, mir einen Rat zu geben, wie ich Ordnung in mein Leben bringen kann. Es wäre wunderbar, mit ihnen zusammenzusein, wenn sie mir nicht das Gefühl gäben, solch ein Versager zu sein. Aber der springende Punkt ist, ich glaube ihnen nicht.

Oder glaube ich mir nicht? Diese perfekten Menschen sind immer Leute, die ich nicht sehr gut kenne. Lerne ich sie näher kennen, dann merke ich, daß sie so perfekt gar nicht sind. Dann suche ich mir jemand anderen, der perfekt zu sein scheint. Warum mache ich das mit mir? Vielleicht gibt mir das Gefühl, einem perfekten Menschen unterlegen zu sein, auf eine verdrehte, paradoxe Weise eine Hoffnung auf Beherrschung. Wenn die das können, dann kann ich es vielleicht ja auch? Ich habe versucht, das bleiben zu lassen. Doch gelegentlich betrachte ich immer noch über ein paar Tische hinweg finanziell gutgestellte, aufstiegsorientierte, rundherum glückliche Paare mit perfekten Kindern und denke nach. Ich denke über ihre

Tüchtigkeit nach und über meine. Ich denke über ihre Liebe nach und über meine.

Wo unser Schatz ist

Gott sei Dank schließen sich Liebe und Effizienz in den meisten Fällen nicht aus. Es ist uneingeschränkt möglich, das eigene Geld wohltätig einzusetzen und trotzdem ein ausgeglichenes Konto zu haben, auch wenn ich bis jetzt noch keines von beiden geschafft habe. Es sollte möglich sein, mit Ihrer Arbeit anderen Menschen zu nützen und dennoch angemessen dafür entlohnt zu werden. Hausfrauen und -männer warten darauf allerdings noch. Wir sollten in der Lage sein, unsere Kinder gleichzeitig zu erziehen und zu lieben, selbst wenn sich in der Praxis zuweilen das Gefühl einstellt, das sei unmöglich.

Das Problem heißt nicht: entweder Liebe oder Effizienz. Es geht darum, was wir *mehr* wollen. Was hat höhere Priorität? Oberflächlich betrachtet, scheint es natürlich zu sein, der Liebe einen höheren Rang einzuräumen. Fast alle großen Ausdrucksformen unserer Kultur, sei es die Religion, die Philosophie, die Kunst – sogar die Politik – legen immerhin Lippenbekenntnisse zugunsten der Liebe als höchstem Wert ab. Die meisten sagen, Effizienz sei nur dazu da, der Liebe zu dienen. Die Vernunft unserer Herzen sagt das gleiche.

Das ist leicht gesagt, aber schwer in die Tat umzusetzen. Ungeachtet des edlen Klanges unserer Worte über die Liebe sind wir – einzeln und in Gruppen – darauf konditioniert, die Effizienz für das Wichtigste zu halten. Jede Person, jedes Unternehmen in unserer modernen, entwickelten Kultur wird am Standard der Effizienz gemessen. Der Wert der Menschen hängt davon ab, wie gut sie funktionieren. Der Wert von Arbeiterinnen und Arbeitern steigt und fällt mit ihrer Produktivität. Bei Angestellten und freiberuflich Arbeitenden ist der Erfolg der Gradmesser für ihren Wert. Und bei Showgrößen kommt es darauf an, ob sie die Kassen klingeln lassen. Diese Standards lassen die Person hinter dem Produkt verschwinden. Wir sind schon soweit, daß wir von Kindern als »Produkte« ihrer häuslichen Umgebung reden.

Unser Maß ist das Ziel, nicht der Anfang, nicht das, was im Herzen geschieht, sondern das, was wir am Ende zustandegebracht haben. Sogar in Ehe und Familie, wo wir schnell dabei sind, zu sagen:

»Ich liebe dich für das, was du bist, nicht für dein Aussehen oder deine Leistung«, handeln wir selten danach. Allzu oft blicken wir auf unsere PartnerInnen herab, wenn sie es nicht schaffen, unsere Erwartungen in bezug auf Attraktivität, Unterhaltsamkeit und Bestätigung unserer Person zu erfüllen. Allzu oft verachten wir ein Kind, das etwas falsch gemacht hat und sagt: »Ich hab' es nicht gewollt.«

Doch da gibt es noch etwas Schlimmeres. Unsere Gesellschaft macht uns glauben, Liebe sei nicht mehr als eine weitere Form von Funktionalität, eine Fähigkeit, die wir lernen und verfeinern können. Es gibt Techniken in der Liebe, so hören wir, und wenn wir die Liebe effizient betreiben, haben wir auch etwas vorzuzeigen: gut organisierte, reibungslos funktionierende Beziehungen, gesellschaftliche Beliebtheit, Sicherheit in Gefühlsdingen und sexuelle Erfüllung. In diesem Licht werden Liebesbeziehungen zur Ware, geliebte Menschen zu Objekten, und die Schmerzen der Liebe lösbare Probleme. Menschen sagen zu mir in der Therapie: »Ich weiß nicht, wie man liebt« oder »ich bin unfähig zu lieben«. Das ist traurig! Niemand ist unfähig zu lieben. Für jeden von uns ist es schwierig, Liebe zum Ausdruck zu bringen. Es wäre nicht Liebe, wenn uns das nicht Probleme machen würde. Bis zu einem gewissen Grad fürchten wir uns alle vor der Liebe, wir wollen nicht verletzt werden. Menschen werden manchmal so ängstlich oder verbittert, daß ihre Fähigkeit, Liebe auszudrücken oder anzunehmen, gelähmt wird. Egal, wie schwer es uns fällt, Liebe zu geben und zu nehmen, niemand kann ihr entkommen. Sie macht die Dinge und die Menschen für uns wertvoll. »Haben Sie Ihren ersten Schmerz nicht durch die Liebe erlebt?«, das fragte ich meine Patienten. Und: »Ist es nicht Ihre eigene Liebe, die Sie nun die Liebe vermissen läßt?«. Lassen Sie es mich noch einmal sagen: Niemand ist unfähig zu lieben. Wenn es um Liebe geht, dann ist *Fähigkeit* das völlig falsche Wort. Fähigkeit heißt, daß jemand eine Tätigkeit kompetent ausführen kann. Es gibt vieles, was ich nicht über die Liebe weiß, aber eines weiß ich sicher: Eine Fähigkeit ist sie nicht. Sie ist eine Grundeigenschaft des Daseins, die tiefer sitzt und vor allen unseren Tätigkeiten kommt. Das Wort, das wir benutzen müssen, ist Fassungsvermögen. Fassungsvermögen läßt an Raum denken; es bezieht sich darauf, wieviel wir aufnehmen können, vielleicht auch, wieviel wir tragen können. Maschinen haben Fähigkeiten, Gefäße haben Fassungsvermögen. Die Liebe ist immer bei uns und will uns ausfüllen bis an den Rand unseres Fassungsvermögens.

Setzen wir die Liebe an die erste Stelle und nehmen wir sie als unseren wirklichen Reichtum in Anspruch, dann bleibt immer noch viel Platz, um unsere Fähigkeiten, unsere Effizienz zu entwickeln. Die Effizienz dagegen als bestimmendes Maß läßt der Liebe so gut wie keinen Raum übrig, und wir kommen dahin, den Wert der Liebe und unser Liebesvermögen zu bezweifeln.

Wenn Effizienz unser bestimmender Wert ist, dann wollen wir Kontrolle, Erfolg und Sicherheit zu unseren eigenen Bedingungen erreichen. Selbst wenn unsere Erwartungen nicht in Erfüllung gehen, glauben wir weiter, daß wir am Ende sicher und zufriedengestellt sein werden, wenn wir nur die Dinge anders anpacken, mehr lernen oder uns irgendwie verbessern. Auf diese Weise machen wir aus der Effizienz einen Gott, und Erfolg und Leistung erheben wir zum Idol. Es sind falsche Götter, die uns raten, wir sollten selbst Götter werden: *unser* Leben in *unserer* Hand.

Die menschliche Rasse hat die höchste Stufe der Effizienz in der Geschichte erklommen, indem sie die Effizienz zu einem Gegenstand der Anbetung gemacht hat, aber um wieviel haben wir uns im Bereich der Liebe weiterentwickelt? Sind wir wirklich weiter als unsere Vorfahren? Die Nationen dieser Welt haben einige bedeutsame Schritte in Richtung Freiheit und Gerechtigkeit getan, aber gleichzeitig sind wir durch die Technik uns und unserer Welt gegenüber immer zerstörerischer geworden. Ich weiß nicht, ob wir unter dem Strich liebevoller geworden sind. Aber eines ist klar: Unsere Liebe hat den Anschluß an die Effizienz verloren; zu oft haben wir sie dem Fortschritt geopfert.

Die Einladung der Liebe
Wenn wir Liebe und Effizienz in ein richtiges Verhältnis zueinander bringen wollen, müssen wir über Gesetze und Aufrufe hinausgehen. Wenn wir uns eine liebevollere Gesellschaft wünschen, dann müssen wir als Individuen zu dem tiefsten gemeinsamen Nenner in unseren Herzen zurückkehren. Wir müssen die Liebe als unseren wahren Reichtum in Anspruch nehmen. Danach kommt der problematische Teil: Wir müssen versuchen, diesem Wunsch

entsprechend zu leben – in den Moment für Moment sich vollziehenden Erfahrungen unseres Lebens.

Nichts ist schöner und befreiender als ein Leben in bewußter Hingabe an die Liebe. Der Weg der Liebe lädt uns ein, Gefäße der Liebe zu werden. Menschen, die die Gnade miteinander teilen und nicht Leistungskontrolleure sind. Er lädt uns ein zu wachsender Freiheit von unseren Abhängigkeiten und Süchten. Er ermutigt uns, weniger zu ringen und um falsche Sicherheit zu kämpfen. Er verlangt Verwundbarkeit mehr als Selbstschutz und Bereitschaft mehr als Meisterschaft. Er verlockt uns zur Teilnahme in der großartigen Entfaltung der Schöpfung, dazu, mit ihr eins zu werden, statt außen vor zu stehen und zu versuchen, sie zu besiegen. Doch die Einladung der Liebe ist nicht nur schön, sie ist auch eine Herausforderung. Ob Sie so umfassende Ziele im Sinn haben wie die Verbesserung der Menschenrechte und der Werte der Welt, oder so etwas Persönliches wie schlichte Dankbarkeit für die Gnade in Ihrem Leben, das Ja zur Einladung der Liebe wird Ihnen Verletzungen bringen. Für die Liebe zu leben verlangt Offenheit für die Liebe an sich, eine radikale Ungeschütztheit im Blick auf ein bewußtes Leben in Liebe. Dies zu fordern heißt, in einen sanften Krieg gegen gewaltige innere und äußere Kräfte einzutreten. Feind ist, was Ihre Liebe erstickt: die Angst, verletzt zu werden; die Süchte, die Ihre Leidenschaft einschränken; und die weltweite Anbetung der Effizienz, die Sie am Wert der Liebe zweifeln läßt. Es ist ein Krieg, denn diese Kräfte sind sehr real und werden von der Liebe sehr bedroht. Sie werden um Ihre Macht kämpfen. Aber Sie müssen den Kampf sanft führen; Ihre einzige Waffe ist die Liebe selbst. Es ist ein größeres Gefühl von Verwundbarkeit, als es David bei seinem Kampf gegen Goliath hatte. David hatte eine Schleuder und wußte, wie man sie benutzt, aber die Liebe können Sie nie *benutzen*. Sie können sie nur annehmen und ihr vertrauen. Die Liebe *bezwingt* nicht alles, *bezwingen* ist ein völlig falsches Wort.

Ich übertreibe nicht. Die Entscheidung für die Liebe wird Ihnen Räume gewaltiger Schönheit und Freude eröffnen, aber Sie werden verletzt werden. Sie wissen das schon. Zahllose Male in Ihrem Leben haben Sie sich deshalb von der Liebe zurückgezogen. Der Verlust geliebter Menschen, das, was sie uns zufügten und wir ihnen: Es hat uns verletzt, und es wird uns weiter verletzen. Selbst wenn wir vor Liebe in Entzückung geraten, steckt darin noch ein besonderer Schmerz: der Schmerz übergroßer Schönheit, überwältigender Herrlichkeit. Darüber hinaus ist die Liebe, egal wie vollkommen sie sein mag, nie zufriedenzustellen. Gerade die Erfüllung einer Sehnsucht entflammt unsere Leidenschaft mit dem Wunsch nach mehr, und früher oder später entdecken wir in dem, was wie Befriedigung aussah, eine tiefere Sehnsucht. Sogar in ihrer Schönheit scheinen die Strahlen der Liebe oft mehr zu sein, als wir ertragen können.

Liebe ist endlos, in Freude wie in Schmerz. Die Liebe ist offen; sie macht unsere Herzen berührbar und empfindsam für alles, was existiert. Die Liebe ist aufrichtig; sie will in Ihrem Leben, gerade so, wie es ist, mit all seiner Schönheit und Häßlichkeit, gegenwärtig sein. Die wahre Liebe ist keineswegs blind. Sie sieht, was geschieht, und sie fühlt, wie es geschieht – ohne rosarote Brille und ohne Betäubungsmittel.

Keine Rechtfertigung, keine Verteidigung

Im Herzen wissen wir, daß die Entscheidung für die Liebe die Entscheidung für das Leben und die Freiheit ist. Das Ja zur Aufforderung der Liebe ist der einzige Weg zu bleibendem Sinn und wirklichem Wert. Unser Verstand dürfte allerdings eine andere Meinung haben. Die Teile unseres Verstands, die nach Effizienz süchtig sind, werden Zweifel an unserer Sehnsucht säen. Sie werden wissen wollen, wozu wir das Risiko von Verletzungen infolge der Liebe eingehen. Welchem Zweck dient das Ganze? Was hat es für eine Funktion? Wäre es nicht besser, wir kümmerten uns um Sicherheit und Sorglosigkeit und hofften einfach auf ein bißchen Freude dann und wann, ein paar liebende Berührungen unterwegs?

Unser Verstand wird ganz zu Recht darauf hinweisen, daß wir in der Liebe nie »erfolgreich« sein werden. Wir werden es nie schaffen, hundertprozentig alles zu lieben, noch werden wir die Mächte bezwingen, die in dieser Welt die Effizienz anbeten. Wir können nicht einmal erwarten, unserer eigenen unbedeutenden Süchte Herr zu werden; wir haben es schon früher versucht und sind gescheitert. Ist unser Verstand weise, wird er uns warnen, keine Befriedigung für unsere Sehnsucht nach Liebe zu erwarten. Die Liebe ist rücksichtslos, ja sogar unbarmherzig; jeder Hauch von Liebe, den wir erfahren, läßt uns nach mehr hungern.

24

Das sind schwerwiegende Fragen und Einwände, um so schwerer, weil sie begründet sind. Und wir können kaum etwas darauf zur Antwort geben. Ob der Widerspruch von unserem eigenen Verstand kommt oder von Menschen aus unserer Umgebung, wir können unser Ja zur Liebe weder rechtfertigen noch verteidigen. Wie können wir das erklären? Alles, was wir ehrlicherweise sagen können, ist: »Ich will es eben.« Mag sein, daß wir es im Innersten wissen: Es handelt sich um die große Leidenschaft unseres Lebens, und das ist im Grunde bei allen Menschen so. Von außen hört es sich an, als sei es nicht mehr als eine Laune, ein kindischer Idealismus, vielleicht sogar Egoismus.

Jenseits der Psychologie

Wir haben keine Rechtfertigung, wir können uns nicht gegen den Widerspruch verteidigen. Zur Zeit versuchen es viele Leute mit psychologisch-spirituellen Erklärungen: »Meditation hilft mir, mich auf meine Arbeit zu konzentrieren.« »Der Glaube an Christus gibt mir inneren Frieden.« »Mein Glaube an eine höhere Macht hat mir die Heilung von meiner Sucht ermöglicht.« »Wenn ich nach meinem wahren Selbst suche, werde ich dabei ganzheitlicher und gesünder.« Solche Aussagen sind wohl wahr, aber in bezug auf die Liebe verfehlen sie den springenden Punkt. Liebe kann kein Mittel zu irgendeinem Zweck sein. Liebe verheißt nicht Erfolg, Macht, Leistung, Gesundheit, Heilung, Befriedigung, inneren Frieden, Erfüllung oder irgendeine andere Belohnung. Liebe ist sich selbst Zweck genug und hat ihren Ausgangspunkt in sich selbst. Liebe existiert nur um der Liebe willen.

Die Einladung der Liebe ist kein Angebot zur Verbesserung des Selbst oder irgendeine andere Art von Leistung. Liebe liegt jenseits von Erfolg und Scheitern, jenseits von gutem oder schlechtem Handeln. Es gibt nicht einmal einen richtigen und einen falschen Weg. Liebe ist ein Geschenk. Niemand kann stolz auf die Liebe sein – nur dankbar.

Jenseits der Moral

Die Einladung der Liebe ist auch kein moralisches Gebot, dem wir aus Angst oder Pflichtgefühl folgen müßten. Jede Religion hat Moralgebote, die dafür gedacht sind, Nächstenliebe gegenüber anderen zu fördern. Die Befolgung solcher Prinzipien ist idealerweise sowohl eine Übung als auch ein Ausdruck der Liebe, aber sie macht nur einen kleinen Teil der Einladung der Liebe aus. Ich könnte zum Beispiel meinen Mitmenschen liebevoll behandeln, weil ich Angst davor habe, mich schuldig zu fühlen oder in die Hölle zu kommen. Was ich tue, ist vielleicht gut, aber es entspringt der Angst, nicht der Liebe. Das wirkliche Gebot der Liebe ist ein Angebot, geboren aus unserer Sehnsucht, kein von außen auferlegtes »Du sollst«.

Juden und Christen ehren das größte Gebot, Gott von ganzem Herzen und ganzer Seele zu lieben und den Nächsten wie sich selbst. Im Islam bedeutet schon das Wort *Islam*, wenn es übersetzt wird, vollständige Hingabe an Gott. Der Kern des Gotteshymnus der Hindus, die Baghavad-Gita, dreht sich um Gottes Aufforderung zu umfassender, bedingungsloser Liebe. Die Buddhisten suchen die allem innewohnende Leidenschaft, die an den Wurzeln der Realität existiert. In alldem steckt viel mehr als Gesetz und Vorschrift. In all diesen tiefen Glaubenstraditionen ruft die Liebe auf zu einer Hingabe des ganzen eigenen Lebens, zu einer so vollkommenen geweihten Selbsthingabe, daß der menschliche Wille sie nie schaffen kann. Denn sie liegt jenseits des Willens, jenseits aller moralischen Verhaltensregeln. In jeder tiefen Weltreligion zielt das höchste Gebot in den innersten Kern des Seins, und dort kommt es radikal auf die Gnade an.

Auf dieser Ebene ist das Liebesgebot keine Regel mehr, es ist eine Grundwahrheit des Lebens. Es ist eine Einladung, die Leidenschaft der Liebe anzunehmen, sich ihr anzuvertrauen und zu versuchen, sie mit ganzem Herzen zu leben. Die größten Gebote sind überhaupt keine Verpflichtungen, sondern Bekräftigungen der Gnade. Sie sind Versprechen, daß, mit unserer willentlichen Zustimmung, die Gnade in uns den Triumph der vollen, schrankenlosen Liebe ermöglichen wird.

Unsere Zustimmung, unser Ja, kommt letztendlich nirgendwo anders her als aus unserer eigenen Sehnsucht, aus der Leidenschaft selbst. Es mag zeitweise äußerlich erscheinen als Wunsch nach Selbstverbesserung, nach funktionierender Effizienz, moralischer Tugend oder sozialer Gerechtigkeit, aber schließlich wird es uns über all solche Ziele hinaus führen. Die Liebe bringt uns zu unserem immer gegenwärtigen Ursprung, wo wir Ja sagen, weil es einfach das ist, was wir wollen. Hier ist es einfach unsere schlichte Sehnsucht, die eine echte Zustimmung ermöglicht: Die Sehnsucht, einer größeren, uns bereits gegebenen Liebe zu antworten. Die Sehnsucht, zu lieben und geliebt zu werden und völlig und bewußt in der Liebe als Ziel in sich selbst präsent zu sein. Da zieht es uns einfach hin, unsere Herzen verzehren sich nach der Fülle der Liebe, aus keinem anderen Grund, als ihrer eigenen Güte. In dieser schlichten, heftigen Sehnsucht, die in uns in jedem kostbaren Augenblick neu erwacht, erkennen wir uns, wie wir wirklich sind: Ebenbilder Gottes.

Identität

In unserer modernen, westlichen Welt betreiben wir die Suche nach unserem wirklichen Ich in einer Art und Weise, die schon etwas verrückt anmutet. Von der psychologischen Individuation zur Ahnenforschung, von Archetypen und Mythologie zur männlichen oder weiblichen Identität, von der Persönlichkeits-Typenlehre zur Astrologie, von der Heilung von Süchten zur Heilung von Mißbrauch im Kindesalter machen wir alle Modewellen mit und fragen dabei: »Wer bin ich, und wofür bin ich bestimmt?«

An dieser kulturweiten Identitätskrise ist etwas grundlegend Gutes. Es reicht uns nicht mehr, ausschließlich mit dem identifiziert zu werden, was wir tun: »Ich bin Immobilienhändler«, oder mit unseren Beziehungen: »Ich bin Franks Frau«, oder mit unseren Eigenschaften: »Ich bin ein afro-amerikanischer protestantischer Zwilling, der Unterhaltung und gute Musik liebt.« Wir wissen, daß es mehr in uns gibt. Wir wissen, unsere wahre Würde hängt nicht an unseren Beschreibungen von uns selbst.

Es ist heilsam und menschlich, sich um ein tieferes Verständnis unserer selbst zu bemühen. Aber diese Suche wurde überzogen, wie ein Irrgarten mit Durchgängen, die nicht weiterführen. Während ich dabei bin, dieses Buch zu schreiben, hat sich die Selbsthilfebewegung selbst zu einem großen Suchtproblem für Tausende von Leuten entwickelt. Menschen strampeln sich ab, um Störungen in ihrer Familie oder einen Mißbrauch während ihrer Kindheit zu entdecken, damit sie sich dieser Bewegung anschließen können. Manche – vielleicht sogar eine ganze Menge – kämpfen mit den Erinnerungen an einen Mißbrauch während der Kindheit, der nie geschehen ist. Wenn Dinge so schlimm und kompliziert werden, dann haben wir in der Regel irgend etwas Einfaches übersehen. In diesem Fall haben wir nicht auf die unmittelbare Erfahrung unserer Sehnsucht geachtet. Wir beschäftigen uns so sehr damit, woher wir kommen und wohin wir gehen können oder sollen, daß wir dabei die einfache Wahrheit unseres Hier und Jetzt verpassen.

In all meinen Studien auf den Gebieten der Psychologie und Spiritualität habe ich Hoffnung auf wirkliche Ganzheit nur in dem Wunsch des menschlichen Herzens nach Liebe im Hier und Jetzt gefunden. Die Erfahrung ist äußerst einfach. Sie existiert, bevor wir sie mit irgendwelchen Wörtern und Symbolen belegen können, und sie *ist*, was wir sind. In einem stillen Atemzug gibt uns die Kraft der Liebe unsere Identität und ruft uns zu unserer Heimat und unserer Bestimmung zurück. Die Liebe hat uns geschaffen, um in der Liebe zu leben und – um der Liebe willen. Auf diesem einfachen Boden wächst unsere wunderbare Vielfalt. Die Liebe äußert sich in großartiger Verschiedenheit in unseren unterschiedlichen Familien und Kulturen, in Frauen und Männern, in Jungen und Alten und in der einzigartigen Persönlichkeit und Geschichte jedes menschlichen Wesens. Wir sind grenzenlos unterschiedlich und einzigartig in unseren Nuancen und Schattierungen, aber wir sind auch alle gleich: Nicht nur, daß sich die Liebe durch uns ausdrückt, wir *sind* zum Ausdruck gebrachte Liebe.

Sie finden Ihre eigentliche Identität nicht in Ihren Vorfahren oder Archetypen, nicht in Geschlecht oder Rasse, in Kindheitserfahrungen oder in den Fertigkeiten des Erwachsenseins. Diese Merkmale sind lediglich Ausdruck einer einfacheren, tieferen Wahrheit. Das sind die Töne, die Instrumente, die Kadenzen und Akkorde der menschlichen Symphonie; sie entstehen neu in jedem Augenblick und sie klingen durch die Zeit. Mal ist der Klang harmonisch, mal ist er disharmonisch, mal angenehm, mal grell, immer ist es das eine Lied der Liebe.

Es ist nicht leicht, uns die Liebe als unsere eigentliche Identität und unsere tiefste Würde zu eigen zu machen und sie in Anspruch zu nehmen. Wir können sie nicht in Worte fassen. Wir können sie nicht fassen oder als Objekt behandeln. Sie ist weder etwas, was wir tun können, noch ein Prozeß, den wir durchlaufen können, ja nicht einmal eine besondere Seinsweise. Sie ist jenseits von psychologischen Kategorien, von philosophischem Verständnis und sogar jenseits vom Urteil der Moral. Es gibt nur einen Weg, die Liebe als Identität zu haben und zu halten, und zwar, wenn wir uns in die Liebe selbst verlieben, wenn wir Zuneigung für unsere Sehnsucht fassen und Achtung für unseren Wunsch, wenn wir unsere Unvollständigkeit liebend umarmen und überwältigt sind von der Schönheit unseres Bedürfnisses.

Einladung der Liebe heißt anders gesagt, ich bin bewußt und entschieden lebendig hineingenommen in die Liebe. Das ist die echte Bedeutung des Wortes Einladung (lat. invitatio, engl. invitation): In etwas leben, in etwas hineinleben, in etwas lebendig sein. Aus einer solchen unmittelbaren Lebendigkeit in der Liebe ergeben sich unbegrenzte Handlungsmöglichkeiten, Handlungen, die für die Situation, in der wir uns befinden, richtig sind, Handlungen, die Frieden schaffen, Gerechtigkeit bringen und Heilung für unsere Welt. Was ist das Wesen einer Handlung, die aus der Liebe entsteht? Ich sagte es schon, sie ist kein Mittel zu einem Zweck, keine Vervollkommnung des Selbst, keine moralische Verpflichtung. Ich denke, wir sollten es eine *Antwort* nennen. Die Liebe lädt zur Antwort ein, sie *braucht* Antwort. Die Handlungen, die aus der liebenden Anwesenheit entstehen, sind Antworten der Liebe auf die Liebe in der jeweiligen Situation. Das ist eine absolut natürliche Sache und hat nichts mit Passivität zu tun. So sieht die Grundlage der ganzen Schöpfung aus: Liebe, die auf Liebe antwortet. Hier bringt die Sehnsucht Vereinigung hervor, und die Vereinigung Schöpfung. Neue Dinge entstehen, getrennt von den alten, die wieder nach Vereinigung hungern. Die Dinge verändern sich, wachsen, zerbrechen, heilen, sterben und werden von neuem geboren. Das ist das Tun des Lebens, das *Wie* des *Warum*, und alles geschieht in »einer heiligen Energie, die das Universum erfüllt, strahlend wie ein Blitz«.[4]

Sehnsucht ist die menschliche Grunderfahrung in diesem großen, kosmischen Spiel der Liebe. Jenseits von allen Wegen und Mitteln ist die Sehnsucht unsere einzige Quelle für Liebe. Sie ist unsere Leidenschaft, unsere Lebenskraft und Energie. Wir können sie nicht herstellen, aber auch nicht vertreiben. Unsere Sehnsucht *ist* unsere Liebe. Wenn wir unsere Sehnsucht verstärken, erkennen wir schließlich, wer wir sind und wo unser Platz in der Schöpfung ist. Wir werden gebraucht, wir sind unentbehrlich und wundervoll.

Aus diesem Urgrund unseres Herzens muß die wirkliche Zustimmung und Identität kommen, befreit von äußerlicher Rechtfertigung und rationaler Erklärung. Die Fragen der Effizienz verlieren auf dieser Ebene des Herzens ihre Bedeutung. Die Effizienz fragt: »Warum sagst du ja?« Wir können nur antworten: »Weil ich will.« »Aus welchem Grund«, fragt die Effizienz weiter, »und was hast du am Ende davon?« Und wir können nur sagen: »Der einzige Grund ist meine Sehnsucht, und die hat kein Ende.«

Kapitel 2

DAS LEBEN DES HERZENS

Die Liebe ist das Leben unseres Herzens.
Dem entsprechend begehren wir,
erfreuen uns, hoffen und verzweifeln,
fürchten und fassen Mut,
hassen und fliehen wir Dinge,
sind traurig, werden zornig und jubeln.
Franz von Sales

Liebe ist die wichtigste Eigenschaft des menschlichen Lebens und diejenige, die wir am wenigsten verstehen. Ich werde etwas verlegen, wenn ich daran denke, wieviel Zeit und Kraft ich mit dem Versuch verbracht habe, die Liebe zu verstehen. Vielleicht habe ich geglaubt, meine Konzepte und Definitionen von Liebe würden mir helfen, besser lieben zu *können*, oder sie würden mir Sicherheit geben. Aber das funktionierte nicht. Ich denke nicht, daß wir Liebe je angemessen definieren oder verstehen können. Und ich glaube ferner nicht, daß das je so für uns geplant war. Wir sollen an der Liebe teilhaben, ohne sie wirklich zu verstehen. Wir sollen uns selbst geben, sollen uns hineinleben in das Geheimnis der Liebe.

Es ist mit allen wichtigen Dingen im Leben das gleiche; in ihnen liegt ein Geheimnis, das unsere Definitionen und unser Verstehen nicht erfassen können. Definitionen und Verstehen bestehen aus Bildern und Konzepten, die unser Gehirn hervorbringt, um damit die Wirklichkeit in Symbolen abzubilden. Unsere Gedanken über etwas sind nicht dasselbe wie die Sache, über die wir nachdenken. Wenn wir außerdem logisch über etwas nachdenken, kommen unsere Gedanken in regelmäßiger Folge, einer nach dem anderen. Die Wirklichkeit aber ist nicht auf eine solche Linearität beschränkt. Sie geschieht fortwährend und ganz plötzlich in jedem

Augenblick. Das höchste, was unsere Gedanken leisten können, ist der Versuch, dazu laufend kleine Kommentare in schnellen, atemlosen Folgen abzugeben.

Weil unsere Gedanken, Bilder und Konzepte lediglich Symbole und Kommentare sind, können wir in Schwierigkeiten geraten, wenn wir sie fälschlich für Wirklichkeit halten. Wenn wir zum Beispiel versuchen, uns an unser Selbstbild anzupassen und gemäß unserer Vorstellung zu leben, werden wir neurotisch. Ganz ähnlich ist es, wenn wir uns an feste Gottesbilder klammern; dann steigern wir uns in eine Verehrung unserer eigenen Gedanken hinein, statt Gott zu verehren. Das ist eine spirituelle Neurose, ein geistiger Götzendienst. Genauso verwirren und behindern wir uns, wenn wir lieben wollen und dabei ausschließlich unseren Vorstellungen von Liebe folgen.

Wir könnten zum Beispiel meinen, Liebe sei eine Kombination aus hilfreichem Tun, zärtlichen Gefühlen, verbindlicher Beziehung und Romantik. Das hat alles mit Liebe zu tun, aber es ähnelt der eigentlichen Liebe so wie Regentropfen an Regen erinnern oder Wellen an das Meer. In dem Maß, wie wir nach solchen Mustern zu lieben versuchen, leiden wir sowohl an einer psychologischen als auch an einer spirituellen Neurose. Psychologisch betrachtet, können wir so in der Liebe nicht vollständig wir selbst sein; spirituell betrachtet, verfehlen wir das heilige Geheimnis der Liebe.

Um die wichtigen Dinge im Leben zu erkennen, brauchen wir eine gewisse Askese des Verstandes, eine vorsichtige intellektuelle Selbstbeschränkung. Um für die Wahrheit der Liebe offen zu sein, müssen wir unser festgefahrenes Begriffsvermögen loslassen und statt dessen anfangen, grundsätzlich aufgeschlossen zu sein für neue Erkenntnisse. Begreifen heißt, etwas in den Griff zu kriegen; erkennen heißt, den Wert verstehen. Erkennen ist stilles Sehen, sanfte Anerkennung, ehrfürchtiges Wahrnehmen. Erkennen kann angenehm sein: Wenn uns der Nachthimmel mit Ehrfurcht erfüllt, wenn uns eine Symphonie berührt oder wenn uns eine Zärtlichkeit bewegt, ohne daß wir das alles verstehen müßten. Es kann auch schmerzvoll sein: Wenn wir das Leid eines anderen Menschen spüren oder von einem Verlust oder einem Unglück erschüttert sind, ohne den Grund zu begreifen. Erkennen selbst ist eine Ausdrucksform der Liebe, es ist unsere unmittelbare menschliche Bereitschaft, das zu würdigen, was wir nicht begreifen können. Die Liebe, das Leben unseres Herzens, reduziert sich nicht darauf, was wir erwarten. Sie kann uns jederzeit überraschen und uns über unser Begreifen hinaus in eine Wirklichkeit hineinnehmen, die in gleichem Maße unsicher und wundervoll ist.

Ihre Liebesgeschichte
Anstatt zu versuchen, die Liebe über abstrakte Konzepte und Definitionen kennenzulernen, schlage ich vor, Sie suchen auf einem direkteren Weg die Begegnung mit Ihren eigenen Erfahrungen von Liebe. Stellen Sie sich vor, Sie erzählen Ihre Geschichte der Liebe. Beginnen Sie mit ein paar groben Skizzen dazu, was die Liebe bis zum jetzigen Zeitpunkt in Ihrem Leben bedeutet hat. Erinnern Sie sich daran, wie Sie Menschen, Orte, Gegenstände geliebt haben. Wie haben sich diese Liebeserfahrungen angefühlt? Wie haben sie Sie verändert? Wie sieht Ihre Erfahrung der Liebe hier und jetzt aus? Wie erleben Sie sich, wenn Sie lieben, wenn Sie geliebt werden, wenn Sie verliebt sind? Und was sind Ihre Wünsche hinsichtlich der Liebe: Ihre Hoffnungen, Ihre Träume und Phantasien?

Die Liebe zeigt sich in unendlichen Variationen: Freundlichkeit, Anziehung, Bindung, Sexualität, Intimität, Sorge, einfache Wertschätzung und so weiter. Es gibt gute Gefühle wie Zärtlichkeit, Verbundenheit und Wärme. Und es gibt unangenehme Gefühle wie Trauer, Einsamkeit und Angst. Können Sie die Bandbreite der Gefühle, die die Liebe für Sie bedeutet, ermessen, Ihre Empfindungsfähigkeit für die Tiefe und Weite der Liebe? Dann fragen Sie sich in Ruhe, was all diese Gefühle gemeinsam haben. Warum nennen Sie das alles Liebe? Was ist die Grundeigenschaft der Liebe zu jemand oder etwas? Was heißt es, geliebt zu werden?

Überlegen Sie jetzt einmal, ob Sie sich an eine Liebeserfahrung erinnern, in der die Liebe ihre Grenzen verlor und radikal frei wurde. Ein Mensch erlebte so etwas beim Betrachten eines Sonnenuntergangs: »Ich saß da, völlig aufgesogen von der Schönheit. Das war nicht nur der Sonnenuntergang, das war alles und jeder. Ich habe mich gefühlt, als ob ich in alles verliebt wäre.« Eine Frau brachte es mit einer Liebesbeziehung in Verbindung: »Manchmal, wenn ich mit ihm zusammen war, haben sich die Dinge geöffnet. Ich weiß nicht, wie ich es sonst sagen soll. Ich spürte, daß ich die

Welt liebte und die Welt mich.« Wieder jemand anders redete von Andacht: »Es gibt Momente, wenn die Routine des Rituals sich auflöst und ich und die anderen und die ganze Welt einfach da sind, in der Liebe vereint.« Und noch jemand sprach von der Kindheit: »Ich kann mich nicht mehr genau erinnern, aber ich kenne noch das Gefühl. Vielleicht habe ich in der Sonne gespielt oder in meinem Bett gelegen und hatte so ein warmes Gefühl, als ob mich jemand gehalten hätte.« Manche Leute können sich solche Erfahrungen nicht vergegenwärtigen, aber statt dessen spüren sie ihr Unbewußtes, haben sie ein Bewußtsein dafür, daß es etwas wie dieses irgendwo gibt und immer schon gab. Wie immer Ihre Erfahrung aussehen mag, versuchen Sie, aufrichtig zu sein und sie so umfassend wie möglich zu verstehen.

Handeln, Wissen, Fühlen

Wenn Sie sich in meinen Beispielen nur schwer wiederfinden können, liegt das vielleicht daran, daß für Sie Liebe mehr mit Handeln oder Wissen zu tun hat. Die klassischen spirituellen Traditionen des Ostens und des Westens kennen drei Wege, der Liebe näherzukommen: den Weg des Handelns, den Weg des Wissens und den Weg des Fühlens. Es wird davon ausgegangen, daß ein erfülltes Leben alle drei umfaßt, daß aber ein Mensch zu einem bestimmten Zeitpunkt immer einem den Vorzug gibt. Sie müssen jetzt keine psychologischen Turnübungen machen, um herauszubekommen, welchen Weg Sie bevorzugen. Es ist aber wichtig, zu erkennen, daß weder die Liebe noch sonst irgend etwas von Bedeutung zu Recht auf eine enge Perspektive reduziert werden kann. Liebe ist Gefühl – Zärtlichkeit, Sorge und Sehnsucht – aber sie ist auch viel mehr. Liebe ist Handeln – Freundlichkeit, Wohltätigkeit und Engagement –, aber noch einmal, sie ist auch mehr als das. Liebe ist Wissen –, eine offene Einstellung, das Erkennen von Verbundenheit, die Ausdehnung unserer Aufmerksamkeit über uns selbst hinaus –, aber sie ist immer noch mehr.

Denken Sie noch einmal über Ihre Erfahrungen mit der Liebe nach, aus dem Blickwinkel des Handelns und Wissens ebenso wie dem des Gefühls. Wie sehen manche Handlungen, das Tun der Liebe für Sie aus? Wie sehen das Wissen, die Einstellungen und Erkenntnisse und die Weisheit der Liebe aus? Versuchen Sie nicht,

diese Fragen endgültig zu beantworten, sie sollen nur Ihre Geschichte mit der Liebe verschönern.

Liebe ist immer mehr, als unser Tun erreichen kann, mehr als
unser Verständnisvermögen begreifen und unser Fühlen ertragen
können. Aus Liebe zu handeln ist zwar hilfreich, genügt aber nicht.
Sein Denken von der Liebe bestimmen zu lassen, macht nachsich-
tig, aber das ist auch nicht genug. Und liebevolle Gefühle, egal wie
zärtlich sie sind, genügen ebenfalls nicht. Selbst wenn wir alles zu-
sammennehmen, will die Liebe immer noch mehr. Nach kurzer
Zeit werden wir mehr Liebe wollen und die Liebe mehr von uns.

Der vierte Weg: Kontemplation

Sowohl in der östlichen als auch in der westlichen Spiritualität gibt
es einen vierten Weg, ein Erkennen, das Handeln, Fühlen und Wissen umfaßt und darüber hinaus nach dem *Mehr* sucht, das die Liebe
immer ausmacht. Der Hinduismus kennt ihn als den Königlichen
Weg; im tibetischen Buddhismus heißt er der Weg der totalen
Ganzheit. Der Westen nennt ihn den Weg der Kontemplation.[1]

Entgegen der landläufigen Meinung hat Kontemplation nichts
mit Ruhe oder Rückzug zu tun. Statt dessen ist es eine Art unmittelbares, offenes Gegenwärtigsein in unmittelbarer Verbindung zum
Leben, so wie es ist. Erinnern Sie sich an die Augenblicke Ihres
Lebens, in denen Sie sich am lebendigsten gefühlt haben, am wach-
sten, am vollkommensten gegenwärtig und verbunden mit dem,
was geschehen ist. Das kann zu den Zeiten passiert sein, die Sie
gerade eben als Momente der Liebe erkannt haben. Andere Momente können überraschend sein. Oftmals erleben Menschen ein
Aufleuchten von Kontemplation in Meditation und Gebet, aber es
kann überall geschehen. Eine Frau beschrieb ihre Erfahrung mit
»vollkommenem Gegenwärtigsein«, als sie bei einem Brand in ihrem Haus ohne Zeit zu verlieren handelte, um ihre Familie zu retten und Hilfe zu holen. »Ich habe mich noch nie so lebendig gefühlt«, sagte sie, »und ich hatte keine Angst, bis alles vorbei war –
nicht die geringste.« Eine andere Frau beschrieb dasselbe im Blick
auf die Zeit der Geburt ihres Kindes. Ein Mann erzählte von kontemplativer Gegenwärtigkeit, die sich ganz von selbst ereignete, als
er auf einem Flugplatz auf einen verspäteten Flug wartete. »Normalerweise wäre ich unruhig gewesen, aber aus irgendeinem

Grund, auf irgendeine seltsame Weise war ich einfach anwesend, bei all den Leuten mit ihrer Wiedersehensfreude und ihrem Trennungsschmerz, bei dem tatsächlichen Leben des Fluglinienpersonals, sogar bei den Lastern und den Bäumen vor den Fenstern und der Stimme, die über Lautsprecher Ansagen machte. Gott, könnte ich nur jeden Tag meines Lebens so leben!«

Kontemplative Momente können in Krisen, in Aufregung und großer Aktivität erfahrbar werden, aber auch in der Stille und in einfacher, dankbarer Wahrnehmung. Wie es auch immer geschehen mag, die Kontemplation taucht uns ein in die Wirklichkeit des Augenblicks. Wir stehen nicht länger außerhalb und reflektieren unsere Erfahrung. Wir sind lebendig und bewußt verbunden mit dem Geschehen. Alles ist klarer, wirklicher als sonst.

Ich weiß nicht, wie gut ich Kontemplation beschrieben habe. Ihre eigene Erinnerung wird nachhaltiger sein als meine Worte. Gehen Sie noch einmal Ihre Erfahrungen durch. Was ist der Unterschied zwischen Ihrem »üblichen« Erleben und Ihrem Erleben in diesen besonderen Momenten unmittelbaren Gegenwärtigseins? Wie kommt es, daß diese Augenblicke so selten da zu sein scheinen? Wo sind Sie die übrige Zeit?

Lassen Sie uns erst einmal sagen, Kontemplation sei eine bewußte Bereitschaft, in das Leben, so wie es ist, einzutreten. Manjusrimitra, ein alter Heiliger des tibetischen Buddhismus, nannte sie »reine und umfassende Gegenwärtigkeit«. Thomas Kelly, ein amerikanischer Quäker aus dem zwanzigsten Jahrhundert, nannte sie »ständig erneuerte Unmittelbarkeit«. Der Weg der Kontemplation erkennt die Tatsache an, daß die Liebe oder irgendeine andere Dimension des Lebens weder durch Handeln, Wissen oder Gefühl noch durch irgendeine Kombination der drei voll durchdrungen werden kann. Er geht davon aus, daß menschliche Erfahrung die Wahrheit nie von außen vollständig erfassen kann. Er feiert das allgegenwärtige unfaßbare Geheimnis mitten im Leben.[2]

Der kontemplative Weg erkennt, daß wir die Liebe in ihrem Reichtum erst zu erkennen beginnen, wenn wir direkt, unmittelbar und mit ungeschütztem Bewußtsein in sie eintreten. Dies geschieht sehr einfach – nicht durch Denken oder Methode, sondern durch Gegenwärtigkeit in der Liebe: Ich bin hier und jetzt, ich nehme wahr und gebe Antwort. Das geschieht, wenn wir unsere Lebendigkeit im gegenwärtigen Augenblick erkennen. Rabbi Abraham Isaak Kook, ein moderner Meister des spirituellen Lebens, beschrieb Kontemplation so: »Keine blasse Gestalt, die aus der Ferne an dich herangetragen wird, sondern eine Wirklichkeit, in der du lebst.« Im zwölften Jahrhundert sagte der islamische Heilige Ibn al-Arabi: »Wenn das Herz die Wirklichkeit umarmt, ist es, als ob die Wirklichkeit das Herz erfüllt.«[3]

Ich denke, in der kontemplativen Wahrnehmung vergegenwärtigen wir uns die Liebe so stark wie überhaupt möglich. Die kontemplativen Momente, die wir alle als Augenblicke unmittelbaren Gegenwärtigseins erleben, sind ein Schimmer davon, wie das Leben gelebt sein will. Sie sind Hinweise auf die unendliche Gnadengabe der Liebe, die die Familie der Menschheit schon bekommen hat. Das kontemplative Herz sagt: »Du brauchst nur deine Hände öffnen und das Geschenk annehmen.« Das heißt nicht, daß wir Kontemplation kontrollieren oder aus der Willenskraft heraus kontemplativ sein könnten. Sie ist ein Geschenk, und wir können es nur in der Weise annehmen, in der es uns gegeben wird. Es wird uns allerdings viel öfter und beständiger angeboten, als wir es uns überhaupt vorstellen können.

Ich werde im folgenden noch viel mehr zur Kontemplation sagen, aber jetzt möchte ich – mit diesem Verständnis davon als Hintergrund – drei Bilder der Liebe vorstellen, drei Dimensionen des Geheimnisses der Liebe. Im ersten betrachten wir das Verliebtsein und das Lieben. Im zweiten untersuchen wir, wie Abhängigkeit und Sucht sich mit dem Drang der Liebe nach Freiheit vermischen. Im dritten geht es um eine umfassendere Vision: Liebe im Zusammenhang von Beständigkeit und Schöpfung. Vergessen Sie nicht, diese Erörterungen sind nicht dafür gedacht, die Liebe zu erklären oder zu berechnen. Es sind vielmehr Skizzen, die Sie unbeschwert anschauen sollten, damit Sie die Fülle und die Breite der Liebe tiefer erfassen.

Verliebtsein und Lieben

Die Liebe durchdringt unsere Existenz in einer endlosen Abfolge von Handlungen, Gedanken und Gefühlen. Sie steckt in jeder Sehnsucht, in allen Gefühlen von Anziehung, in aller Sorge und Verbundenheit. Sie umschließt uns in den kostbaren Momenten unmittelbarer Gegenwärtigkeit. Und sie ist auch da, wenn wir Einsamkeit, Verlust, Trauer und Zurückweisung erleben. Wir sagen vielleicht, solche Gefühle kämen daher, daß die Liebe hier fehlt; tatsächlich aber sind sie Zeichen unserer Liebe. Sie drücken aus, wieviel uns etwas bedeutet. Wir trauern in dem Maß, in dem wir uns schon hingegeben haben, und das Ausmaß unserer Sehnsucht entspricht dem, was wir geben würden, wenn wir nur könnten.

Unter Umständen lernen wir Techniken oder Strategien, um unser Sehnen nach Liebe abzumildern. Vielleicht nehmen wir an, die Liebe sei an anderer Stelle zu finden als gerade hier, und dann suchen wir sie mit Hilfe einer Reihe von psychologischen oder spirituellen Straßenkarten. Wenn wir die Liebe finden, dann allein dadurch, daß wir darüber stolpern. Und sie ist nie so, wie wir sie erwartet haben.

Wir denken, sich zu verlieben sei ein seltenes Ereignis, dabei ist es das normalste aller menschlichen Begebenheiten. Wir tun es ständig. Wir verlieben uns immer, wenn wir uns einer Sache oder einem Menschen hingeben. Wir haben uns in alles und jeden verliebt, der uns teuer ist: Menschen, Gegenstände, Aktivitäten, Gedanken, Gefühle, Hoffnungen, Erinnerungen, Glaubensüberzeugungen, sogar Grundeinstellungen und Stimmungen.

Jedesmal, wenn wir eines dieser für uns so wichtigen Dinge verlieren – oder auch nur daran denken, es könne so sein –, erkennen wir, wie sehr es uns ans Herz gewachsen ist. Wir stellen fest, daß wir uns in dieses Etwas verliebt haben. Selbst wenn es möglich wäre, durchs Leben zu gehen, ohne einen Menschen zu lieben – und ich bin sicher, es ist nicht möglich –, könnten wir es nur, indem wir unsere Einsamkeit liebten. Es ist einfach nicht möglich, zu leben, ohne zu lieben. Sich zu verlieben ist so gewöhnlich und normal wie atmen. Aber gleichzeitig ist es etwas sehr Besonderes. Es ist besonders, weil es uns aufweckt. Es elektrisiert uns, verletzt uns und läßt uns spüren, daß wir lebendig sind. Wir wissen dadurch, daß unser Herz hellwach ist, egal, wie gelangweilt oder abgelenkt unser Verstand gewesen sein mag.

Wir können die Liebe tausendmal in Kategorien einordnen und zahllose Taktiken austüfteln, damit alles wunschgemäß verläuft, die Liebe bleibt immer außerhalb unserer Kontrolle. Daß die Liebe sich unserer Kontrolle entzieht, wissen wir, weil sie uns immer wieder neu verwundet. Wir würden gern die Freude und die Energie der Liebe erleben, ohne ihren Schmerzen ausgesetzt zu sein, aber das geht nicht. Lieben heißt, die Liebe leben; die Liebe leben heißt, sich selbst hinzugeben; und sich selbst hinzugeben heißt, bereit sein, Verletzungen hinzunehmen.

Ich denke, noch mehr als die Überraschungen der Liebe ist es unsere Verwundbarkeit gegenüber der Liebe und die Unmöglichkeit, sie zu kontrollieren oder uns in ihr abzusichern, die uns davon reden lassen, daß die Liebe uns »überfällt«. In der Liebe verlieren wir unseren Stolz, unser Gefühl, die Dinge im Griff zu haben, und das Gefühl, von anderen getrennt zu sein. Alle unsere Panzer aus falscher Sicherheit, die wir uns gebastelt haben, zerbrechen. Wir stolpern hinein in Staunen und Schlaflosigkeit, Freude und Schmerz.

Die Verwundbarkeit, die die Liebe erfordert, schreckt uns oft ab. Wir hüten uns besonders dann, der Liebe wieder nahe zu kommen, wenn sie uns erst vor kurzer Zeit verletzt hat oder wenn die Verletzungen wirklich tief gegangen sind. Wir errichten Verteidigungsanlagen um unser Herz und betäuben unser Empfinden für die Wirklichkeit. Eine weise Stimme in uns weiß, es ist unmöglich, risikolos zu lieben. Entweder wir treten ungeschützt in die Liebe ein oder gar nicht. Deshalb entscheiden wir uns eine Zeitlang dagegen. Wir haben das Gefühl, die Freuden der Liebe seien den Schmerz nicht wert, den sie mit sich bringen. Für eine Weile wählen wir die Sicherheit der Langeweile und unterdrücken unsere Wünsche.

Solche Schutzwälle lassen sich lange aufrechterhalten. Doch früher oder später – wie, läßt sich nicht vorhersagen – weckt uns unser Herz wieder auf. Die Funken der Sehnsucht entzünden sich ein weiteres Mal in unserem Inneren. Wir fangen wieder an zu leben. Wir werden offener und »anfälliger«. Unsere Angst ist noch sehr groß, aber unsere Abwehr beginnt zu schmelzen. Und wieder hören wir die Weisheit in unserem Herzen sagen: Die Liebe tut weh. Aber das ist es wert.

Sich zu verlieben ist es wert, denn es ist die Tür, die zur Liebe führt. An dieser Stelle lädt uns die Liebe ein, bei ihr einzutreten. Und wenn wir drin sind, und unser Vertrauen und unsere Verwundbarkeit groß genug sind, wachen wir auf und erkennen, wo wir sind. Dann verschwimmen die Unterschiede zwischen Liebendem und

Geliebtem. In der Liebe gibt es kein klares Ich und Du mehr, keinen abgegrenzten Anfang und kein Ende. Die wertvollen Momente des Gegenwärtigseins kommen häufiger, die Namen dafür sind Begegnung und Gemeinschaft. Das Verlieben braucht zwei Personen, die Liebe eine. Wenn wir uns verlieben, füllt das eine Weile einen Raum, ein Fassungsvermögen in uns; zu lieben öffnet diesen Raum für die Unendlichkeit.[4]

Wenn wir danach suchen, können wir die Einladung, in die Liebe einzutreten, überall finden, wo wir uns verliebt haben: nicht nur in Leidenschaft und Mitgefühl für andere Menschen, sondern auch in der Hingabe an Gegenstände, Verhaltensmuster, Lehren und in allem, was sonst noch unsere Sehnsucht weckt. Sie findet sich auch da, wo wir es lieber leugnen würden; in der Liebe zur Macht, zum Geld und sogar zur Gewalt. Die Einladung der Liebe hält sich nicht an soziale, psychologische oder religiöse Grenzen. Sie beschränkt sich nicht auf das Edle und Schöne. Immer da, wo uns etwas besonders wichtig ist, wo uns etwas wirklich angeht, ist sie da.

Denken Sie ein weiteres Mal an Ihre eigene Erfahrung. Welche Verwundbarkeiten hat die Liebe in Ihnen hervorgebracht? Wann haben Sie geglaubt, die Schönheit und den Schmerz der Liebe nicht mehr ertragen zu können? Wie haben Sie sich vor der Liebe zu schützen versucht, und was hatte das für Wirkungen auf Ihr Gefühl, lebendig zu sein? Wie sind Sie später wieder in die Liebe hineingeraten, und was passierte dann mit Ihrem Lebensgefühl und Ihrer Wahrnehmung der Gegenwart? Wie sieht bei Ihnen das Verhältnis zwischen Verlieben und Lieben aus?

Abhängigkeit und Freiheit

Wenn wir uns verlieben, haben wir oft das Gefühl, als ob wir keine andere Wahl hätten. Unsere Schutzwälle werden durchbrochen, oft ganz gegen unseren Willen. Lieben dagegen ist etwas, zu dem wir ja sagen. Wir überlassen uns freiwillig der Gegenwart der Liebe. Das ist ein bewußtes Loslassen unseres Selbstschutzes. Wenn wir die Gegenwart der Liebe akzeptieren und uns in sie hineinbegeben, bekommen wir eine Ahnung von gewaltiger Freiheit und weitem Raum. Wir können darin herumstreifen, unbelastet von Angst und Zweifel. Lieben gleicht einem befreienden Atmen unserer Seele. Es weckt unsere Leidenschaft und erfüllt uns mit einer Lebendigkeit, die wir so an uns noch gar nicht kannten. Liebe sucht immer die Freiheit, die Liebe will spielen.

Aber diese ungetrübte Freiheit der Liebe hält selten lange. Da schleicht sich etwas ein und schnürt sie rücksichtslos ab. Dieses Etwas ist die Abhängigkeit. Das ist das zweite Bild vom Geheimnis der Liebe: Abhängigkeit steht der Freiheit der Liebe entgegen. Ich habe diesen Gegensatz ausführlich in »Sehnsucht, Sucht und Gnade«* beschrieben, aber ich will ihn hier noch einmal zusammenfassen. Abhängigkeiten und Süchte entstehen in einem Prozeß, der mit der Funktion der Zellen unseres Gehirns und unseres Körpers zusammenhängt. In der Psychologie wird dieser Prozeß *Konditionierung* genannt, der spirituelle Ausdruck dafür ist *Bindung*. Bindung schweißt unsere Leidenschaft an eine Person oder ein Objekt und stellt damit einen Zustand der Sucht her. Durch die Sucht wird der geliebte Mensch ein Objekt, an das wir gefesselt sind. Objekt der Sucht kann alles mögliche sein: eine Person, ein Ort, eine chemische Substanz, ein Verhaltensmuster, ein Glaube. Wir fangen an, von diesem Objekt Befriedigung zu erwarten, und wollen immer mehr davon. Früher oder später erkennen wir, daß wir diesem Etwas nicht nur verfallen sind, wir sind daran gekettet. Ob wir das nun einseitige oder gegenseitige Abhängigkeit nennen, wir sind verraten und verkauft worden – von einem Herrn, von dessen Existenz wir nicht einmal etwas ahnten. Unsere Liebe, mit ihrem Versprechen unbedingter Freiheit, wurde konditioniert und eingeschränkt.[5]

Die Erkenntnis, daß Abhängigkeit die Freiheit der Liebe auf diese Weise unterwandern und aushöhlen kann, ist schmerzhaft. Und noch verletzender ist das Wissen, daß keine dauerhafte menschliche Liebe jemals vollständig frei von Abhängigkeit ist. Sie findet Eingang in jede Liebe. Wie stark, das können wir feststellen, indem wir uns selbst zwei Fragen zum Thema Freiheit stellen. Es sind harte Fragen, aber ich glaube, wir müssen uns ihnen stellen. Begleiten Sie mich, nur ein bißchen Mut.

Die erste Frage nach der Freiheit ist: Wieviel Freiheit haben wir, die Personen oder Objekte, die wir lieben, aufzugeben? Verzicht ist

---

* Gerald May: Sehnsucht, Sucht und Gnade. Aus der Abhängigkeit zur Freiheit. Claudius Verlag. München 1993.

in jeder Liebe schwierig, je tiefer die Liebe, desto schmerzhafter das Loslassen. Wir verlieren tatsächlich ein Stück von uns selbst, wenn wir einen geliebten Menschen verlieren. In dem Maß, wie wir frei sind, wissen wir, daß wir auch den Schmerz tragen können. Je abhängiger wir allerdings werden, desto unmöglicher wird das Loslassen. Wir fühlen, daß wir nicht nur einen Teil unserer selbst verlieren, sondern unser ganzes Selbst steht auf dem Spiel. Wir haben das Gefühl, daß wir nicht mehr weiterkönnen.

So groß wie unsere Abhängigkeit in einer Liebe ist, ist auch unsere Verzweiflung. Wir alle haben gelegentlich Gefühle wie:»Ich kann ohne dich nicht leben« oder »Ohne diese Beförderung ist mein Leben gelaufen«, oder »Alles steht und fällt mit dem Kauf dieses Hauses«, oder »Ich kann an nichts anderes denken als an den Fehler, den ich gemacht habe«. Das geschieht in einer Liebe, die wir als gut einstufen, wie die Liebe zum Partner/zur Partnerin oder zu Kindern, aber auch in einer Liebe mit dem Etikett »schlecht« wie Drogenmißbrauch oder Arbeitssucht. Gut oder schlecht, herrlich oder abstoßend, solche Liebesbeziehungen, in denen wir hochgradig abhängig sind, fühlen sich schwer und unbeweglich an, besessen und zwanghaft, bar jeder Freiheit. Wir können von so großen Dingen wie der Treue zur Familie oder zum Vaterland besessen sein oder von so kleinen wie das neue Auto unverbeult zu bewahren. Wir können von so edlen Dingen wie Frieden und Gerechtigkeit getrieben sein oder von so unbedeutenden wie Macht und Gier.

Ich glaube, diese Art abhängiger Liebe ist die Brutstätte der Gewalt auf unserem Planeten. Ich erinnere mich an ein Gespräch in einem psychiatrischen Krankenhaus mit dem Freund einer jungen Frau, die versucht hatte, sich umzubringen. »Ich glaube, sie muß mich wirklich lieben«, sagte er, »denn sie hat versucht sich zu töten, als ich sie verließ.« Anderntags erzählte eine andere Frau von ihrem Freund: »Er liebt mich wirklich. Sie hätten sehen sollen, wie er den Kerl umbringen wollte, der mich besucht hatte.« Nehmen Sie diese Art von Abhängigkeit, vergrößern Sie die Anzahl der darin verwickelten Personen, und Sie haben einen Krieg. Ich glaube, es ist möglich, jeden Krieg danach aufzuschlüsseln, welche Abhängigkeiten miteinander in Konflikt geraten sind, Abhängigkeiten von Besitz, Ideologien, Gebieten oder Lebensstilen. Manchmal entwickeln sich Größen wie Gewalt und Krieg selbst zu Objekten der Abhängigkeit. In dem Film »Patton« sieht der gleichnamige General, der aufgrund seines außerordentlichen inneren Zwanges so effizient war, über die Verwüstungen eines Schlachtfeldes und murmelt: »Gott vergebe mir, aber ich liebe es so.«

Die zweite Frage nach der Freiheit ist genauso unangenehm: Wie frei sind wir innerhalb unserer Liebe? Wieviel Raum haben wir, wir selbst zu sein? Wieviel Platz bleibt uns zum Spielen? Wie stark ist unsere Freiheit begrenzt, eingeschränkt, ja vielleicht sogar gefangen von der Abhängigkeit gegenüber der Person oder dem Objekt, das wir lieben?

Die Liebe, in der wir am meisten abhängig sind, ist diejenige, in der wir am wenigsten Wahlfreiheit haben: »Ich kann ihr nicht sagen, wie ich mich fühle, denn dann würde sie mich verlassen«, oder schlimmer, »Ich kann es ihm nicht sagen, weil er mich schlagen würde«. Wir geben es nicht gern zu, aber wir alle kennen Erfahrungen wie die, daß wir unsere Selbstbestimmung hergeben, daß wir unsere Würde opfern, daß wir gegen unsere Prinzipien verstoßen, daß wir etwas hinnehmen, das für uns schädlich ist – und das alles nur wegen einer Abhängigkeit in der Liebe. Auf irgendeine Weise haben wir alle erfahren, was es heißt, unsere Freiheit zugunsten der Liebe aufzugeben.

Es ist entscheidend, zu verstehen, was das Wort Freiheit hier bedeutet. Lieben heißt sich hingeben, und das bringt immer eine Entscheidung mit sich, die unser Verhalten bestimmt und einschränkt. Wenn jemand liebt, dann bringt er Opfer für einen Menschen oder eine Sache. Wenn wir lieben, folgen wir nicht jedem Impuls, der gerade auftaucht. Wir folgen einem höheren Interesse, einer tieferen Sehnsucht; das, was wir lieben, ist uns wichtiger als unsere vorübergehenden Launen. Die Frage nach der Freiheit heißt also nicht, ob wir tun können, was immer wir gerade wollen, sondern, ob wir tun können, was wir in unserem tiefsten Inneren wollen.

Das ist ein entscheidender Unterschied; achten Sie darauf, daß Sie ihn wirklich verstanden haben. Es ist der Unterschied zwischen einer Abhängigkeit, die die Sehnsucht fesselt, und einer Verpflichtung, die die Sehnsucht ehrt. Es ist der Unterschied zwischen Abhängigkeit und Leidenschaft, zwischen Bedürftigkeit und Gegenseitigkeit, zwischen Schande und Würde.

Niemand anders als wir selbst ist verantwortlich, wenn wir unsere

Freiheit verschleudern, – indem wir Mißbrauch hinnehmen, wenn wir uns selbst mit chemischen Substanzen mißhandeln und wenn wir zerstörerisch handeln, um Job, Beziehungen, Besitz oder Selbstbild zu retten. Doch das ist nicht einfach eine Sache der Willens- oder Charakterstärke. Wir sind für unser süchtiges Verhalten verantwortlich, aber wir sehen uns nicht in der Lage, es zu kontrollieren. Falls es eine Hölle für den menschlichen Willen gibt, dann ist es das. Und wenn wir irgendwo unsere Abhängigkeit von der Gnade erkennen müssen, dann an diesem Punkt. Das erkennen wir auch, wenn wir mit unseren Abhängigkeiten wieder einmal an unseren Tiefpunkt geraten, wenn sie uns in die Knie zwingen und uns zeigen, daß wir sie nicht beherrschen können. Dann merken wir: nur eine größere Liebe kann uns retten, eine Liebe, die über unseren Willen hinausreicht, eine Liebe, die stärker ist als jede Sucht und jede Abhängigkeit. In dieser Atmosphäre bekommt die Einladung der Liebe eine immer entscheidendere Bedeutung. Das ist kein spiritueller Luxus mehr, kein Zustand der Heiligkeit ausschließlich für Heilige und ExzentrikerInnen. Jetzt ist die Liebe etwas durch und durch Praktisches und absolut Lebensnotwendiges. Sie ist unser Rettungsanker. Sie ist unser Leben.

Die Einladung der Liebe, in die Freiheit zu gelangen, kommt immer zu uns, sogar in die Tiefen der Sucht hinein, ja hier vielleicht mehr als anderswo. Wir mögen noch so verstrickt in die Sucht gewesen sein; trotzdem haben wir alle schon die Freiheit gespürt, ganz ohne Grund auf die Not eines anderen Menschen zu antworten, nur weil diese Not existierte. Wir haben alle das Wunder erlebt, daß wir in irgend etwas Schönem völlig aufgingen, nicht weil wir mußten, sondern weil es uns so anzog. Vielleicht glauben wir es ja nicht, aber jeder und jede von uns hat schon einmal einen Vorgeschmack der reinen Gnade gehabt, nämlich für nichts weiter geliebt zu werden als dafür, daß wir wir selbst sind. Die Liebenden haben in jedem dieser Momente die Freiheit, ja oder nein zu sagen, und entscheiden sich erstaunlicherweise für das Ja. Manchmal auch haben wir schlicht und einfach das Lebendigsein geliebt – die Weite war so endlos, die Freiheit so gewaltig, die Liebe so bedingungslos.

Es gibt eine breite Skala der Freiheit in der Liebe. Am einen Ende wird die Energie der Liebe von Abhängigkeiten gebunden. Die, die lieben, werden versklavt, und die, die geliebt werden, werden Objekte. Am anderen Ende begegnen wir den Spuren bedingungsloser Liebe, Vereinigung nur um ihrer selbst willen, Liebe, die frei gegeben wird und die die Freiheit in uns wachsen läßt. All unsere Liebesbeziehungen finden sich in diesem Spektrum wieder, und sie vermischen eine gewisse Bindung mit Momenten großer Freiheit.

Beobachten Sie zwei Liebende am Strand. Sie schlendern eng umschlungen, sind offen für alles, was es um sie herum zu sehen und zu hören gibt, und sie genießen ihr Zusammensein. Sie spielen wie Kinder. Es gibt einfach viele Momente der Liebe. Dann trennen sie sich eine Zeitlang und suchen Muscheln, jeder von beiden im Vertrauen auf die Gegenwart des anderen. Ihre Freiheit ist groß, aber nicht endlos; eine bestimmte Grenze werden sie nicht überschreiten. An irgendeinem Punkt werden sie ihre getrennten Wege wieder verlassen und zueinander zurückkehren. Wie das Meer, an dem sie sich aufhalten, so hat ihre Liebe die Gezeiten von Freiheit und Abhängigkeit. Dennoch ist es *eine* Erfahrung von Liebe.

Unsere Neigungen für Arbeit, Besitz, Gewohnheit und Nahrungs- und Genußmittel schaffen uns genauso ein Gewebe von Freiheit und Abhängigkeit. Uns mit Essen vollzustopfen, verschafft uns für einen Moment Erleichterung vom Druck innerer Leere, aber schon einen Augenblick später werden wir zu Gefangenen unseres Selbsthasses. Unsere Jagd nach Macht und Attraktivität hilft uns, dem Gefühl zu entkommen, ein Niemand zu sein, aber nur um den Preis der Verwicklung in endlose Kämpfe. Reife eheliche Liebe befreit uns davon, auf der Suche nach immer neuen Beziehungen herumzustreunen, und gibt uns Sicherheit und Augenblicke echter Gemeinschaft, aber Leidenschaft und Reiz verblassen durch die Fessel der Gewohnheit. Liebe ist ein köstliches Durcheinander. Sie zeigt uns unsere engsten Grenzen und unsere heiligsten Sehnsüchte, alles in einer einzigen quälenden und zugleich wunderbaren Erfahrung – nämlich lebendig zu sein.

Beständigkeit und Schöpfung

Nun könnte uns die Versuchung überkommen, ins Effizienz-Denken zurückzukehren und zu überlegen, wie wir unsere Liebe von Abhängigkeiten freihalten. Es muß doch einen Weg in die Perfektion geben: vollkommene Freiheit von Abhängigkeiten, endlose

Freiheit von Bedingungen. Aber dies ist das dritte Bild vom Geheimnis der Liebe: Unser Traum von Vollkommenheit hat seine Berechtigung, aber ganz genauso der Kampf, in dem wir uns gegenwärtig befinden. Wir können die Liebe nicht befreien. Die Abhängigkeit ist so tief in unserer physischen Existenz verankert, daß eine vollkommen freie menschliche Liebe eine körperlose Phantasie bleiben muß. Wie so manch anderer habe ich versucht, mir vorzustellen, wie Liebe aussehen würde, wenn sie völlig frei von Abhängigkeit wäre. Sicher, die Freiheit wäre großartig. Aber wozu wäre sie gut, wenn wir nicht mehr nach einer größeren Freiheit suchen, wenn wir nicht mehr auf etwas immer Besseres hin wachsen würden – und ohne den Schmerz der Sehnsucht und die Freude der Schöpfung.

Es gibt eine Geschichte über Marpa, einen der großen und erleuchteten Meister des tibetischen Buddhismus. Sein Sohn war getötet worden, und er war sehr erschüttert darüber. Seine Schüler fanden ihn weinend. »Du hast uns erzählt, alles sei eine Illusion«, sagten die Schüler. »Was ist mit dem Tod deines Sohnes? Ist der nicht auch eine Illusion?« »Ja«, antwortete Marpa, »aber der Tod meines Sohnes ist eine so übermächtige Illusion.«[6]

Die Liebe erfüllt sich nicht, indem wir völlige Bindungslosigkeit oder irgendeine andere Art der Perfektion erreichen. Die tiefste Erfüllung der Liebe liegt im Wachsen, im Ringen, in der Bewegung, in der Sehnsucht, in der Suche nach Vervollkommnung – und das aus einem Leben heraus, das der Mensch voll im Hier und Jetzt lebt. Ich habe mir den Himmel immer als einen Ort perfekter Ruhe, unendlicher Gelassenheit und ungestörten Glücks vorgestellt. Manchmal, nach einem besonders stressigen Tag, finde ich das immer noch ganz reizvoll. Aber meistens empfinde ich einen solchen Himmel als eine träge Masse, so wie die alte hebräische Vorstellung des *Sheol*, ein unbewegter Abgrund des Nichts.

Nichts in dieser Welt ist wirklich unveränderlich, und ich vermute, das ist in der nächsten Welt nicht anders. Wir Menschen denken in Begriffen, die sich um perfekte Ziele drehen, aber ich bezweifle, daß Gott genauso denkt. Ich habe den Verdacht, Gott hat viel mehr mit zärtlichen Anfängen im Sinn als mit einem erfolgreichen Abschluß.

Weder das Universum noch die Erde, weder das Leben noch der

Tod befinden sich je in vollkommener Ruhe. Das Universum ist immer im Werden; es verändert sich endlos, hin zu größerer Schönheit, zu tieferer Harmonie. Das ganze Leben der Schöpfung bricht ständig auseinander und fügt sich wieder zusammen, zerstörerisch und fruchtbar. Große Wolken stellaren Gases verschmelzen und verglühen; gigantische Sterne kollabieren zu schwarzen Löchern, Himmelskörper stoßen sich ab und ziehen sich an. Subatomare Teilchen – oder sind es Energiewellen? – kollidieren und verfehlen sich. Atome gruppieren sich zu Molekülen und Moleküle zu größeren Gestalten. Wir sind ein Teil davon, und es findet in uns statt. Mit den Worten des Apostels Paulus: »Denn wir wissen, daß die Schöpfung bis zum heutigen Tag seufzt und in Geburtswehen liegt.«[7]

Der große Tanz der Schöpfung ist gleichbedeutend mit Bewegung auf ein Ziel hin, nicht mit Ankunft. Es ist ein fortdauerndes Werden, keine abschließende Vollendung. Und in all dem zieht uns Menschen eine Kraft in Richtung auf größere Liebe und die ewig wachsende Freiheit, eine Kraft, die unauflöslich in unserem Sein verwurzelt ist. Es gehört zur Natur der Liebe, und damit auch zu der unseres Geistes, sich auszustrecken und zu öffnen, zu erschaffen und sich wieder zu vereinigen, gebunden und befreit zu werden, sich in einer Vereinigung zu verlieren und sich voll Schmerz zu trennen in neuer Schöpfung. Fast zweitausend Jahre nach Paulus hat Rabbi Kock es so formuliert: »Nichts bleibt wie es ist, alles blüht, alles wächst, alles wird reicher an Licht und Wahrheit.«[8]

Abhängigkeit bindet und beschränkt unseren Freiheitsdrang, während die Leidenschaft – die nicht zu unterdrückende Energie, die unseren Geist ausmacht – sich nach der Freiheit drängt und sehnt. Die Abhängigkeit hält uns in unserer Bahn, wie die Schwerkraft die Planeten, sie sucht Stabilität, Normalität und Gleichgewicht. Und das ist *auch* Liebe. Die Liebe umfaßt alles, sowohl Abhängigkeit als auch Freiheit. Dieses Streben nach Gleichgewicht wird in der Humanphysiologie[9] *Homöostase* genannt. Homöostase (wörtlich übersetzt: gleich bleiben) beruht auf einer Anzahl von Prozessen, die die Innenwelt des Körpers im Gleichgewicht halten. Bestimmte Teile des Gehirns tragen dazu bei, indem sie eine Unmenge von Funktionen regeln, von der Körpertemperatur bis hin zu den Gefühlen. Claude Bernhard, einer der Gründer der modernen Physiologie, schrieb: »Alle lebenswichtigen Funktionen haben nur eine

Aufgabe, und zwar die Lebensbedingungen in der Innenwelt des Körpers konstant zu halten.«[10]

Homöostase ist lebensnotwendig. Sie stellt eine stabile Basis, einen ruhenden Punkt bereit, von dem aus der Körper auf die ihn umgebende Welt reagieren kann. Wenn etwas diese Stabilität bedroht, erleben wir das als Streß. Kann der Körper sein bisheriges Gleichgewicht nicht aufrechterhalten, paßt er sich dem Streß an, indem er ein neues Gleichgewicht, eine neue Normalität schafft. Er gewöhnt sich an die Streßelemente, baut sie ein und wird von ihnen abhängig. Genauso entsteht Sucht, und genauso kommt es zu Abhängigkeit in der Liebe.[11]

Sucht wirkt im Dienst der Homöostase auf den menschlichen Körper genauso wie die Schwerkraft, die einen Planeten in einer festen Umlaufbahn hält, gegen seine eigenen zentrifugalen Kräfte, die ihn ins All tragen wollen. Auf diese Weise stellen unsere natürlichsten Abhängigkeiten die Grundfunktionen des Lebens sicher. Sie sind Teil der Liebe, und trotzdem sind sie reine Funktion, unverfälschte Effizienz, nichts als natürliche Hemmung. Für die Seele, die nach der Freiheit der Liebe sucht, wie für den Planeten, der zu den Sternen will, ist die Schwerkraft der Abhängigkeit ein schmerzhafter Preis für Sicherheit.

Wäre die Homöostase das Ziel aller Dinge, dann würde das wirklich sein wie Sheol: Stagnation und Tod. Ohne Dehnen und Ausstrecken, ohne unser Öffnen und unseren Wunsch, uns der Schwerkraft entgegenzustemmen, würden wir in uns zusammenstürzen wie ein Stern, der zu einem schwarzen Loch wird. Oft versuchen wir, diesen Weg einzuschlagen. Wir setzen die Sicherheit über die Freiheit und verschanzen uns in unserer Trägheit. Wir stumpfen ab und lenken uns so vollständig mit anderen Beschäftigungen ab, daß wir unsere Wünsche ersticken, unsere Sehnsucht betäuben und die Energie unserer Leidenschaft einsperren. Das trennt uns zwar nicht vom ständigen Werden der Schöpfung, aber es macht uns unempfindlich dafür. Und in einem gewissen Maß dämpfen auch wir die Schöpfung durch unsere Stumpfheit, so daß die Strahlen der Liebe etwas weniger hell leuchten. Gelegentlich setzen wir alle auf Sicherheit, wenn die Strahlen kaum noch zu ertragen sind. Die meisten von uns tun das öfter, als sie zugeben würden. Manche von uns tun es ständig.

Dabei können wir wirklich wählen. Vom Standpunkt der Liebe aus betrachtet, können wir in allem wählen. Abhängigkeit schränkt unsere Wahlfreiheit ein, beseitigt sie aber nie ganz. Die Liebe ist zu tief in uns gegenwärtig und zu umfassend, als daß Abhängigkeit sie bezwingen könnte. Die Liebe ist immer bereit: Sie stachelt unsere Sehnsucht an, auch wenn wir noch so oft verletzt worden sind, und sie macht uns Mut zu wählen, egal wie eingeschränkt unsere Freiheit ist. Die Liebe läßt nicht zu, daß alles in Homöostase endet. Nutzen wir nun unsere Wahlmöglichkeit, dann kann jede Stabilität zur Quelle endloser Neuanfänge werden. Unser Gleichgewicht ist dann mehr Schwangerschaft als Stagnation. Die Homöostase kann der Ort sein, an dem unser Sehnen – und sei es noch so schmerzhaft – in und für uns erwacht und wir es bejahen. Wir können uns dafür entscheiden, »mehr Leben« zu wollen, statt »immer mehr« im Leben zu wollen. Wir können ja zur Einladung der Liebe sagen und uns wieder öffnen und ausstrecken. Und durch jedes Ja stören wir unser Gleichgewicht, opfern wir unsere Ruhe und riskieren wir unsere Sicherheit. Wir werden verletzlich, und die Schöpfung beginnt heller zu leuchten.

Genauso wie uns ein Nein zur Liebe nicht von der Schöpfung trennt, trennt uns ein Ja zur Liebe nicht von der Abhängigkeit. Und doch macht es einen Unterschied, nicht nur in unseren Herzen, sondern für die gesamte Schöpfung. Jedes menschliche Ja schickt einen unschätzbaren Hauch der Freiheit in das unendlich werdende Universum.

Kapitel 3

FREIHEIT UND ABSICHT

Die neuen Seher verbrennen an der
Kraft der Ausrichtung, an der Kraft des
Willens, den sie durch ein Leben der
Makellosigkeit zu einer Kraft der
Absicht entwickelt haben.
Absicht ist die Ausrichtung aller
bernsteinfarbenen Emanationen der
Bewußtheit, und es trifft zu, wenn man
sagt, daß absolute Freiheit gleich
absolute Bewußtheit ist. Freiheit ist die
Gabe des Adlers an die Menschen.
Carlos Castaneda

Ich will es noch einmal sagen: Aus dem Blickwinkel der Liebe betrachtet ist alles eine Frage der Entscheidung. Egal wie stark uns
innere Süchte oder äußere Mächte im Griff haben, die Liebe sorgt
immer dafür, daß in uns ein Funken der Wahlfreiheit lebendig
bleibt. Aber wir werden sehen, daß die Freiheit der Wahl nicht
gleichzusetzen ist mit der Macht, zu kontrollieren. Zuerst sieht das
alles sehr paradox aus: Die Liebe überschüttet uns mit Freiheit,
trotzdem verlieben wir uns gegen unseren Willen; unsere Liebesbeziehungen lassen uns eine Ahnung bedingungsloser Freiheit erleben, aber gleichzeitig sind wir an unsere Abhängigkeiten gebunden.
Noch überraschender ist, daß die Liebe uns die Freiheit der Wahl
gewährleistet, auch wenn wir sie gar nicht wollen. In unserem Leben gibt es viele Situationen, in denen wir froh wären, nicht entscheiden zu müssen, weil die Alternativen zu schmerzhaft sind oder
die Verantwortung zu groß. Vielleicht zögern wir in solchen Momenten oder werden ganz passiv, aber selbst das sind noch Entscheidungen, die wir treffen. Wenn wir beschließen, nicht zu ent-

scheiden, ist auch das eine Entscheidung. Wir können uns strenge, überlieferte Werte zu eigen machen, verknöcherten Grundsätzen anhängen oder sogar einer Sekte beitreten, um die Verantwortung unserer Entscheidungsfreiheit abzuschütteln, aber auch das ist eine von uns getroffene Wahl. Freiheit und Verantwortung verhalten sich wie perfekte Bumerangs: Wir können sie wegwerfen, wie und wohin wir wollen, am Ende landen sie wieder bei uns. Das einzige, wofür wir uns nie entscheiden können, ist, keine Wahl zu haben.

Die Freiheit fängt uns ein, sanft aber unwiderruflich. Gedanken darüber, *ob* wir wählen sollen, sind nutzlos, die entscheidende Frage ist, *wie* und *warum* wir uns entscheiden. Unsere Identität hat ihre festen Wurzeln in dem Verlangen unseres Herzens nach Liebe – wir sind geschaffen, um zu lieben. Unser Charakter jedoch zeigt sich in den Entscheidungen, die wir diesbezüglich treffen. Wir haben die Liebe in uns, schon deshalb, weil wir am Leben sind, aber der Rhythmus unserer Lebendigkeit und unsere Teilnahme an der Schöpfung sind unsere Wahl, wir wählen die Formen der Liebe und die Liebe selbst.

Zwischen Vorlieben wählen

Sehen wir genau hin, dann merken wir, daß jede Entscheidung, die wir treffen, eine Entscheidung der Liebe ist. Selbst in den banalsten Entscheidungen wie in der Frage, wann wir den Mülleimer hinuntertragen, oder in der Auswahl des Nachtischs, spiegelt sich der Ausdruck unserer Fürsorge und unserer Sehnsucht wider. Uns begegnet die Liebe in so vielen Gestalten – wir lieben so viele Dinge –, daß sie ständig miteinander in Konflikt geraten. So müssen wir eine Auswahl treffen. Ich will den Müll hinunterbringen, bleibe aber lieber in meiner schönen, gemütlichen Wohnung. Ich will abnehmen, aber ich will auch Eis essen. Wir wollen den Armen helfen, aber wir wollen unseren Besitzstand wahren. Jede Entscheidung zeigt, wie wir unsere Leidenschaft einteilen: Wir entscheiden, wieviel von uns wir in das investieren, was uns wichtig ist. Wir treffen im Großen wie im Kleinen an jedem Tag Tausende solcher Entscheidungen.

Allein schon, weil es so viele sind, müssen wir die meisten unserer Entscheidungen unbewußt und automatisch treffen. Dabei vertrauen wir auf unsere eingeschliffenen Gewohnheiten. Manches davon bewegt sich auf einer rein praktischen Ebene: Wir lassen unsere Finger von heißen Herdplatten, wir schauen nach links und rechts, wenn wir eine Straße überqueren, wir benutzen Türen, statt gegen Wände zu rennen. Das regeln unsere Gewohnheiten. Andere Gewohnheiten haben einen höheren Rang. Die Prinzipien von Religion und Gesellschaft wurden in uns von Kindheit an als moralische und ethische Gewohnheiten verstärkt. Die meisten von uns unterlassen es, Dinge mitzunehmen, die ihnen nicht gehören, oder Leute tätlich anzugreifen, die sie wütend machen. Darüber müssen wir normalerweise nicht einmal nachdenken. Unsere Konditionierung trifft die Entscheidung für uns.

Konditionierung kann effizient oder ineffizient sein. Effiziente Konditionierung nennen wir Talent, Begabung oder einen guten Charakterzug, schlechte Konditionierung eine schlechte Gewohnheit. Ich habe die schlechte Angewohnheit, Witze zu reißen, wenn ich wütend bin. Das ist ein eingeschliffener Weg, auf dem ich unbewußt Feindseligkeit ausdrücke. Wenn unsere Konditionierung unsere inneren Wünsche ernsthaft unterdrückt, nennen wir das eine Neurose. Eines meiner neurotischen Muster ist, daß ich mich zurückziehe, wenn andere Menschen ihre Zuneigung offen zeigen. Reagiere ich aus der bloßen Gewohnheit heraus, dann entscheide ich mich eher für die Sicherheit als für die Verwundbarkeit.

Wir können Gewohnheiten und neurotische Verhaltensmuster zurückdrängen, indem wir unsere Entscheidungen auf der bewußten Ebene treffen, aber das kostet uns erhebliche Kraft und Aufmerksamkeit. Ist die Konditionierung allerdings tief und fest verwurzelt, dann ändert auch intensive Aufmerksamkeit nichts, denn das übersteigt unsere Willenskraft. Auch so läßt sich Abhängigkeit verstehen: Wir treffen eine Wahl gegen unseren Willen. Das passiert nicht nur bei Drogenmißbrauch und destruktivem Verhalten, sondern auch bei Überarbeitung, Gehetztheit, Perfektionismus und sogar bei politischen Überzeugungen und moralischer Rechtschaffenheit. Übersteigerte Moralität und politische Konditionierung bringen zwanghafte Skrupel hervor: eine rigide Gesetzlichkeit, die so von Schuldgefühlen und Ängsten durchsetzt ist, daß eine freie ethische Entscheidung überhaupt nicht mehr möglich ist. Hier gibt es kaum einen Funken der Freiheit, und damit wächst das Potential der Gewalt. Was ist die Folge, wenn ich suchtartig an meinen Prinzipien hänge und Sie suchtartig an den Ihren? Krieg.

Umgekehrt kann Konditionierung bis zu einem gewissen Grad unserer Freiheit zur Liebe dienen. Sie schafft uns eine gewisse Stabilität und befreit uns davon, ständig zwischen unseren Vorlieben bewußt entscheiden zu müssen. Dadurch, daß wir viele kleine Entscheidungen automatisch treffen, können wir die wenigen wichtigen bewußt angehen. In ihrer süchtigen, übelsten Form jedoch ist die Konditionierung ein Tyrann: Sie untergräbt unsere Freiheit zur Liebe und zwingt uns, uns anderen Dingen als unserer tiefsten Sehnsucht zu beugen. Sie kann uns sogar in den Krieg zwingen. Und wir sind immer noch für die Folgen unserer Entscheidungen verantwortlich, egal, wie getrieben wir uns fühlen mögen.

Das Gleichgewicht zwischen Gewohnheit und Freiheit ist, gelinde gesagt, schwierig zu halten. Wir müssen in voller Verantwortlichkeit mehrere tausend Mal am Tag unter unseren Vorlieben wählen, aber die Alternativen sind begrenzt und liegen oft außerhalb unserer Kontrolle. Wenn das das ganze Leben wäre, wäre es unmöglich und auch kaum der Mühe wert. Das wäre wie der Alptraum eines Angestellten, genau richtig, um Magengeschwüre davon zu bekommen. Aber das Leben erschöpft sich nicht in den Entscheidungen zwischen unseren Vorlieben. Eine einzige größere Wahl bläst jeden Augenblick Freiheit und Spontanität in unsere Entscheidungen.

Die Liebe selbst wählen

So wie das Verliebtsein uns eine Tür zur Liebe öffnet, kann uns auch der Kampf mit den Entscheidungen über unsere Vorlieben zu der größeren Einladung der Liebe hinführen. Unter den Vorlieben zu wählen, gehört zur Effizienz, das ist das *Wie* unserer Lebensführung. Die Einladung der Liebe schenkt uns das *Warum*. Das heißt, sie schenkt uns eine vertrauenswürdige, befreiende Gnade, die jede unserer täglichen Entscheidungen bevollmächtigt. Wenn wir uns dem *Warum* des Lebens wirklich hingeben, beginnen die Fragen nach dem *Wie* in Bewegung zu kommen. Sie kommen dann weniger aus unserer Konditionierung und mehr aus unserer größeren, tieferen Sehnsucht. Das ist kein Allheilmittel, es befreit uns nicht von Schmerz und Kampf. Im Gegenteil, es spornt uns an, besonders verwundbar zu sein. Doch Freiheit und Sinn durchdringen unser Leben in ungeahnter Weise.

Dag Hammerskjöld, früherer Generalsekretär der Vereinten Nationen und Friedensnobelpreisträger, schrieb 1961 folgende Worte: »Ich weiß nicht, wer oder was mich mit der Frage konfrontierte. Ich weiß nicht, wann sie gestellt wurde. Ich kann mich nicht einmal erinnern, eine Antwort gegeben zu haben. Aber irgendwann habe ich diesem jemand oder etwas geantwortet. Von dieser Stunde an war ich sicher, daß das Dasein einen Sinn hat und daß deshalb mein Leben durch die Hingabe daran ein Ziel hatte.«[1]

Oberflächlich betrachtet klingen Dag Hammerskjölds Worte so, als hätte er dieses Ja einmal gesagt, und daraufhin hätte alles von selbst seine Ordnung gefunden. So wie unser erster Kuß ist unser erstes bewußtes Ja eine wertvolle Erinnerung, aber es ist nur der Anfang. Das Leben geht weiter, die Kämpfe gehen weiter, und wir werden immer wieder zu einem Ja eingeladen. Hammerskjölds Probleme sind durch sein Ja zur Liebe nicht verschwunden, und unsere werden das genausowenig. Aber wir werden eine Vision haben, wofür das alles gut ist und warum unsere Kämpfe jenseits aller Effizienzerwägungen einen Wert haben. Egal, wie stark unsere Vorlieben und Ängste an uns zerren, die Liebe selbst gibt uns die Sicherheit, daß sie nicht das Ende der Welt bedeuten, sie sind Teil des ewigen Beginnens. Sie sind nicht mehr die Hürden, die wir überklettern müssen, bevor wir die nächste Sache angehen, sie sind vielmehr ein wundervoller Ausdruck unseres Lebens im Hier und Jetzt. So können sie uns nie überwinden. Manchmal können wir sie sogar genießen. Durch unser immer neues Ja entwickeln wir ein Gefühl für unseren Platz in der Welt, eine Ahnung davon, wer wir eigentlich sind und welchen Wert jeder von uns in der wunderbaren Unendlichkeit der Schöpfung hat.

Egal, wie sehr wir uns sträuben, wir können der Tatsache nicht entkommen, daß wir ein Teil der Schöpfung sind. Sogar ein Selbstmord kann unsere Wirkung auf das Universum nicht beenden, er verdunkelt es nur. Mehr als das, wir können nicht verhindern, daß wir für die Schöpfung wichtig sind. Uns mangelt es vielleicht an politischem Einfluß und religiöser Kultiviertheit. Wir mögen keine Ahnung davon haben, was in unserem Kopf vorgeht. Vielleicht haben uns die Umstände des Lebens zu Boden geworfen, und wir sind durch unsere Abhängigkeiten in eine Sackgasse geraten. Vielleicht weisen uns unsere FreundInnen ab, und unsere KollegInnen verachten uns. Aber wir würden der Schöpfung fehlen, wenn wir nicht da wären. Wir sind wichtig, wertvoll und werden gebraucht, nicht aufgrund unserer Entscheidungen oder unserer Taten, sondern nur, weil wir existieren. Die Schriften aller großen Religionen legen Zeugnis davon ab: Die Liebe, in der wir existieren, liebt uns, weil es uns gibt. Die Worte Jesajas sind nur ein Beispiel: »Ich habe dich beim Namen gerufen und du bist mein. Du bist wertvoll in meinen Augen und geachtet, und ich liebe dich.«[2]

Selten erkennen wir unseren Wert. Wir sind so beschäftigt und so von vielen kleinen Dingen ausgefüllt, daß wir für die eine große Sache blind sind. Nur in den Pausen zwischen all den Dingen, in den kurzen kontemplativen Momenten bloßen Daseins, bekommen wir eine Ahnung von der Liebe selbst. Und sogar dann fühlen wir uns so unfrei, daß wir denken, wir seien der Liebe nicht würdig. Aber diese Ahnungen kommen wieder. In der momentanen Leere, die sich auftut, wenn ein Bedürfnis unserer Süchte unbefriedigt bleibt, in Situationen, in denen wir nicht mehr wissen, was wir tun sollen, in Momenten der Zärtlichkeit ohne Grund, in Augenblicken spontanen Gelächters: Überall tun sich kleine Lücken auf. Die Einladung wird erneuert.

Immer wieder ignorieren wir die Einladung, füllen diese Räume sofort und betäuben unser Bewußtsein mit Betriebsamkeit. Aber die Liebe macht weiter in der Hoffnung, uns in einem Moment zu erwischen, in dem wir bereit sind. Tausende kleiner Räume öffnen sich uns jeden Tag. Sie liegen zwischen unseren Entscheidungen, zwischen unseren Gedanken, ja, zwischen jedem Atemzug oder in jedem Hunger und Bedürfnis, wann immer uns etwas in die Gegenwart holt.

Und ab und zu, wenn göttliche Gnade und menschliche Bereitschaft sich in einer geheimnisvollen Weise verbinden, sehen wir, was in dem Raum liegt, und laufen nicht davon. Wir spüren die Antwort unseres Herzens und erleben die wundervolle Erfahrung, frei zu sein: Wir haben die Kraft, aus unseren Gewohnheiten auszubrechen und unsere Konditionierung beiseitezuschieben. Wir fühlen wirklich den Wunsch, bewußter und öfter in der Liebe zu leben, und entdecken, daß wir diesen Wunsch ergreifen, ihn in die Hand nehmen und ausführen können. Darüber hinaus entdecken wir, daß unsere Versuche tatsächlich einen Unterschied bewirken.

Wenn wir diese Räume suchen, statt sie zu vermeiden, beginnen wir, immer mehr von ihnen zu entdecken. Wir verweilen immer länger in ihnen, und ihre zärtliche Atmosphäre dringt auch in unser sonstiges Tun ein. Der Unterschied zwischen der Auswahl unter Vorlieben und der Wahl der Liebe wird undeutlich. Wir entdecken, daß zu der Liebe ja zu sagen etwas ist, was wir tun können, und – Wunder über Wunder – es funktioniert.

Zu der Liebe ja zu sagen funktioniert, aber nicht so, wie wir es vielleicht erwarten. Es ist die Wirkung der Liebe, nicht die der Effizienz. Sie hat mit den Absichten zu tun, nicht mit Erfolg oder Scheitern. Sie erfordert hingebungsvolles Handeln, nicht Leistung oder Kompetenz. Sie ist eine bewußte Entscheidung für die Offenheit und gegen die Kontrolle. Das Ja zur Liebe ist keine Methode, um die Fesseln der Abhängigkeit zu zerreißen oder unsere Probleme zu lösen, sondern eine Antwort darauf, daß die Liebe von Grund auf gut ist. Es entsteht nicht aus dem Verlangen heraus, etwas Schlechtem zu entkommen, sondern aus dem Wunsch, etwas Wundervolles willkommen zu heißen. Wir öffnen unser Herz für ein Geschenk, das bereits gegeben wurde. Um mit Ibn al-Arabi zu sprechen: Das Herz umarmt die Wirklichkeit, die ihrerseits das Herz umarmt und füllt.

Die Vorgehensweise, die zu solch einer Bereitschaft gehört, ist ganz anders als die, mit der wir die meisten unserer Unternehmungen angehen. Normalerweise entscheiden wir uns für ein Projekt. Wir versuchen die Dinge zu kontrollieren, um zu bekommen, was wir wollen. Aber das ist der Liebe nicht angemessen. Es ist nicht einmal möglich. Der Unterschied hat mit Wunsch, Absicht und Kontrolle zu tun. Es ist es wert, den Unterschied zu verstehen, denn die Absicht führt uns zur Liebe.

Die beste der Absichten

Sehnsucht ist der Wunsch nach etwas, das Sehnen nach einer Befriedigung. Absicht heißt, den Wunsch aufzunehmen, ihn sich zu eigen zu machen und zu versuchen, ihn zu erfüllen. Kontrolle ist das, was wir tun können, damit die Befriedigung erreicht wird. Wir wünschen uns viel und können alles anstreben, was wir wollen, aber unsere Kontrollmöglichkeiten sind begrenzt. Ein kleines Mädchen will wie ein Vogel fliegen, das ist der Wunsch. Sie will es versuchen, das ist die Absicht. Sie versucht es und scheitert, das ist Kontrolle (oder besser: nicht vorhandene Kontrolle).

Die Stimme der Effizienz würde sagen, daß schon der Wunsch unsinnig war. Er war unrealistisch. Aber die Sehnsucht kümmert sich nicht darum, ob irgend etwas realistisch oder überhaupt möglich ist. Das kleine Mädchen will fliegen, und der Wunsch bleibt in ihr gegen alle praktischen Einwände lebendig. Wenn sie wirklich zu fliegen versucht, dann allerdings setzt sich die Praktikabilität durch, denn die Schwerkraft kann sie nicht kontrollieren. Zwischen beiden, dem Wunsch und der Kontrolle, befindet sich die Absicht, die zwischen ihnen vorsichtig eine Verbindung herstellt.

Was aus der Absicht des kleinen Mädchens wird, ist entscheidend für ihre Selbsteinschätzung und ihr Identitätsgefühl. Ihr gescheiterter Flugversuch könnte bewirken, daß sie der Stimme der Effizienz nachgibt. In diesem Fall wird sie glauben, ihr Wunsch und ihre Absicht seien absurd gewesen. In Zukunft wird sie solche unreifen Phantasien unterdrücken. Sie wird in dem Glauben großwerden, daß ihre Sehnsüchte nur dann wertvoll sind, wenn sie praktisch sind. Sie wird ihre Seele ersticken und eine reife, gut angepaßte Erwachsene werden.

Von allen Dingen, die ich in der Psychiatrie nicht leiden kann, erschreckt mich am meisten der Begriff der Anpassung. Welche göttliche Macht hat je gesagt, wir sollten uns der Welt anpassen? Denken Sie an die großen spirituellen Führer der Geschichte, und denken Sie an die liebevollsten Menschen, die Sie jemals kannten, waren das gut angepaßte Leute? Waren ihre Herzen vom Praktischen und Zweckmäßigen bestimmt? Um es positiv zu sagen: Was ist denn so falsch an dem Wunsch zu fliegen?

Die unverbogene menschliche Seele ist unaufhaltsam radikal. Sie will das Unerreichbare, sehnt sich nach dem Unpraktischen und ist bereit, das Unzweckmäßige zu riskieren. Aber wenn wir uns den Machbarkeiten und Sachzwängen der Effizienz unterwerfen, dann schränken wir den Raum zwischen Wunsch und Kontrolle ein. Wir begrenzen unsere Absichten auf eine immer kleiner werdende Palette von Möglichkeiten. Unsere Entscheidungen – und damit unser Selbstgefühl – werden immer weniger von dem bestimmt, wonach wir uns sehnen, und immer mehr von dem, was kontrollierbar und für unsere Umwelt akzeptabel ist. Wenn wir das lange genug mitgemacht haben, verlieren wir unsere Leidenschaft. Wir vergessen, wer wir sind.

Nicht nur im Sinne unseres eigenen spirituellen Wachstums, sondern um der Hoffnung für unsere Welt willen müssen wir beginnen, diesen Prozeß umzukehren. Wir müssen den Raum zwischen Sehnsucht und Kontrolle wieder größer machen und Platz schaffen für das Unpraktische und das Unangemessene. Wir müssen unseren Absichten Luft zum Atmen geben.

Versuchen Sie als Anfang, sich einige Ihrer unmöglichen Hoffnungen zurückzuholen. Würden Sie sich für unseren Planeten keinen Frieden wünschen? Lebt in Ihnen nicht die Sehnsucht nach Freiheit und Gerechtigkeit für alle Frauen, Männer und Kinder, die unterdrückt sind? Vielleicht hoffen auch Sie, daß plötzlich, wie durch ein Wunder, jeder Mensch auf dieser Erde Brot und ein Zuhause findet? Auf einer niedrigeren Ebene: Sehnen Sie sich nicht nach umfassender Liebe, Schönheit und Freiheit für sich und Ihre ganzen Beziehungen? Wo waren all diese Wünsche, bevor Sie sie in Ihr Bewußtsein gerufen haben? Wohin mußten Sie gehen, um sie auszugraben? Was hat sie verschüttet?

Setzen Sie sich irgendwo hin, mit einigen Ihrer Hoffnungen, und versuchen Sie, sie bewußt wahrzunehmen. Vielleicht beginnt sich in Ihnen ein Raum zu öffnen, ein wacher und sensibler werdender Sinn für die Möglichkeiten. Es kann sein, daß dann die Stimme der Effizienz wieder ertönt: »Das ist doch unmöglich. Das kann nicht klappen. Da müßte ein Wunder geschehen. Ich kann doch nichts daran ändern.« Wenn Sie innerlich so ähnlich angelegt sind wie ich, wird es nicht allzulange dauern, bis Sie Ihr »Wunschdenken« wieder hintenanstellen und mit dem weitermachen, was Sie für notwendig halten, was Sie kontrollieren können und was Ihre Mitmenschen von Ihnen erwarten.

Ich werde Ihnen jetzt einen meiner unmöglichen Träume erzählen. Ich möchte, daß in den Köpfen dieser Welt immer mehr »Wunschdenken« entsteht. Ich will viel, viel mehr Unangemessenes und endlose Reihen von Wünschen, die »nicht machbar« sind. Ich möchte eine Welt erleben, in der Kinder, die fliegen wollen, darin bestärkt werden, egal, wie oft sie scheitern. Ich wünsche mir, daß die Absichten der Menschen allen Raum haben, den sie brauchen, denn unsere Absichten sind das Wichtigste, das Grundlegendste, das *Menschlichste* an uns. Durch sie lernen unsere Seelen das Fliegen. Rabbi Kook sagte schlicht: »Die Absicht ist alles.«[3]

Die Absichten bedeuten alles, weil sie der einzige Weg sind, auf dem wir wirklich ja zur Liebe sagen können. In der Sehnsucht wollen wir lediglich ja sagen als einem hoffnungsvollen Wunsch, der sich aus dem Durcheinander zahlloser anderer Impulse und Süchte erhebt. Und die Kontrolle kann nur versuchen, Ergebnisse zu erzielen, sie ist in die funktionalen Härten von Erfolg und Scheitern eingespannt. Nur dazwischen, in den Absichten, ist Raum für die menschliche Authentizität.

Meistens wissen wir nicht, welche unserer Sehnsüchte die beste und liebevollste ist, aber unsere Absichten helfen uns, es so gut wir können herauszufinden. Wir scheitern oft nach unserer Entscheidung oder merken später, daß wir das Falsche gewählt haben. Aber wir dürfen uns daran festhalten, daß wir so gut wie möglich entschieden und gehandelt haben. Darin liegt unsere einzige Glaubwürdigkeit. Ein entschiedenes, freies Nein zur Liebe ist echter und menschlicher als tausend durchreflektierte, konditionierte und süchtige Jas.

Selbst wenn uns unsere Motivation überhaupt nicht klar ist und sich kein Erfolg einstellen will, verbindet uns unser bewußtes, absichtsvolles Ja mit dem Prozeß der Schöpfung. In dem Augenblick, in dem wir ja sagen, hören wir auf, Objekte zu sein, und werden wir TeilnehmerInnen, flexible Mit-SchöpferInnen. Auf dem Boden der auf die Liebe ausgerichteten Absichten entsteht alles, was wirklich und wahrhaftig menschlich ist. Rabbi Kook sagt über diese höchste aller menschlichen Absichten: »Sie umfaßt jeden Gedanken an Frieden und an den Kampf für Rechtschaffenheit und Gleichheit, jeden Wunsch nach Weisheit und einer guten und wünschenswerten Ordnung der Dinge. Alles, was diese Welt vollkommener macht, liegt darin.«[4]

Etwas beabsichtigen (englisch *to intend*, das sich von dem lateinischen Wort *tendere* für »spannen« herleitet) bedeutet wörtlich, sich nach etwas ausstrecken. Das ist eine Willensanspannung, ein Greifen und ein *Sich öffnen* – für das, was wir uns wünschen. Gewöhnlich stellen wir uns unter *Absicht* vor, daß wir uns darum kümmern, daß etwas passiert. Das ist eine Absicht, die mit Willensanstrengung ausgeführt wird. Da aber die Liebe als Geschenk kommt, ist eine

Absicht, die sich auf die Liebe richtet, anders. Sie bedeutet sowohl nachgeben, als auch sich nach etwas ausstrecken; es ist ein Zugreifen mit offenen Händen, eine bewußte, freiwillige Bewegung in die Offenheit.

Die Absichten brauchen Raum, um sich ausdrücken zu können. Darüber hinaus benötigen sie noch zwei Dinge: das Erwachen der Menschen und die göttliche Gnade. Wir müssen erwachen, um zu verstehen, daß wir nicht absichtsvoll handeln können, wenn wir schlafen. Die Gnade bringt uns die Vollmacht: Sie macht die Absicht überhaupt möglich und bringt sie dann zur Verwirklichung. Kommen Raum, Erwachen und Gnade zusammen, dann wird die Absicht unser *haqqodesh*, unser heiliger Boden.[5]

Erwachen

Die Sehnsucht in unserem Herzen ist immer da, sie regt sich auch, wenn wir schlafen. Wenn wir aber die Einladung der Liebe annehmen, dann muß unser Verstand wach werden für das, was in unserem Herzen vorgeht. Wir müssen unsere Sehnsucht spüren und unsere Absicht erkennen. Vielleicht wissen wir nicht, wie oder warum wir eine Wahl treffen, und sicherlich wissen wir nicht, worauf wir uns einlassen, aber die Tat der Öffnung müssen wir bewußt vollziehen. Das Ja, das wir mit vollem Bewußtsein und voller Verantwortung, aber ohne gesichertes Wissen sprechen, ist die freieste und echteste Tat, die ein Mensch vollbringen kann. Dafür wurde der menschliche Wille geschaffen.

Es ist möglich, ohne bewußte Selbstwahrnehmung zu überleben. Wir können unsere Entscheidungsvollmacht an unsere unbewußten Konditionierungen abtreten. Unsere homöostatischen Gewohnheiten werden uns wie Computerprogramme an die veränderten Umstände anpassen und uns über die Runden bringen. Aber um schöpferisch zu sein, um zu erkennen und wirklich zu lieben, müssen wir erwachen. In der unmittelbaren, wachen Gegenwärtigkeit verwandelt sich die Sehnsucht von einem automatisierten Impuls in aufrichtige Leidenschaft. Die Kontrolle wandelt sich – soweit das möglich ist – von reflektierender Manipulation in echte Kreativität. Und die Absichten bekommen Raum zu atmen.

Manches Erwachen ereignet sich wie ein Blitz, häufiger jedoch erwachen wir stufenweise, als ob wir aus einem Traum auftauchen.

Wir müssen viele Schichten träger, automatisch ablaufender Reaktionen durchstoßen, bevor wir auf die echte Lebendigkeit unseres Herzens stoßen. Ich fragte einmal eine junge Frau nach ihren tiefsten Wünschen. Sie antwortete spontan: »Ich möchte ein schönes Zuhause und eine glückliche Familie, Sicherheit und das Gefühl, gebraucht zu werden.« Dann bat ich sie, sich einen Moment in Ruhe hinzusetzen und zu versuchen, sich den Sehnsüchten zu öffnen, die sie gerade in diesem Augenblick spüren konnte. Nach einer Weile blickte sie auf, mit Tränen in den Augen: »Ich weiß nicht, was ich sagen soll. Das, was ich wirklich empfinde, ist, daß die Dinge gerade wirklich okay sind. Besser als okay. Ich glaube, ich will nicht mehr als das, was ich im Moment habe.« Ich bat sie, noch einmal ruhig zu werden und noch tiefer in ihr Gefühl einzudringen, um jede Sehnsucht zu finden, die wirklich darin steckte. Sie sagte ganz leise: »Das ist kaum in Worte zu fassen. Ich fühle mich wirklich gesegnet, und ich fühle Dankbarkeit. Ich möchte zu jemandem danke sagen. Ist das Gott? Wenn er es ist, dann möchte ich ihn umarmen und danke sagen. Und ich wünschte, die Leute könnten sich auch mehr so fühlen. Dann hätten sie ein bißchen Frieden.«

Die erste Reaktion der Frau stammte aus ihrem angepaßten, konditionierten Selbstbild. Das, was sie beim zweiten Mal sagte, betraf die Dinge, wie sie für sie zu dem Zeitpunkt wirklich waren. Und ihre dritte Reaktion war die Antwort ihres Herzens auf diese Wirklichkeit. In dem Moment, in dem sie zu einer direkten Wahrnehmung der Gegenwart erwachte, wurde sie sich zunehmend ihrer eigenlichen Sehnsucht bewußt. Sie wurde sich ihrer Sehnsucht bewußt, aber sie fand nicht das vor, was sie erwartet hatte.

Meistens allerdings funktioniert es umgekehrt. Nicht wir werden für unsere Sehnsucht wach, sondern unsere Wünsche wecken uns. Es gibt eine Geschichte über einen kleinen Jungen, der noch nie ein Wort gesprochen hatte. Seine Eltern brachten ihn zu allen möglichen Spezialisten, aber nichts half, der Junge sagte dreizehn Jahre lang keinen Ton. Dann eines Morgens, als er mit seinen Eltern beim Frühstück saß, sagte er: »Hey, der Kakao ist kalt.« »Was?« rief die verblüffte Mutter. »Ich sagte«, wiederholte der Junge, »der Kakao ist kalt.« Seine Eltern waren daraufhin einen Moment selbst ganz sprachlos. Dann fragte der Vater: »So lange

Jahre hast du nichts gesagt, und jetzt sagst du plötzlich: Der Kakao ist kalt?«»Na ja«, meinte der Junge, »bisher war ja immer alles in Ordnung.«

Physiologisch betrachtet ist es so: Wenn tatsächlich alles in Ordnung ist und unsere ganzen Wünsche befriedigt sind, gibt es keinen Grund, zu reden oder überhaupt voll wach zu sein. Wir haben immer dann einen Anlaß, wach zu werden, wenn wir entweder etwas nicht haben, das wir wollen, oder wenn wir etwas bekommen, das wir nicht wollen. Neurologen haben die Wachheit zwei inneren Trieben zugeordnet, die sie Motivationszustände nennen. Der erste ist homöostatisch: der Wunsch nach Nahrung, Wasser und allem, was wir brauchen, um die Körperfunktionen aufrechtzuhalten. Der zweite Motivationszustand besteht aus schöpferischen Trieben wie Sexualität und Neugierde. Zusammen entsprechen diese beiden Motivationszustände der »Schwerkraft« und dem Bedürfnis der Seele zu fliegen. Die Segmente des Gehirns, die diese Wünsche vermitteln, sind mit Zentren verbunden, die Emotionen, wie Freude, Angst und Aggression, steuern. Beide sind wiederum eng mit den Zentren verbunden, die die Wachheit beeinflussen. Wenn solche Wünsche und Emotionen stimuliert werden, dann erwachen wir und werden auf ein höheres Niveau von Aufnahmefähigkeit und Engagement gebracht.[6]

Kontemplative Menschen aller Zeiten haben diese Zusammenhänge auch ohne Kenntnis der Neurologie gut verstanden. Immer wieder haben sie beschrieben, wie ihre Seelen von ihrem Wunsch nach Liebe geweckt und in die Lebendigkeit hineingezogen wurden. Im vierten Jahrhundert formulierte Augustinus dichterisch seine Gedanken über das Erwachen:»Wo fand ich dich schließlich, um von dir zu lernen? Du hauchtest mich an mit deinem Duft, ich atmete ein, und nun lechze ich nach dir. Ich kostete dich, und nun hungere und dürste ich nach dir. Du berührtest mich, und ich verzehrte mich nach deinem Frieden.« Johannes vom Kreuz, ein Karmelitermönch aus dem sechzehnten Jahrhundert, der weithin als einer mißverstanden wurde, der die menschlichen Sehnsüchte ablehnte, schrieb ausführlich darüber, wie Gott gerade durch unsere Sehnsucht wirkt und uns zu unglaublicher Leidenschaft weckt: »Wie sanft und liebevoll weckst du mein Herz, wie zärtlich läßt du mein Herz voll Liebe schwellen.« Johannes' geistliche Mutter, Theresa von Avila, schrieb einen Kommentar zum hebräischen Hohen Lied, in dem sie ausrief: »O große Würde, du bist es wert, uns zu erwecken!«[7]

Die Belege aus Neurologie und Kontemplation verdeutlichen eine Grundwahrheit über das Erwachen: Weil uns die Sehnsucht aufweckt, hat unsere Wachheit immer irgendein Ziel, sie richtet sich auf etwas. Wir haben Bewußtsein, nicht nur weil unser Herz schlägt, sondern weil wir uns nach etwas sehnen. Schon die Tatsache, daß das Bewußtsein existiert, setzt ein Ziel voraus.

Lange Zeit sieht es so aus, als sei der einzige Zweck der Wachheit, bestimmte Bedürfnisse zu befriedigen. Am Anfang werden wir vielleicht von so profanen Dingen wie dem Wunsch nach Nahrung oder einer trockenen Windel geweckt – oder nach einer warmen Tasse Kakao. Aber nachdem wir das erste Mal von der Sehnsucht geweckt worden sind, wächst unser Bewußtsein. Wir merken, wie wir das Leben erfahren, und wir beginnen, durch die Gnade das eine tiefe Verlangen nach Liebe zu erleben, das sich die ganze Zeit in unseren kleinen Bedürfnissen widergespiegelt hat. Hier gehen die MystikerInnen weiter als die NeurologInnen: Sie beschreiben eine Dimension des Bewußtseins, die auch existiert, wenn die homöostatischen Notwendigkeiten und die schöpferischen Impulse fehlen, und zwar das Wissen um die Liebe des Lebens selbst.

Das ist, denke ich, das Erwachen, das wir in den Momenten echter Kontemplation erleben – in den Augenblicken, in denen wir einfach lieben. Dann lieben wir das Leben ohne Beschreibung, ohne Einschränkung und ohne Grund. Ich glaube, wir begegnen dieser Qualität des reinen Daseins zum ersten Mal in der Kindheit. Ich glaube mich zu erinnern, wie es geschah, als ich noch ganz klein war, allerdings weiß ich es nicht mehr ganz sicher. Vielleicht ist es auch etwas, was wir alle schon immer wußten, sogar vor unserer Geburt. Es gibt eine wunderschöne Kindergeschichte darüber, warum wir alle die kleine Vertiefung über der Oberlippe haben. Bevor wir geboren werden, flüstert uns ein Engel ein Geheimnis zu. Er legt uns den Finger auf die Lippen und sagt: »Verrate es niemand.« Wir können uns nicht an das Geheimnis erinnern, aber wir behalten den Fingerabdruck des Engels. Vielleicht hat das Geheimnis etwas mit der Liebe zu tun, die uns zum Leben erweckt hat.[8]

Genauso wie wir viele Sehnsüchte haben, gibt es viele Arten des

Erwachens. Ein Beispiel: Ich denke, unsere Kultur ist so von der romantischen Liebe besessen, weil sie ein solch mächtiges Erwachen ist. Für viele von uns handelte es sich um diese Art der Liebe, als sie sich am lebendigsten gefühlt haben, am energiegeladensten und am offensten für das Leben. Eine Romanze erinnert uns an freie und wunderbare Momente reinen Seins. Eine Liebesgeschichte läßt uns spielen, tanzen, wie Kinder sein. Kein Wunder, daß wir uns nach ihr sehnen.

Es ist kein Zufall, daß kontemplative Menschen die Sprache der Liebe benutzen, um das Erwachen zur großen Sehnsucht der Liebe zu beschreiben. Ich habe Theresa von Avila erwähnt und ihren Kommentar zum Hohen Lied. Zwölf Jahrhunderte früher hat auch Gregor von Nyssa einen solchen Kommentar geschrieben. Er konzentrierte sich auf den Vers, der den Titel dieses Buches inspiriert hat: »Ich schlafe, doch mein Herz ist wach.« Er schrieb: »Auf diese Weise empfängt die Seele, die allein die Kontemplation des Lebens genießt, eine Vision Gottes – in göttlicher Wachheit durch die reine und nackte Intuition.«[9]

Die MystikerInnen sagen, es gebe eine Ebene, auf der jedes Herz zu jeder Zeit zur Liebe ja sagt, egal wie träge oder beschäftigt unser bewußter Verstand ist und egal wie lieblos unser Tun ist. Sie behaupten, zur Liebe ja zu sagen sei nicht so sehr eine Bekehrung des Herzens (hebräisch: *shub*, griechisch: *metanoia*), sondern des Bewußtseins. In dieser Bekehrung des Bewußtseins erwachen wir, um unsere Richtung zu wechseln und uns auf das auszurichten, was unsere Herzen schon immer gewollt haben.

Ich empfinde es als ungeheuer beruhigend, zu wissen, daß tief in mir und in all meinen Schwestern und Brüdern irgend etwas immer und unwiderruflich ja zur Liebe sagt und sich der Erfüllung nähern will. Das läßt mich mehr Erbarmen mit mir und anderen haben, wenn wir so jämmerlich dabei scheitern, uns und unsere Mitmenschen zu lieben. Es erinnert mich auch daran, daß die Suche nach der größeren Liebe nichts ist, was den Leuten von außen eingegeben werden müßte. Sie ist schon da, sie muß nur gepflegt, genährt und gestärkt werden. Bruder Lorenz sagt in einer beiläufigen Bemerkung in »The Practice of the Presence of God«: »Die Leute wären sehr überrascht, wenn sie wüßten, was ihre Seelen manchmal zu Gott gesagt haben.«[10]

Momente der Kontemplation, Augenblicke des Bewußtwerdens unseres Seins in der Liebe sind Zeitpunkte, in denen das gelegentliche Bewußtsein unseres Verstandes die dauernde Wachheit unserer Herzen erreicht. Das wird uns geschenkt – so als ob jemand zu uns sagen würde: »Hey, wach auf! Da ist was! Schau dich um! Probier das doch mal! Schau dir das mal an! Genieß es!« Das geschieht in den kleinen Lücken und Pausen, zwischen Gedanken, zwischen Aktivitäten, zwischen Anforderungen, zwischen Atemzügen.

Wir unternehmen die meiste Zeit alles, um betäubt und beschäftigt zu sein, so daß ich mir sicher bin, diese Weckrufe kommen aus der Gnade der Liebe. Sie nutzen jeden Moment und jede Lücke. Sie wollen uns auf das Wunder unseres Daseins aufmerksam machen und – wenn wir uns dafür entscheiden – uns die Kraft geben, uns auf unsere tiefste Sehnsucht auszurichten. Gnade ist ein Geschenk. Wir können sie nicht verdienen und auch nicht sicherstellen, daß sie sich ereignet. Aber die Gnade lädt uns ein, teilzunehmen, sie braucht unsere Beteiligung.

Es wird Zeit, daß wir uns der Frage zuwenden, wie diese Beteiligung geschehen kann. Wie können wir unsere Sehnsucht nähren und unsere Absicht stärken? Was können wir tun, um die erweckende Gegenwart der Liebe vollständiger zu erfassen? Wie machen wir uns dafür aufnahmebereiter? Tatsächlich können wir eine Menge tun. Wir können Übungen machen, bestimmte Einstellungen pflegen, bestimmte Tatsachen lernen und ins Gedächtnis rufen. Davon handelt der Rest dieses Buches. Aber uns muß eines klar sein: Wir können das nicht allein bewerkstelligen. Wir können uns genausowenig selbst aufwecken oder aus eigener Kraft unsere Absichten für die Liebe freimachen, wie wir unsere Süchte überwinden können. Dies ist nicht etwas, was gepredigt, geglaubt oder gläubig hingenommen werden kann, es muß *gewußt* werden.

Meine erste bedeutende Übung war mein Versuch, das alles alleine zu schaffen. Ich mußte versuchen, mein Schicksal selbst in die Hand zu nehmen. Und ich mußte immer und immer wieder scheitern. Hätte ich das nicht versucht, wäre ich nie ganz sicher gewesen, daß meine Öffnung für die Gnade nicht nur ein Trick war, um meine Verantwortung von mir wegzuschieben. Ich weiß nicht, wie lange ich es allein versucht habe, ich weiß nur, es war die längste Zeit meines Lebens. Sogar jetzt versuche ich es manchmal noch allein, und das ist gar nicht so schlecht. Dadurch lerne ich meine Grenzen kennen, und das ruft mich zurück zu tieferer Teilnahme. Das muß nicht jeder durchmachen, nicht jeder ist so stur wie ich. Aber wenn Sie im Zweifel sind: Bitte vergewissern Sie sich, daß Sie nichts von dem, was ich sage, gläubig hinnehmen. Testen Sie es aus. Versuchen Sie alles, was Sie können, um Ihr Leben selbst auf die Reihe zu bekommen. Und falls oder sobald Sie es brauchen, kehren Sie nach Hause zurück zur Quelle der Liebe und Gnade, zum Ursprung alles Guten.

Die Quelle der Liebe

Gnade kommt von irgendwo her. Sie wird uns gegeben, von einem Jemand oder einem Etwas. Unser Ja zur Liebe ist eine Antwort an diesen Jemand oder dieses Etwas. Ich habe schon gesagt, daß Effizienz das *Wie* des Lebens ist und Liebe das *Warum*; jetzt richten wir uns auf das *Wer*. Ich nenne diesen Jemand oder dieses Etwas Gott. Das ist ein Wort und ein Name, der in uns allen viele konditionierte Reaktionen auslöst. Ob diese Reaktionen angenehm oder unangenehm sind, eins ist sicher: Gott und unsere Bilder von Gott sind zwei verschiedene Dinge. Gott ist die Liebe, aber die Liebe ist nicht Gott. Gott ist Schöpfer, aber auch wir sind schöpferisch. Gott ist immanent, in uns, aber gleichzeitig auch transzendent, außerhalb von uns. Gottes Gnade ist allmächtig, aber wir haben die Freiheit, uns jederzeit davon abzuwenden. Wenn die Liebe schon immer mehr ist, als wir verstehen können, wie können wir dann erwarten, die Quelle der Liebe zu begreifen?

Es wäre leichter, wenn wir nur die Ethik und Moral der Entscheidungen zwischen unseren Vorlieben untersuchen würden oder die Psychologie und Neurologie des Verliebens. Wollen wir allerdings unsere Antwort betrachten, die wir als Reaktion auf die Liebe geben, dann müssen wir uns einfach mit Spiritualität auseinandersetzen, das heißt, mit unserer unmittelbaren, lebendigen Verbindung mit dem Göttlichen. Die Populärpsychologie möchte Spiritualität als die Funktion unserer tiefsten Gefühle und Werte verstehen, als unsere grundlegendste, archetypische Erfahrung. Tatsächlich läßt sich viel von der Liebe, die wir Menschen und Dingen gegenüber erleben, auf der Basis psychischer Funktionen erklären, aber nicht unser Sein in der Liebe.

Jede Erfahrung dieser Liebe konfrontiert uns mit einem viel größeren Entwurf unseres Lebens. Wir können von Liebe nicht mehr wie von einer Ware sprechen, nicht einmal mehr wie von einer Energie, die aus dem Herzen eines Menschen in das Herz eines anderen überspringt. Lieben bringt die Erkenntnis mit sich, daß wir alle in etwas Weites, Endloses, alle Unterschiede und Barrieren Überwindendes eingebunden sind. Früher oder später werden wir es erkennen: Unser Ja ist eine Antwort auf die Tatsache, daß wir zuerst erwählt worden sind. Damit wird das Geheimnis menschlicher Leidenschaft tiefer, als wir es ausloten könnten. Ist es unsere Sehnsucht nach Liebe oder Gottes Sehnsucht nach uns?[11]

Machen Sie eine Atempause und betrachten Sie Ihre Gefühle gegenüber Gott. Wenn Sie an Gott denken, welche Gedanken, Bilder und Gefühle steigen dann in Ihr Bewußtsein auf? Woher sind diese gekommen? Können Sie einige zurückführen auf Ihre Kindheit, andere auf das, was Sie gelehrt wurden, wieder andere auf Ihre reifen Lebenserfahrungen? Wenn Sie über die Liebe und ihren Ursprung nachdenken, was finden Sie dann? Ist das etwas anderes als Ihre anderen Bilder von Gott?

Jetzt holen Sie noch einmal tief Atem und entspannen sich ein wenig. Vielleicht können Sie all diese Bilder und Gedanken für einen Moment zur Ruhe kommen lassen. Lassen Sie Ihre ganzen konditionierten Muster ruhen. Wie fühlt sich das an, Gott, wer oder was immer er sein will, sein zu lassen, ohne sich deswegen Sorgen zu machen? Können Sie einen oder zwei Augenblicke einfach nur ausharren, bevor Sie zu denken anfangen, jenseits von Glauben oder Nicht-Glauben, vor allen Bildern und Assoziationen?

Ich möchte Sie ermutigen, sich selbst zu akzeptieren, wie Sie sind, und Gott, wie er ist. Wenn Sie sich mit dieser sanften Toleranz anfreunden, werden Ihnen vielleicht Ihre religiösen Überzeugungen etwas in die Quere kommen. Religiöse Überzeugungen haben ihre zwei Seiten. Sie bieten uns eine Verankerung in der Tradition und ein Gefühl des Dazu-Gehörens, das uns hilft, uns zu entspannen, auf Gottes Güte zu vertrauen und tiefer zu lieben. Sie können allerdings auch Reaktionen hervorbringen, die unsere einfache Präsenz erschweren und uns mit den unterschiedlichsten Bildern über Gottes Wesen überfluten. Deshalb möchte ich folgendes vorschlagen: Wenn religiöser Glaube für Sie ein Problem ist, machen Sie sich nicht allzu viele Gedanken darüber. Versuchen Sie lediglich, sich vorsichtig Ihrer eigenen Verwirrung zu stellen und sich der Einladung der Liebe zu öffnen. Denken Sie nicht darüber nach, ob Sie an Gott glauben oder nicht, oder ob der Gott, an den Sie glauben, nun der wahre Gott ist oder nicht, oder ob es einen anderen Gott gibt als den, an den Sie *nicht* glauben. Und machen Sie sich keine Sorgen, ob Sie gut oder moralisch genug sind, um in Gottes Augen akzeptabel zu sein.

Aber betrachten Sie die Wahrheit aufmerksam mit Ihren eigenen Augen. Beobachten Sie Ihre Erfahrung so ehrlich wie möglich und gehen Sie mit sich selbst so freundlich wie möglich um. Schauen Sie dem Leben, wie es ist, und der Liebe, wie sie zu Ihnen kommt, ins Gesicht. Ist das Göttliche wirklich göttlich, dann können Sie für ein tieferes und echteres Verständnis dieser Wirklichkeit alles riskieren. Wenn nicht, dann müssen Sie schon das Risiko auf sich nehmen und es herausfinden. Kehren Sie immer wieder zu Ihrem gesunden Menschenverstand zurück und zu dem, was Ihnen wirklich wichtig ist, zu der Wahrheit Ihres Herzens. Lassen Sie Gott Gott sein, lassen Sie die Welt und die anderen Menschen sein, was und wer sie sind, und lassen Sie sich selbst sein, wer Sie sind.

Dieses Loslassen ist die beste Art der Wissenschaft. Wir müssen soweit wie möglich bereit sein, das, was ist, so wie es ist, zu sehen, zu fühlen und voll zu erleben. Wir können nicht sicher sein, daß das, was wir erleben, die Wahrheit ist. Tatsächlich können wir mit Sicherheit davon ausgehen, daß vieles davon nicht die Wahrheit ist, angesichts der Streiche, die unser Verstand uns selbst spielt. Wir können die Wahrheit nur suchen und versuchen, für sie bereit zu sein. Wenn die Dinge unsicher erscheinen, finden wir Zuversicht in der Echtheit unserer Sehnsucht. Was wir erkennen *können*, ist unsere Sehnsucht, unsere Hoffnung und unsere Absicht. Manchmal bleibt uns nichts anderes als unsere Sehnsucht, aber das reicht aus, denn sie ist hundertprozentig real.

Vielleicht kommt uns dieses Loslassen auf den ersten Blick passiv vor. Tatsächlich ist es eine anspruchsvolle Art, die Wahrheit zu suchen, und es erfordert Mut in zweierlei Hinsicht. Zunächst müssen wir uns für die Dinge öffnen, wie sie sind, und aufhören, unsere Erwartungen auf die Realität zu projizieren. Zweitens müssen wir bereit sein, von unserer tiefsten Sehnsucht her zu reagieren, egal, wie unpraktisch oder unorthodox das ist oder wie stark wir dabei unser Selbst aufs Spiel setzen. Niemand wird je in eine dieser Richtungen vollkommen sein, und wir brauchen die Gnade bereits, um überhaupt anzufangen. Aber gibt es irgendeinen anderen ehrlichen Weg?

Die Hinwendung zur Quelle

Wenn jemand die Sehnsucht nach der Liebe spürt, sie sich zu eigen macht und seine Absicht nach ihr ausrichtet, dann handelt es sich um irgendeine Art von Gebet. In der einen oder anderen Form ist Gebet der Anfang und der Weg, wenn wir lieben. Wenn wir ja zu der Einladung der Liebe sagen, wem gilt dieses Ja? Zum Teil sagen wir es zu uns selbst, wenn wir unsere Sehnsucht und unsere Absicht annehmen. Aber wir verpflichten uns auch, ein Geschenk zu bekommen, und müssen uns also an den Geber wenden. Gebet ist der einzige Weg, auf dem wir unsere Absicht mit unserer Abhängigkeit von der Gnade in Einklang bringen können.

Die Sehnsucht selbst kann ein Gebet sein, wenn sie uns auf die Quelle der Liebe ausrichtet, unsere Aufmerksamkeit und unsere Bemühungen darauf lenkt. Es gibt natürlich keine geographische Richtung, in der wir Gott suchen müßten. Es ist eine Ausrichtung unserer Grundeinstellung, die von unserer Absicht bestimmt wird. Manchmal kann es so aussehen, als ob wir uns nach innen wenden, dem Göttlichen in uns zu. Ein anderes Mal sehen wir das Göttliche außerhalb von uns selbst, in anderen Menschen oder in der Natur. Und es ist klar, daß in den Momenten des reinen Daseins die Quelle der Liebe überall ist. Dann verwandelt sich unser ganzes Leben in ein Gebet.

Gebet kann alles mögliche umfassen: Das auswendige Hersagen von Worten, verzweifelte Hilferufe oder einfach Dankbarkeit, die aus dem Augenblick heraus entsteht. Manche Leute haben bei ihrem Gebet sehr exakt umrissene Vorstellungen, wer Gott ist. Andere haben nicht die leiseste Ahnung, wer er sein könnte, ihr Gebet ist schlicht Ausdruck ihrer Gefühle, in der Hoffnung, daß da irgend etwas oder jemand ist, der zuhört und Antwort gibt. Das alles ist wirklich nicht wichtig. Unser Verständnis von Gebet ist vielleicht genauso unklar wie unser Verständnis von Liebe und von Gott. Das macht nichts.

Ein Beispiel: Ich sprach mit Richard zum ersten Mal im Rahmen einer Psychotherapie, während er sich von einer Depression erholte. Er erzählte, er habe versucht zu beten, konnte aber nicht damit beginnen, weil er sich nicht sicher war, wer Gott ist, beziehungsweise ob er überhaupt existiert. Im Verlauf unseres Gesprächs erkannte Richard, daß er aufgrund seiner Überlegungen über die Natur Gottes vermied zu beten. Schließlich sagte er: »Ich denke, falls Gott existiert, dann ist er eben, wer er ist. Das kann ich gedanklich nicht in den Griff kriegen. Und wenn er nun nicht existiert, nun, das kann ich genausowenig in den Griff kriegen.« Er beschloß, sich über Gebet keine Gedanken mehr zu machen, und fing einfach an zu beten. Das schien eine Schleuse in ihm zu öffnen, und er konnte alle möglichen Gefühle und Sorgen in seinem Gebet ausschütten. Richard machte sich weiterhin Gedanken über Gott, aber er entdeckte eine neue Art zu reagieren. Eines Tages sagte er: »Ich habe angefangen, über das Gebet zu beten – über Gott. Ich habe Gott gebeten, mir zu helfen, damit ich ihn besser verstehe.«

Jean konnte im Gegensatz dazu gerade deshalb nicht beten, weil sie so präzise Vorstellungen von Gott hatte. »Gott ist groß«, sagte sie, »und ich bin so klein. Gott ist so gut und stark, und ich bin so voller Sünde und so schwach. Ich glaube nicht einmal, daß Gott mich beachten würde.« Ich gab ihr keinen Rat, habe sie aber vorsichtig ermutigt, es weiter zu versuchen. Am Ende sagte sie im wesentlichen das gleiche, was Richard gesagt hatte: »Es wurde mir klar, daß ich Gottes Reaktionen auf mich nicht kontrollieren, ja nicht einmal erkennen werde – das ist schließlich *seine* Sache. Also denke ich, ich bete einfach, und die Dinge sollen das mit sich selbst ausmachen. Und ich muß sagen, bis jetzt klappt es gut.«

Richard und Jean hatten beide das Problem, daß sie sich viel zu viele Gedanken um das Wesen Gottes machten, obwohl alles, was sie eigentlich wollten, war, zu Gott zu beten. In beiden Fällen war ihre Sorge ein Spiegelbild ihres Wunsches, im Gebet eine gewisse Kontrolle zu behalten. Richard meinte, die Kontrolle behalten zu können, wenn er genau herausbekäme, wer Gott ist. Jean versuchte, die Dinge im Griff zu haben, indem sie sich an feste Bilder von sich und Gott klammerte. Beide fanden erst zu einem Durchbruch, als sie bereit waren, verwundbarer zu werden, indem sie es wagen konnten, sich sich selbst und Gott Gott sein zu lassen.

Meiner Meinung nach haben die meisten Menschen Probleme mit dem Gebet, weil es ein Akt der Liebe ist und deshalb Verwundbarkeit erfordert. Es ist genauso wie mit der Liebe selbst: Je mehr wir das Gebet kontrollieren wollen, desto weniger Gebet kann geschehen. Aber der Wunsch, sich zu verteidigen und zu schützen, ist verständlich. Im Gebet stellen wir uns am unmittelbarsten der Wahrheit über uns und die Welt. Das ist durchaus ein risikoreiches Unterfangen. Wenn ich die Angst spüre, die die Verwundbarkeit auslöst, dann tröste ich mich mit dem Gedanken, daß das Wort *prayer* (englisch für Gebet) aus der lateinischen Wurzel *precarius* stammt. Das bedeutet, »abhängig von der Gnade«. Aus der gleichen Wurzel stammt im Deutschen das Fremdwort *prekär*.

Eigentlich sollte das bewußte, absichtsvolle Beten das ehrlichste und liebevollste sein, was ein Mensch tun kann. Wegen unserer Angst, von der Gnade abhängig zu sein, wird es allerdings manchmal eine der unehrlichsten Handlungen. Wir sind anscheinend bereit, alles zu tun, um das Gebet zu zähmen und seine ihm eigene Radikalität einzuschränken. Wir drängen es in den Bereich der privaten Gewohnheiten und der institutionalisierten Strukturen ab. Wir spulen es mechanisch herunter und wenden uns ab von seinem störenden, unendlich frischen Wind. Wir konstruieren ganze Hierarchien von Gebeten, in denen eine Form ausgereifter sein soll als die nächste. Für manche ist es schon schwierig, an das Beten zu denken, ohne sich den Kopf darüber zu zerbrechen, »wie es richtig gemacht wird«, oder ohne ihr Gebet mit dem anderer Menschen zu vergleichen.

Aus diesem Grund habe ich vorgeschlagen, daß Sie sich keine Gedanken über Definitionen von Gott und Ihrem eigenen Selbst machen. Darüber hinaus möchte ich Sie ermutigen, daß Sie sich nicht um die Form oder den Stil Ihres Gebetes sorgen. Bemühen Sie sich um Ehrlichkeit und Wahrheit, nähern Sie sich Ihrer Sehnsucht so weit wie möglich, und dann seien Sie, wer Sie sind – Gott wird sein, wer er ist. Haben Sie Mut zu experimentieren. Sie müssen sich nicht an irgendwelche Gebrauchsanweisungen oder Idealbilder eines gelungenen Gebets halten. Sie müssen aber auch nicht vorstrukturierte Gebetsformen vermeiden, wenn Sie sich in ihnen wohlfühlen. Lassen Sie soviel Offenheit für radikal Neues zu wie möglich, aber lassen Sie sich auch mit Ritual und Routine ein, wenn das für *Sie* authentisch zu sein scheint.

Machen Sie erneut eine kurze Pause und denken Sie über Ihre eigenen Erfahrungen mit dem Gebet nach. Was tun Sie, wenn Sie beten wollen? Sitzen oder knien Sie in aufrechter Haltung mit geschlossenen Augen und gebeugtem Kopf, die Hände in einer besonderen Position, und versuchen, sich irgendwie zu konzentrieren? Haben Sie solche Gewohnheiten, dann denken Sie etwas darüber nach. Haben Sie den Eindruck, daß diese Gewohnheiten wirklich hilfreich sind? Oder sind sie leere Routinen oder pflichtbewußt ausgeführte Zwänge? Nehmen Sie im Gebet irgendwelche ritualisierten Einstellungen gegenüber sich selbst an? Zensieren Sie bestimmte Gedanken oder Gefühle? Können Sie auf Gott wütend sein? Können Sie lachen und herumspinnen im Gebet? Gibt es in Ihrem Leben Momente, in denen Sie sich nicht vorstellen könnten, sich an Gott zu wenden?

Blicken Sie jetzt zurück auf Ihr Leben und suchen Sie besonders nach Augenblicken, in denen Ihr Gebet einfach spontan und natürlich gekommen ist. Damals haben Sie es vielleicht gar nicht als Gebet erkannt. Aber suchen Sie nach Spuren einer Unmittelbarkeit im gegenwärtigen Moment, nach ehrlicher Sehnsucht, einem Sichausstrecken nach der Quelle. Hier entdecken Sie Bausteine des natürlichen, ungekünstelten Gebets, das Sie vielleicht für sich suchen und entwickeln wollen.

Das »richtige« Gebet, wenn es das überhaupt gibt, ist äußerst einfach und gleichzeitig sehr schwer: Seien Sie Sie selbst. Eine Quäkerin erzählte mir einmal, sie suche nach »unzensiertem Gebet«. Ich glaube, das ist auch das, worauf Gott hofft: mit Gott bewußt verbunden zu sein, ohne Zensur, ohne Aufpolieren, ohne Posen, einfach authentisch.

Vielleicht machen Sie sich Sorgen über den Grad der Offenheit, den ich hier propagiere. Ist da nicht Vorsicht geboten, damit wir uns keinen Illusionen hingeben und nur machen, was uns gefällt? Begeben wir uns nicht auf Pfade der Zurückgezogenheit und des Quietismus, wenn wir die persönliche Ehrlichkeit so stark betonen? Ist es nicht wichtig, zu unterscheiden, ob wir uns Gott öffnen oder dunklen Mächten?

Wenn Sie ehrlich zu sich und zu Gott sein wollen, werden Sie merken, daß solche Fragen von Zeit zu Zeit auftauchen, und es wäre unnatürlich, nicht darauf zu reagieren. Vielleicht wollen Sie einmal gemeinsam mit anderen kritisch darüber nachdenken. Vielleicht brauchen Sie die Unterstützung einer Glaubensgemeinschaft oder eine Veränderung in Ihrer Gebetspraxis. Wichtig ist, daß solche Sorgen Sie nicht vom Gebet abbringen. Nehmen Sie sie statt dessen mit ins Gebet hinein.

Um die Wahrheit zu sagen, ich mache mir über solche Störungen nicht allzu viele Sorgen, und ich glaube, Sie müssen das auch nicht. Wir machen alle Fehler und werden weiterhin welche machen. Aber Gott ist gut, und wenn wir uns allzu sehr unnötig darüber aufregen, daß wir unser Gebet unwirksam machen oder daß der Teufel uns in Versuchung führen könnte, dann kommen wir gar nicht mehr zum Beten. Dabei ist genau das unser einziger echter Weg, um Führung und Schutz zu finden! Ich versichere Ihnen, meine Ruhe hat nichts mit Naivität zu tun. Ich vertrete weder eine übervereinfachte Dualität zwischen Gut und Böse, noch vergesse ich die reale, lebendige Existenz des Bösen. Ich habe ein Vierteljahrhundert Psychiatrie studiert und praktiziert. Ich weiß, wie der menschliche Verstand sich selbst täuschen kann und wie sich Selbstsucht als Rechtschaffenheit tarnt. Ich habe im Gefängnis mit Menschen gearbeitet, die wegen wiederholter Gewaltverbrechen eingesperrt waren, und ich war fast während des ganzen Vietnamkriegs beim Militär. Ich zweifle nicht daran, daß das Böse existiert und daß wir Menschen zu absoluter Zerstörung fähig sind. Außerdem habe ich genug Zeit in der Stille verbracht, um zu wissen, wie meine Impulse, Eindrücke und Süchte mich des öfteren in die Irre geführt haben. Ich glaube, daß die Sünde existiert, nicht nur, daß wir Fehler machen oder von Sucht getrieben werden, sondern daß es auch hartnäckige, berechnende Bösartigkeit gibt.

Aber ich habe auch gebetet. Mein Gebetsleben war immer unsicher und voller Schwankungen, aber es hat mich von einigen Grundwahrheiten überzeugt. Wir sind in der Liebe. Gott ist immer und überall ganz eng mit uns verbunden und in uns wirksam. Er ist unendlich gut. Wir sind Gottes Schöpfungen, und damit haben wir in unseren Herzen einen Teil von Gottes Güte, der niemals herausgerissen werden kann, egal wie selbstsüchtig, vorurteilsbeladen und rachsüchtig wir vielleicht sind, egal was wir getan haben oder was uns angetan worden ist. Und wenn wir zur Liebe ja sagen oder es versuchen oder uns sogar nur ehrlich wünschen, es zu versuchen, ist in jenem Augenblick die Liebe so sieghaft, wie sie es in der gesamten kosmischen Zeit ist. Diesen Sieg hat Gott mit seinem eigenen Leiden erkauft. Es ist ein Sieg, der sich immer und immer wieder ereignet und doch nie auch nur einen Moment ins Wanken kommt. Dieser Sieg wird nur noch leuchtender dadurch, daß er in einer zerbrochenen und leidenden Welt stattfindet, auf Wegen, die uns veranlassen, eher am Leiden teilzuhaben als es zu fliehen. Mit jedem menschlichen Ja und mit jedem Wachsen eines bereits gesagten Ja wird dieser Sieg großartiger und ruhmreicher.

Die großen geistlichen Führer unserer Welt haben nicht Angst und Wahnvorstellungen verkündet, sondern sie sagten, daß wir Gottes Güte vertrauen, daß wir es wagen können, verwundbar zu sein, wenn unsere Absicht sich auf die Liebe richtet. Das ist kein blinder Glaube. Das ist die Bereitschaft, mit offenen Augen die Dinge zu sehen, wie sie sind – das Gute wie das Schlechte –, im Vertrauen auf die Gnade. Sie können viel Zeit damit verbringen, sicherzustellen, daß Sie alles richtig machen, und sich dann fragen, warum Sie so mit sich selbst beschäftigt sind. Sie können viel von Ihrer Energie in den Versuch stecken, dem Teufel aus dem Weg zu gehen, und ich bin sicher, er freut sich, daß Sie ihm soviel Aufmerksamkeit widmen. Oder Sie können sich der Suche nach der Liebe und dem Licht Gottes hingeben, und Gott freut sich hundertprozentig darüber. Sie können die Hölle fürchten oder sich nach dem Himmel sehnen. Suchen Sie es sich aus.

Wenn Sie Probleme mit dem Beten haben, dann sprechen Sie im Gebet darüber. Beten Sie über das Gebet. Bitten Sie die Quelle der Liebe um Hilfe für Ihr Beten, um Schutz, um Führung, darum, daß es möglich wird. Unser Beten ist ein Teil unserer Liebe. Das ist kein »Müßte« oder »Sollte«, das ist einfach so. Und es geschieht in unserem Herzen, öfter und regelmäßiger, als wir uns das träumen lassen.

Es liegt eine Ironie darin, daß ich so viele Worte gemacht habe, um der Hoffnung Ausdruck zu geben, daß Sie diesen ganzen Prozeß nicht übermäßig verkomplizieren. Die Sehnsucht, die Sie für sich in Anspruch nehmen, wird zur Absicht. Die Absicht wird, wenn sie dank der Gnade nicht zu abergläubischer Zwanghaftigkeit entartet, zur freiwilligen, ehrlichen Hinwendung zur Quelle der Liebe. In dieser Liebe ist Ihnen alles, was Sie brauchen, bereits gegeben. Sie brauchen nichts mehr zu lernen. Aber erlauben Sie Ihrer Seele zu fliegen.

Kapitel 4

DIE HEILIGUNG DER HOFFNUNG

> *Ich bin es – die Macht und die Tugend*
> *der Vaterschaft*
> *Ich bin es – die Weisheit und die*
> *Freundlichkeit der Mutterschaft*
> *Ich bin es – das Licht und die Gnade,*
> *die ganz und gar segensreiche Liebe ist*
> *Ich bin es, der dein Sehnen weckt.*
> Juliana von Norwich

Wir haben unser Leben derartig verkompliziert, daß der Weg zurück zu einer natürlichen Einfachheit qualvoll ist. Aus diesem Stoff sind die Mythen gemacht: Wir suchen unseren Schatz in fernen Ländern und entdecken am Schluß, daß das, was wir gesucht haben, schon immer hier bei uns gewesen ist. Die meisten von uns müssen diese Reise machen. Auf diesem Weg stolpern wir unserer Sehnsucht nach Liebe mit unserem bewußten Entschluß hinterher, ihr zu folgen. Das ist tatsächlich eine heilige Reise, eine Pilgerfahrt nach Hause. Diese Reise ist unsere Tat der Heiligung, wir weihen uns der Quelle der Liebe.

Heiligung (englisch *consecration*) wird definiert als Hingabe an eine Gottheit. Das Wort hat sich aus den lateinischen Wurzeln *cum* für »mit« und *sacer* für »heilig« entwickelt. Es bedeutet, bewußt am Göttlichen teilzuhaben. Wir können uns allen möglichen Dingen hingeben, einer Aufgabe, einer Sache oder einer Nation. Heiligen können wir uns nur für Gott.

Heiligung bedeutet, bewußt an der Liebe teilzunehmen, uns absichtlich zu öffnen, um das Geschenk Gottes anzunehmen. Dafür müssen wir mehr auf die Gnade als auf unsere persönlichen Fähigkeiten vertrauen. Das verlangt die Bereitschaft, uns einer größeren Macht, als wir selbst es sind, zu übergeben. Um ja zur Liebe zu sagen, muß unser Vertrauen oder unsere Bereitschaft zum Risiko so groß sein, daß wir bereit sind, in die Liebe einzutreten. Wir müssen uns danach sehnen, uns mit ihrer Lebendigkeit zu verbinden.[1]

Wir müssen zum Thema der Heiligung viele verschiedene Aspekte erforschen. Versuchen Sie aber bitte zuerst eine kurze Übung. Entspannen Sie sich jetzt ein wenig und achten Sie auf Ihren Atem. Spüren Sie, wie er ein- und ausfließt. Konzentrieren Sie sich ganz darauf, Ihren Atem ununterbrochen wahrzunehmen. Folgen Sie ihm mit Ihrer Aufmerksamkeit: Erst atmen Sie ein, Ihr Brustkorb beginnt sich auszudehnen, und Sie können fühlen, wie die Luft durch Mund oder Nase einströmt. Dann kommt eine kleine Pause, das Einatmen ist zu Ende, das Ausatmen beginnt, und die Luft fließt aus, bis zum letzten kleinen Hauch. Verfolgen Sie auf diese Weise einige Atemzüge.

Jetzt gehen Sie das Ganze noch einmal gedanklich durch. Als Sie Ihren Atem bewußt wahrgenommen haben, haben Sie wahrscheinlich angefangen, ihn zu kontrollieren. Das bloße Wahrnehmen Ihrer Atmung brachte Sie dazu, es bis zu einem gewissen Grad zu »machen«. Wenn Sie wollen, versuchen Sie es noch einmal und sehen Sie, wie Sie automatisch in den natürlichen Rhythmus Ihres Atmens eingreifen. Wie die Liebe ist auch Ihr Atem etwas, was die ganze Zeit von selber fließt, ganz natürlich. Wenn Sie aber Ihr Bewußtsein darauf richten, können Sie fast nicht anders, als mit Ihrem Willen die Kontrolle zu übernehmen.

So geht es mit nahezu allen unseren Absichten. Wenn wir bewußt die Sehnsucht nach Verbundenheit mit etwas für uns in Anspruch nehmen, zwingt uns das schon fast zu dem Versuch, sie zu kontrollieren. Wir sind so darauf konditioniert, daß Absicht gleich Kontrolle ist – es läuft ab wie ein Reflex. Es ist so, als trauten wir plötzlich dem Prozeß nicht mehr, der von allein so perfekt ablief, als wir noch nicht darauf achteten.

Machen Sie die Übung jetzt noch einmal, aber versuchen Sie nun, Ihr Tun zu heiligen. Versuchen Sie, auf möglichst natürliche und ungekünstelte Weise im Bewußtsein zu halten, daß Ihr Atem, Ihr Dasein und Ihr Leben Ihnen *gegeben* worden ist. Es ist zuverlässig. Sie können es loslassen, ihm vertrauen und sich ihm hingeben. Wenn religiöse Begriffe Ihnen helfen, dann denken Sie vielleicht, daß Gottes Geist Sie atmen läßt. Wenn nicht, dann vertrauen Sie der gottgegebenen Natur, durch die Ihr Atem zum Fließen kommt. Und wenn Ihnen auch das zu mystisch vorkommt, dann vertrauen Sie Ihrer eigenen Physiologie. Auf jeden Fall: Halten Sie sich offen für das Wunder Ihres Körpers und seiner Herkunft und für das große Geheimnis seiner Existenz. Lassen Sie sich ein auf die Verläßlichkeit Ihres Seins.

Machen Sie die Übung eine Zeitlang. Sie werden merken, wie ihr wachsendes Vertrauen es Ihnen möglich macht, sich zu entspannen und sich selbst vollkommener hinzugeben, und wie dies es umgekehrt Ihrem Atem ermöglicht, natürlicher zu sein. Vielleicht wird Ihr Bewußtsein den Atem weiterhin ein wenig beeinflussen, aber Sie merken, wie Sie allmählich von der Kontrolle in Teilnahme übergehen, vom »Machen« zum »Spüren«. Experimentieren Sie mit der Übung und kehren Sie von Zeit zu Zeit dazu zurück. Wie verändern sich Ihre Stimmung und Ihre Energie? Fühlen Sie, ob sich Ihr Vertrauen in den natürlichen Prozeß des Atmens mit der Zeit vertieft und Sie weniger Kontrolle ausüben müssen.

Von allen bewußten Übungen, die ich während meiner Pilgerfahrt gemacht habe, hat mir diese kleine Atemübung am meisten praktischen Nutzen gebracht. Zum einen lehrte sie mich, die vertrauensvolle Bereitschaft zu schätzen, und darüber hinaus half sie mir, von einigen meiner automatisierten Kontrollmechanismen wegzukommen. Ich habe sie ein halbes Jahr lang ziemlich regelmäßig gemacht, und mittlerweile kann ich meinem Atem leicht folgen, ohne ihn zu beeinflussen. Es ist eine seltsame kleine Errungenschaft (ich würde nicht meinen Nachbarn davon erzählen), aber sie hat mir eine Tür zu tieferem Gebet und tieferem Dasein aufgestoßen.

Diese Übung kann in dreierlei Weise nützlich sein. Zunächst können Sie dadurch die feinen Unterschiede zwischen einer einfachen Absicht und der Heiligung erforschen. Als zweites ist es selbst eine wirkliche Übung der Heiligung. Durch die Wiederholung der Übung werden Sie eine weichere, mehr teilnehmende Einstellung zu Ihrem Atem bekommen, die sich auf andere Bereiche Ihrer Erfahrung auswirken kann. Zum Beispiel wird es Ihnen leichter fallen, Ihre Gedanken kommen und gehen zu lassen, ohne sie kontrollieren zu müssen. Und es wird Ihnen hoffentlich helfen, vertrauter damit zu werden, einfach in der Liebe zu sein.

Der dritte Nutzen der Übung steckt in ihrem symbolischen Gehalt. Atem war schon immer das wichtigste archetypische Symbol der Seele, der Lebenskraft. Im Hebräischen, Lateinischen, Griechischen, in Sanskrit und in einigen anderen Sprachen wird dasselbe Wort für Seele und Atem benutzt. Atem ist nicht nur ein Zeichen für unser körperliches Dasein, er verbindet uns auch mit jedem anderen Lebewesen auf der Erde. Wir atmen alle die gleiche Luft, sie umgibt uns, und sie zirkuliert endlos zwischen uns.

Seele, Leben und Liebe sind die Wirklichkeiten, für die unser Atem steht. Betrachten wir die Physiologie der Atmung: Wir atmen mit Kraft ein. Das Zwerchfell zieht sich zusammen, Brust und Bauchraum dehnen sich aus. Das schafft in uns einen Raum, in den durch den Druck der Atmosphäre die Luft in unsere Lungen dringt. Durch die Entspannung der an der Atmung beteiligten Muskeln atmen wir aus und geben die Luft an die Atmosphäre ab, wo sie sich mit dem Atem aller anderen Geschöpfe vermischt. Es ist wie in der Liebe. Sobald wir Raum schaffen, nehmen wir teil am Leben der Welt.

Selbstwahrnehmung ohne Hemmungen

Als Sie sich auf Ihren Atem konzentriert haben, haben Sie vielleicht nicht nur die Tendenz bemerkt, die Kontrolle zu übernehmen, sondern auch eine gewisse Gehemmtheit. Konzentrieren Sie sich auf das Laufen, wenn Sie laufen, oder auf das Reden, wenn Sie reden, und höchstwahrscheinlich wird Ihnen das gleiche passieren. Aktivitäten, die normalerweise reibungslos ablaufen – wenn wir sie nicht direkt beobachten –, werden künstlich und zögernd, wenn wir genau hinschauen.

Eines der Probleme, dem sich TeilnehmerInnen an spirituellen Kursen des Shalem-Instituts stellen müssen, ist, ihr eigenes Gebet aus der Nähe zu betrachten, ohne seinen natürlichen Fluß zu verändern. Ich erzähle ihnen jedesmal die Geschichte von der Ameise und dem Tausendfüßler: Eines Tages war eine Ameise gerade bei der Arbeit, als ein Tausendfüßler vorbeikam. Die Ameise unterbrach ihre Arbeit und bestaunte die Bewegungen des Tausendfüßlers. »Eins muß ich dich fragen«, sagte die Ameise, »wie kriegst du es hin, daß all diese Beine laufen, ohne jemals durcheinanderzugeraten?« Der Tausendfüßler hielt an, um darüber nachzudenken. Er bewegte nie wieder einen Fuß.

Dieses Problem taucht immer dann auf, wenn wir unsere natürlichen Handlungsabläufe untersuchen. Plötzlich verlieren wir die Sicherheit darüber, wie es weitergeht. Wir fühlen uns unbeholfen und unbehaglich. Manchmal geht es uns wie dem Tausendfüßler: Wir werden so steif und verkrampft, daß wir richtig gelähmt sind. Das ist beim Atmen ein Problem und viel mehr noch bei einer so intimen und subtilen Sache wie unserer Sehnsucht nach Liebe.

Das Problem ist die konditionierte Verbindung von Wahrnehmung und Kontrolle. Wenn wir unsere Aufmerksamkeit auf etwas richten, versuchen wir reflexartig, es »in den Griff zu bekommen«. Selbst wenn wir nicht aktiv eingreifen, urteilen oder kommentieren wir innerlich, das ist das mindeste. Ist es gut oder schlecht, sicher oder gefährlich, akzeptabel oder nicht? Dieser Zwang ist ein weiteres Beispiel unserer suchtartigen Beziehung zur Effizienz. Die Fähigkeit, Dinge rational zu bewerten und zu steuern, ist eine wunderbare Gabe – wenn sie nur nicht zu einem Zwang entarten würde.

Das Traurigste an diesem Zwang ist, daß wir uns betäuben, um ihm für eine Weile zu entkommen. Wenn wir des endlosen Beurteilens und Steuerns, das uns für Leben und Arbeit so unentbehrlich scheint, überdrüssig sind, suchen wir Ruhe, indem wir vor unserer Selbstwahrnehmung davonlaufen. Wir verlieren uns in der sogenannten »Entspannung«, während wir eigentlich nur wir selbst sein wollen. Wir betäuben uns und lassen uns von irgend etwas fesseln, denn Selbstwahrnehmung bedeutet für uns Arbeit. Es kommt uns nicht in den Sinn, in einfacher, bewußter Gegenwärtigkeit auszuharren, ohne irgend etwas daran machen zu müssen. Das ist der Grund, warum nur wenige Menschen abends auf der Veranda sitzen und das Dasein genießen können.

Wie alle Süchte kann auch diese durch Gnade und Heilung überwunden werden. Das ist nicht leicht und erfordert Übung. Aber es ist möglich. Es muß sogar möglich sein, wenn wir mehr Zeit unseres Lebens in der Liebe und in der unmittelbaren, teilnehmenden Gegenwart verbringen wollen. Die Atemübung kann viel dazu beitragen. Genauso wichtig ist die Erfahrung, zu der ich Sie angeregt habe, nämlich in Ihrem Leben nach Raum zu suchen. Setzen Sie sich einfach einen Moment hin und versuchen Sie, Ihre Gedanken ungestört kommen und gehen zu lassen, ohne sich von vorneherein etwas vorzunehmen.

Ich denke, es ist für Sie leichter, wenn Sie einfach Ihr Bewußtsein der unmittelbaren Situation öffnen, statt sich zu intensiv auf sich selbst zu konzentrieren. Gehen Sie in den Augenblick hinein und nehmen Sie nicht nur sich wahr, sondern auch die Menschen, Bilder und Klänge um Sie herum. Am Anfang verwirrt Sie das vielleicht. Es ist so, als ob Sie auf alles gleichzeitig aufpassen und die Eindrücke verarbeiten müßten. Entspannen Sie sich nur. Seien Sie behutsam.

Sie können sich allen möglichen Aktivitäten in der beschriebenen Weise bewußt und unmittelbar zuwenden. Experimentieren Sie damit. Betrachten Sie Ihre Hände, wenn Sie abwaschen oder im Garten arbeiten. Gehen Sie die Straße entlang und bringen Sie sich zu Bewußtsein: »Ich bin hier und gehe die Straße entlang.« Wenn Ihr Gang dadurch etwas ungelenk wird, üben Sie es – Heiligung, Vertrauen, Entspannung – bis Ihr bewußter Gang so flüssig und leicht wird wie Ihr unbewußter. Stellen Sie sich die Frage der Ameise: »Wie machen meine Füße und Beine das? Was für ein Wunder!« Was zunächst Bewertung und Kontrolle war, kann mit ein wenig Gnade und ein wenig Raum Wertschätzung und Staunen werden.

Wenn Sie mit der unmittelbaren Selbstwahrnehmung vertrauter werden, versuchen Sie es bei komplizierteren Aktivitäten, wie Schreiben oder Sprechen. Nehmen Sie die Bewegung Ihrer Hände wahr, wenn Sie schreiben, und richten Sie beim Sprechen Ihre Aufmerksamkeit auf den Augenblick. Beim Sprechen habe ich vielfach die Erfahrung des Tausendfüßlers gemacht. Es war demütigend. Ich spreche beruflich sehr viel: Ich halte Vorlesungen, unterrichte in Klassen, leite Gruppen und verbringe Stunden mit Beratungsgesprächen. Ich merkte, daß immer dann, wenn ich meine unmittelbare Aufmerksamkeit auf mein Sprechen richtete, meine Worte unbeholfen und mein Sprechen zögernd wurde. Das heißt natürlich, daß ich gewöhnt war, zu sprechen, ohne darauf zu achten. Wenn ich den Mund öffnete, irrte meine Aufmerksamkeit irgendwohin ab. In früheren Jahren habe ich Witze über Leute gerissen, deren Verstand aussetzte, wenn sie zu reden anfingen, doch damit habe ich aufgehört. Ich war nämlich ganz genauso, und daher weiß ich, wie das ist. Jetzt allerdings, dank einiger Übung und jeder Menge Gnade, kann ich ungehindert reden, auch wenn ich mein Bewußtsein voll darauf gerichtet habe.

Das Sakrament des gegenwärtigen Augenblicks

Was nützt es mir, wenn ich das Problem des Tausendfüßlers gelöst habe und nun in bewußter Wahrnehmung gehen, sprechen und arbeiten kann? Bringt es mich der Erkenntnis von Gottes Wirklichkeit näher? Hilft es mir, in der Liebe zu sein?

Die Antwort ist ein eindeutiges Ja. Die bewußte Wahrnehmung selbst ist relativ. Manchmal hilft sie mir, eiffizienter zu sein, denn wenn ich etwas bewußt tue, dann tue ich es wirklich, und mein Verstand ist nicht irgendwoanders. Aber das ist rein funktionell und sehr zweitrangig. Der große Wert der unmittelbaren Wahrnehmung liegt darin, daß sie die einzige Grundlage ist, auf der echte Heiligung stattfinden kann. Um meinen Wunsch nach Liebe wirklich für mich in Anspruch zu nehmen, muß ich ihn *wahrnehmen*, hier und jetzt, mitten in meinem täglichen Tun. Um zur Liebe ja zu sagen, muß ich meine Absicht formen; dazu muß ich im Augenblick präsent sein. Um meine Absicht zu heiligen, muß ich bewußt mit Gott verbunden sein, daß heißt, erkennen, daß Gott mit uns allen verbunden ist – hier und jetzt. Das alles kann nur in unmittelbarer, auf die Gegenwart gerichteter Bewußtheit richtig geschehen.

Ich kann Ihnen erzählen, wie das bei mir abläuft. Manchmal nehme ich den Augenblick wahr, und Gott fällt mir ein. Das nimmt mich nicht aus dem Augenblick heraus, weil Gott ja *in dem Moment* enthalten ist. Bruder Lorenz nannte das den kleinen, inneren Blick, die schlichte Erkenntnis der Gegenwart Gottes immer dann, wenn unmittelbare Wahrnehmung geschieht. Ein anderes Mal ist es mehr ein Gefühl als ein Gedanke. Ich spüre meine Sehnsucht körperlich. Ich halte nicht inne, um es zu kommentieren, nicht einmal, um es zu genießen. Mein Wunsch nach Liebe ist für mich fast immer als Teil des Augenblicks wahrnehmbar, und seine Gegenwart zu erkennen, *ist* meine Heiligung. Und wieder ein anderes Mal bin ich schrecklich in meinen Aktivitäten und Planungen gefangen und fühle mich weit weg von Gott *und* meiner Sehnsucht. Dann kann ich nur meine Sehnsucht nach Sehnsucht wachrufen. Und das genügt, weil es in diesem Moment das ist, was Realität ausmacht. Auf diese Weise ist Heiligung immer möglich, wenn wir unsere Wahrnehmung auf den gegenwärtigen Augenblick richten. Beide werden eins. Je öfter sich Wahrnehmung ereignet, desto öfter ereignet sich auch Heiligung.

Sie werden Ihre eigenen, für Sie richtigen Wege zur unmittelbaren Heiligung finden; vielleicht gleichen sie meinen, vielleicht auch nicht. Sie werden sie aber nur finden, wenn Sie zuerst zum Hier und Jetzt erwachen. Am Anfang haben Sie das Gefühl, daß es im Moment zuviel ist, sich mit allem auseinanderzusetzen. Nehmen Sie sich Zeit, bitten Sie Gott um die Gnade und Führung, daß Sie Ihren Weg finden, und versuchen Sie es weiter. Denken Sie daran, es geht hier nicht um Erfolg und Scheitern. Jeder noch so unbeholfene Versuch ist ein Ausdruck dessen, daß es Ihnen wichtig ist, mit anderen Worten: ein Ausdruck Ihrer Liebe.

Das ist nichts Neues. Jahrhundertelang haben Menschen, die auf der Suche nach einer größeren Verwirklichung von Liebe waren, ihre unmittelbare, wache Gegenwart als praktische Grundlage ihrer Absicht angestrebt. Wach im Hier und Jetzt stehend, haben sie ihren Wunsch nach Liebe im Sakrament der Gegenwart geheiligt und ihn für sich in Anspruch genommen. Jakob sagte, nachdem er aus dem Traum erwacht war: »Wirklich, der Herr ist an diesem Ort, und ich wußte es nicht.« »Sorgt euch also nicht um morgen«, sagte Jesus. »Wachet und betet kontinuierlich.« Jakobs Erkenntnis fand sein Echo in der Kirche des frühen fünften Jahrhunderts, im Gebet des Augustinus: »Zu spät habe ich dich geliebt, o du Glanz der Vergangenheit und doch ewig Neuer! Zu spät habe ich dich geliebt! Und siehe, du warst in allem und ich davon getrennt.« Von der heiligen Weisheit sagte Augustinus: »Es ist in ihr kein ›War‹ und kein ›Danach‹, nur ein ›Sein‹, denn sie ist ewig.« 1667 sagte Bruder Lorenz zu seinem Abt, »wir müssen nur wissen, daß Gott in uns präsent ist, dann können wir uns jederzeit an ihn wenden«. Der Ausdruck »Sakrament des gegenwärtigen Moments« stammt aus der Übersetzung der Schriften von Jean-Pierre de Caussade, einem französischen Jesuitenpater des frühen achtzehnten Jahrhunderts. Seine Glaubenserfahrung beschreibend meinte er, jeder könne ein Heiliger, jede eine Heilige sein, einfach, indem er bzw. sie auf Gottes Gegenwart in jedem Augenblick antwortet: »Da ist kein Moment, der nicht voll wäre von Gottes unendlicher Heiligkeit, und so gibt es keinen Moment, der nicht zu ehren wäre.« Thomas Kelly beschrieb die Sicht eines Quäkers in bezug auf das, was er »das ewige Jetzt« nannte: »Der Grund religiösen Lebens ist ständig erneuerte Unmittelbarkeit, eine unauslöschliche Erinnerung an Gottes Berührung.« Thich Nhat Hanh, der moderne Zen-Meister und Friedensstifter aus Vietnam, benutzte die Ausdrücke »Wunder der Bewußtheit« und »gegenwärtiger Augenblick, wundervoller Augenblick«.[2]

Ständig erneuerte Unmittelbarkeit im wundervollen Augenblick der Gegenwart: Ich weiß keine bessere Beschreibung. Sprechen Sie die Worte noch einmal selbst aus, das ist wie ein Nach-Hause-Kommen. Das ist mehr als ein Bewußtseinszustand. Unmittelbare, durch Heiligung hervorgebrachte Wahrnehmung hat ein Ziel. Jesu Aufforderung, nicht an morgen zu denken, begegnet uns im Kontext einer Suche, die zuerst, vor allem anderen, Gott gilt. Seine Mahnung, zu wachen und zu beten, spricht von Beständigkeit im Dienst der Liebe. Das »Zu spät« des Augustinus bezieht sich auf die direkte Erkenntnis der Gegenwart Gottes. Der gegenwärtige Moment war für Caussade ein Sakrament, weil sich in ihm Gottes Willen offenbart: »Ein unermeßlicher Ozean, den das Herz nur ausloten kann, indem es von Glauben, Vertrauen und Liebe überfließt.« Bruder Lorenz suchte den gegenwärtigen Augenblick, um sich in die Gegenwart Gottes einzuüben. Thomas Kellys ständig erneuerte Unmittelbarkeit war sein Weg zu Gerechtigkeit in der Welt: »Ein lebendiges soziales Gewissen wird durch das kraftvolle Leben Gottes in der Welt verursacht. Es ist besonders und genau und einzigartig, es erhält seine spezielle Ausprägung in jedem einzelnen und jeder Gruppe, die sensibel und zärtlich an den führenden Fäden der Liebe hängt.« Thich Nhat Hanhs Bewußtheit steht im Dienst des Friedens.[3]

Gegenwart im Gebet, energievolle Gegenwärtigkeit

Es wäre nichts weiter als gute Populärpsychologie, würden wir uns um das unmittelbare Gegenwärtigsein nur zur Verbesserung unserer Effizienz bemühen. Aber die Heiligung erfordert eine Rechtfertigung jenseits des Dienstes für das Ich. Die Liebe hat einen größeren Zweck.

Mehr als zehn Jahre lang habe ich Beobachtungen über die körperlichen Auswirkungen kontemplativer Übungen gesammelt. Ich will nur drei beschreiben. Die erste: Menschen, die über Jahre hinweg diese Form der Disziplin geübt haben, berichten von einer Erweiterung ihres Wahrnehmungsvermögens. Sie nehmen nicht mehr nur dieses oder jenes Einzelphänomen wahr, sondern sie haben eine panoramaartige umfassende Wahrnehmung. AthletInnen und KünstlerInnen geben vergleichbare Beschreibungen von Momenten der Höchstleistung. Ein Football-Spieler sagte: »Wenn ich den Ball auf mich zukommen sehe, dann öffnet sich alles. Ich nehme nicht nur den Ball wahr, sondern alles, die anderen Männer auf dem Feld, den Wind, den Lärm der Menge. Ich kann sogar meinen Herzschlag fühlen und die Form der Wolken am Himmel.«

Die meisten von uns würden von so vielen gleichzeitig auf uns einstürmenden Informationen erschlagen werden. Doch ein zweiter Effekt der kontemplativen Übung ist eine natürlich fließende Reaktionsfähigkeit, die mit der unmittelbaren Situation spontan und präzise umgeht. So etwas erleben wir kurzzeitig während einer Krise. Eine Krankenschwester auf einer Notfallstation beschrieb ihre Reaktionen nach einem größeren Erdbeben: »Es gab eine Menge Verletzte. Menschen schrien, Sirenen heulten. Ich hatte Angst um meine Familie. Trotzdem habe ich irgendwie reagiert. Etwas in mir wußte, wohin ich gehen und was ich tun mußte. Ich habe alles Notwendige getan. Ich war nicht benommen. Ich kann mich lebhaft an jeden Anblick, jedes Geräusch und jeden Geruch erinnern.« In der Erfahrung der Kontemplation wird eine solch unmittelbare und genaue Reaktionsfähigkeit immer natürlicher.

Die dritte Folge der kontemplativen Übung ist ein Wissen um sich selbst. Unmittelbar anwesende Wahrnehmung heißt nicht nur, zu merken, was außen vorgeht, sondern auch, was in uns selbst abläuft. Das ist nicht immer ein erfreulicher Vorgang, weil wir dabei mit schmerzlichen und wenig schmeichelhaften Aspekten unserer selbst konfrontiert werden. Aber mit der Zeit kommen wir so zu einer viel realistischeren Einschätzung unserer Stärken und Schwächen. PsychoanalytikerInnen würden sagen, es wird weniger verdrängt. Viele unbewußte Anteile werden bewußt.[4]

Bedenken Sie einen Augenblick die Wirkung dieser drei Effekte: erweiterte Wahrnehmungsfähigkeit, verbesserte Reaktionsfähigkeit und eine größere Kenntnis der eigenen Person. Ein Mensch, der diese drei Fähigkeiten in sich vereint, ist ein Mensch von beträchtlicher Effizienz. Darin liegt Macht. Ist dort aber auch Liebe? Die Ninjas des feudalen Japan machten kontemplative

Übungen, um genau diese Fähigkeiten zu erlangen. Sie benutzten sie, um die effizientesten Mörder zu werden, die die Welt je gesehen hat.

Es gibt nichts irgendeiner spirituellen Übung Eigenes, das garantieren kann, daß sie nicht für negative Zwecke mißbraucht wird. Wir können Spiritualität für Ziele nutzen, die mit Liebe nichts zu tun haben. Es macht mich traurig, wie oft wir Religion benutzen, um einander übel mitzuspielen. Extreme Beispiele dafür sind die Kreuzzüge der Christen oder der islamische *Jihad*, in dem Andersgläubige zur höheren Ehre Gottes oder Allahs ermordet wurden und werden. Oder denken Sie nur an die kirchliche Arroganz, mit der wir diejenigen herabsetzen, die unsere Glaubensinhalte ablehnen oder kritisieren.

Vielleicht war das schon immer so. Das erste Mal erlebte ich das bei einem religiösen Verein, den ein paar Freunde aus meiner Kinderzeit aufmachten. Ich weiß zwar nicht mehr, um was es dabei ging, aber ich erinnere mich noch gut, daß sie mich nicht teilnehmen lassen wollten. Ich war nicht gut genug. Jahrzehnte später, als die Sensitivity Trainings Mode waren, hatte ich plötzlich den Eindruck, daß diese Einstellung bei allen möglichen Leuten umging. Religiöse Leute machten da keine Ausnahme. Ich hörte die Kommentare zweier Mitglieder einer Versammlung über eine weitere Person: »Der arme Kerl lebt nur im Kopf, total verkopft.« Sie benutzten die Insider-Sprache, um Gemeinheiten auszudrücken. Ich kriege jedesmal einen Schreck, wenn mir jemand ganz nah auf den Leib rückt und sagt: »Du, ich muß dir unbedingt meine Gefühle mitteilen.« Nach der Sensitivity-Welle kam in vielen Kirchen die charismatische Erneuerung auf. Eine Frau kam zu mir und sagte unter Tränen: »Ich habe versucht, in Zungen zu reden, ich habe es wirklich versucht. Aber sie sagen, mein Glaube ist zu klein.« Dann kamen die Persönlichkeitstypologien. »Sie ist ein ESTJ, was kann man da erwarten?« oder »Gut, ich bin eine Zwei im Enneagramm, aber ich werde mich trotzdem nicht um dich kümmern!« Und seit neuestem können wir bösartig sein mit Hilfe der Zwölf-Schritte-Programme, da ja jeder und jede sich von irgend etwas heilen will. Zwei Personen verließen infolge eines Streits mit einer dritten Person eine Gruppensitzung: »Wir werden nicht mit dir krank werden«, sagten sie, »du mußt deine Probleme allein lösen.« Auch Heilung kann wie alle guten Dinge im Leben von uns Menschen dazu benutzt werden, daß wir unsere Interessen durchsetzen – wenn wir alles nur ein bißchen verdrehen.

Selbstsüchtiger Gebrauch von Religion, Spiritualität oder inzwischen Psychospiritualität ist nichts Neues. Ich habe das auch schon getan. Oft sind wir trotz unserer besten Absichten im spirituellen Bereich selbstsüchtig. Unsere Herzen sind auf dem richtigen Weg, wir suchen Liebe, Verbundenheit, Heilung und Ganzheit. Aber wir täuschen uns selbst und werden unbewußt stolz und manipulativ. Die Kraft der Gnade ist lebenswichtig, um uns von solchem Selbstverrat zu lösen. Wir können das nicht allein, weil wir unsere eigenen Wahrnehmungen verzerren. Wir können uns jedoch nach der Gnade ausstrecken, indem wir unsere Absicht heiligen. In der Sprache der Zwölf-Schritte-Programme formuliert: Wir müssen immer wieder ehrlich zugeben, daß wir machtlos sind und die Dinge nicht kontrollieren können, und bewußt nach der Gnade der größeren Macht Gottes suchen. [5]

Gemischte Motive

Wir haben selten oder eigentlich nie eindeutige Beweggründe. Wir nehmen vielleicht für uns in Anspruch und fühlen es auch ehrlich, daß unsere tiefste Sehnsucht ist, um jeden Preis zu lieben, aber andere Motive drängen sich jeden Tag viele Male in den Vordergrund. Wir entdecken, daß wir viel lieber unsere Probeme lösen oder inneren Frieden haben wollen, als zu lieben. Dann möchten wir wahrscheinlich zwei Fliegen mit einer Klappe schlagen. Wenn wir lieben, hoffen wir, damit gleichzeitig unsere Probleme zu lösen.

Ein Beispiel: Viele Menschen, die die Zwölf-Schritte- oder andere Heilungsprogramme mitmachen, entwickeln einen starken Sinn für Spiritualität. Am Anfang ist Gott der Retter, dem sie sich anvertrauen, indem sie ihre Machtlosigkeit gegenüber ihrer Sucht zugeben. Gottes rettende Kraft hervorzuheben, zeugt von Rechtgläubigkeit. Aber dient das der Liebe oder der Effizienz? Oft wird die Heilung zu einem Götzen; sie wird das Wichtigste im Leben, und Gott ist dabei nur eine Kraftquelle für Gnade, eine kosmische Steckdose, in die wir uns einstöpseln müssen, um unser Ziel zu erreichen. Das ist ein Gott der Schützengräben, der Verzweiflung, ein Gott, dessen einziger Zweck es ist, uns zu retten.

Es ist wirklich nicht verkehrt, Gott als Retter zu sehen, nur, er möchte viel mehr sein als das. Viele von uns werden sich ihrer Sehnsucht bewußt, weil sie irgendeine Heilung oder Gesundung suchen. Ich hätte nie meine Suche nach Gott wiederaufgenommen, wenn ich nicht von Verzweiflung getrieben worden wäre. Aber das kann nur der Anfang eines echten spirituellen Lebens sein. Wenn unsere Liebe größer wird, wird die Quelle der Liebe wichtiger als alles andere. Alles, und das heißt auch Gesundheit und Heilung, wird dann relativ und kann sogar aufs Spiel gesetzt werden. Auch wenn der eine Heilige unser Förderer und Erhalter bleibt, ruft uns die Liebe über den Bereich hinaus, in dem wir ihn benutzen, um unsere Bedürfnisse zu befriedigen, uns zu heilen, uns aus Schwierigkeiten herauszuholen oder unsere Effizienz zu verbessern. Die Liebe ruft uns zur Dankbarkeit, zum Loslassen, zu Feier, Dienst, Spiel und Gebet, sie ruft uns zu Kameradschaft, Vertrautheit, Gemeinschaft und zu immer tieferer Sehnsucht auf. Mit anderen Worten, die Liebe ruft uns zur Liebe.[6]

Ehrlichkeit

Egal, wie gereift wir sind, wir sind immer zur Selbsttäuschung fähig. Das beste, was wir selbst tun können, ist zu versuchen, ehrlich zu sein. Alles übrige hängt von der Gnade ab. Wir müssen uns und Gott vorsichtig und im Gebet einige Fragen stellen. Suchen wir die Liebe in erster Linie, um unsere Effizienz zu verbessern, Süchte zu überwinden, Probleme zu lösen oder von Depression und Angst frei zu werden? Oder antworten wir auf eine tiefere Sehnsucht – die Sehnsucht nach Liebe, unabhängig von unseren Gefühlen und unserer Nützlichkeit? Hier geht es nicht um eine Richter-Mentalität; es bringt nichts, wenn wir uns selbst geißeln. Aber wir brauchen größtmögliche Klarheit über unsere Ziele. Heiligung verlangt alle Ehrlichkeit, die wir aufbieten können.

Es ist durchaus legitim, wenn wir am Anfang lediglich den Wunsch haben, unsere Probleme zu lösen, aber wenn wir ehrlich sind, spüren wir, daß die Liebe uns in ihr größeres Netz zieht. Wenn das geschieht, wird unser Maßstab für Effizienz darunter zu leiden haben. Zum Beispiel habe ich entdeckt, daß ich etwas weniger arbeiten muß, wenn ich anfangen will, meine Arbeit mit dem Herzen zu tun. Es kann Punkte geben, an denen meine Effizienz in der

Arbeit weniger werden muß, wenn ich mehr lieben will. Möchte ich in Beziehungen für die Liebe offener sein, darf ich nicht versuchen, andere Menschen zu kontrollieren oder zu besitzen, und ich muß ihnen gegenüber auf jede Taktik verzichten.

Für mein althergebrachtes Verständnis vom Umgang mit Menschen ist das tatsächlich sehr ineffizient. Das schafft nicht unerhebliche Konflikte mit der gängigen Praxis meines Berufs. Ich habe es bis jetzt nicht geschafft, die Liebe in einen Behandlungsplan oder ein Set von Therapiezielen einzupassen. Ich ertappe mich jedesmal bei dem Versuch, beides unter einen Hut zu bringen. Ich möchte den Kuchen gleichzeitig aufbewahren und essen. Warum kann ich nicht gleichzeitig ein vollkommen effizienter und ein vollkommen liebevoller Psychiater (oder Beamtin, Pfarrerin oder Hausmann) sein? Sind wir ehrlich, ist die Antwort einfach: Wir können es nicht, weil die beruflichen Standards der Effizienz von unserer Kultur vorgeschrieben werden, und das sind nicht die Standards der Liebe.

Ehrlichkeit bedeutet also, die Geschäfte und die Kompromisse, die ich mache, zuzugeben. Ich bin nicht ständig auf der Suche nach der Liebe. Ein großer Teil meines Zeitplans hat damit gar nichts zu tun. Doch ich versuche den Mut aufzubringen, zuzugeben, was ich wirklich suche. Ehrlichkeit ist der Treffpunkt und manchmal das Schlachtfeld, auf dem sich Effizienz und Liebe begegnen. Das ist das Fundament der Heiligung.

Wenn Sie einen ehrlichen Blick auf Ihre Motive werfen wollen, fangen Sie damit an, sich ein paar gute, aber strenge Fragen nach der Effizienz zu stellen. Warum mache ich das alles? Was bringt mir das? Was hoffe ich zu erreichen? Wie alle Fragen aus dem Bereich der Effizienz bewegen sich auch diese ohne Umschweife in Richtung Ziel und Zweck. Aber es sind keine schlechten Fragen, sie helfen Ihnen, sich mit der Welt, in der Sie leben, auseinanderzusetzen. Rechtfertigen Sie sich nicht und versuchen Sie nichts zu erklären – das funktioniert nicht –, sondern hören Sie genau auf die Antworten Ihres Verstandes und Ihres Herzens. Und nun stellen Sie sich die Fragen der Liebe, die Fragen, die mit den Ausgangspunkten zu tun haben. Was zieht mich an? Wer ruft mich? Was ist meine tiefste Sehnsucht? Wer oder was spornt meine Seele an und läßt mich am lebendigsten sein? Hören Sie dann wieder auf die Antworten des Herzens und des Verstandes.

Der große Dichter Rainer Maria Rilke sagte, die tiefsten Fragen des Lebens müßten gelebt und nicht beantwortet werden. Wenn wir im Herzen echte Gefühle suchen, ist das nicht, als ob wir einen faßbaren Gegenstand in die Hand nähmen und untersuchten. Es ist mehr wie ein sanftes Eintauchen in das eigene, so sehr wirkliche und unmittelbare Sein. Thomas Merton, ein Mönch und Autor aus unserem Jahrhundert, meinte: »Liebe ist kein Problem und auch nicht die Antwort auf eine Frage. Liebe kennt keine Fragen. Sie ist der Grund aller Dinge, und Fragen entstehen nur, weil wir diesem Grund entfremdet und von ihm abgetrennt sind.«[7]

Um es noch einmal zusammenzufassen: Ehrlichkeit legt in zweifacher Weise einen Grund für Heiligung. Erstens, ein nüchterner Blick auf die Effizienz erkennt die gemischte Natur unserer Motive und zeigt uns die Konflikte, denen wir wahrscheinlich in der Welt begegnen. Zweitens, die Ehrlichkeit erlaubt uns, durch ein tiefgehendes Wahrnehmen unserer Liebe, unsere Sehnsüchte zu stärken und sie voller Hoffnung zu Gott zu bringen.

Erwartung und Hoffnung

Effizienz erzeugt Erwartungen, die Liebe nährt die Hoffnung. Kennen Sie den Unterschied? Abstrakt gesprochen, ist Hoffnung ein Wunsch nach etwas. Erwartung ist die Annahme, daß der Wunsch tatsächlich erfüllt wird. Erwartungen sind sehr nützlich, wenn sie auf echter Erfahrung beruhen. Es ist sinnvoll, zu erwarten, daß zwei und zwei vier ist oder daß die Sonne morgen aufgeht. Falsche Erwartungen allerdings bringen nur Ärger.

Im Gegensatz dazu gibt es so etwas wie falsche Hoffnung nicht. Hoffnung macht unsere Liebe tiefer, eben weil sie nicht an Erfahrung gebunden ist. Ein Kind, das immer hungrig gewesen ist, kann nicht erwarten, daß es demnächst eine volle Mahlzeit bekommt, aber es kann sicher und mit Recht darauf hoffen. Weil Hoffnung immer um ihre eigene Unsicherheit weiß, kann sie enttäuscht, aber nie abgetötet werden. Ihr Ausgang ist immer offen.

Erwartungen lassen keine Zweifel und Fragen zu; sie sind geschlossen, endgültig und verfestigt. Wenn eine Erwartung nicht erfüllt wird, stirbt sie. Manchmal läßt die Gnade aus den Trümmern zerschlagener Erwartungen Hoffnung entstehen. Häufiger wird ihr Tod jedoch geleugnet, die Wirklichkeit ignoriert und eine neue Erwartung, so starr und unmöglich wie die alte, geschaffen. Wenn dabei keine Hoffnung entsteht, wird jede neu erzeugte Erwartung mit einem dickeren Mantel von Zynismus und Wahnvorstellungen umgeben. Erwartungen sind spröde und können nur durch Täuschung gestützt werden. Hoffnung ist weich und bereit, Schmerzen auszuhalten.

Im wirklichen Leben tarnen sich Erwartungen oft als Hoffnung. Ein junger Mann erlebte in seinen Beziehungen zu Frauen immer wieder Enttäuschungen. Sein Psychologe sagte, er würde jedesmal Beziehungen anfangen, die von vorneherein zum Scheitern verurteilt waren, weil er auf der Suche nach der perfekten Mutter wäre, die er nie gehabt hatte. Am Anfang jeder Beziehung fühlte der Mann etwas, das er für Hoffnung hielt. In Wirklichkeit war es eine Erwartung, eine Forderung, die Beziehung müsse genau das sein, was er erwartete.

Die Frau eines exzessiven Alkoholikers »hoffte« ständig, ihr Mann würde aufhören zu trinken und sie zu schlagen. Aber sie unternahm nichts gegen ihn, denn ihre sogenannte Hoffnung war in Wirklichkeit die Erwartung, daß er sich ändern werde. Immer wieder redete sie sich trotz aller gegenteiligen Anzeichen ein, daß es nicht mehr passieren würde. Aber es geschah natürlich wieder und wieder.

In beiden Fällen mußten sie die falschen Erwartungen aufgeben und sich auf wirkliche Hoffnung einlassen. Der junge Mann fand Besserung, als er erkannte, daß er die ersehnte Bemutterung nicht erwarten, sondern nur erhoffen konnte. Dadurch konnte er mit Frauen in eine echte, dynamische Beziehung treten. Die Frau wurde frei, als sie merkte, daß das Verhalten ihres Ehemanns sich trotz ihrer Erwartungen fortsetzen würde. Dies erlaubte ihr, Dinge zu tun, die tatsächlich für beide hilfreich waren. Sie hielt fest an der Hoffnung, daß ihr Mann sich ändern würde, und da sie etwas tat, änderte er sich schließlich.

Hoffnung ist beweglich, sie ist bereit, sich zu verändern oder sogar – wenn notwendig – aufgegeben zu werden. Aber wie die soeben geschilderten Fälle zeigen, ist wirkliche Hoffnung in keinster Weise passiv. Gerade durch ihre Beweglichkeit kann Hoffnung lebendig und aktiv auf alle Situationen reagieren. Erwartungen sind wirklich passiv, bis zur Lähmung oder zur zwanghaften Wiederholung erstarrt. Wenn sich eine Erwartung einmal verfestigt, können Sie sie nicht mehr loslassen. Sie bohrt sich in Ihre spirituelle Haut wie eine Zecke und verseucht Ihre Einstellungen und Verhaltensmuster. Geben Sie ihr die kleinste Gelegenheit und sie wird sich in eine Sucht verwandeln.

Sie können die einengenden Eigenschaften der Erwartungen an ihrer Ritualisierung erkennen, an ihrer Unwilligkeit, sich mit dem wirklichen Leben einzulassen, und an ihrem starren Festhalten an unrealistischem Glauben. Zwanghafte Spielernaturen hoffen nicht einfach nur zu gewinnen, sie erwarten es. Mir geht es so beim Fischen. Ich bin, formulieren wir es freundlich, ein begeisterter Angler. Erwähne ich das bei spirituellen Leuten, dann sagen sie Dinge wie: »Wie schön. So können Sie eine ruhige Zeit am Wasser verbringen und die Schöpfung genießen.« Schön wär's, aber ich bin süchtig danach, zu angeln. Ich erwarte, Beute zu machen. Ich erwarte, große Beute zu machen. Ich erwarte, große und zahlreiche Beute zu machen. Es ist mir egal, daß ich nur selten große Fische fange und noch nie in meinem Leben viele große Fische auf einmal gefangen habe. Ich erwarte es einfach. Dadurch ist mein Angeln starr, rituell und so abergläubisch wie die Riten eines Zauberes. Jedesmal, wenn ich die Angel auswerfe, denke ich: »Diesmal hängt ein dicker Fisch dran!« Ich konzentriere mich auf die Schnur, die im Wasser hängt, mit einer Intensität, auf die ich früher stolz gewesen wäre, hätte ich sie einmal im Gebet erreicht. Ich sehe weder Bäume noch Himmel und wenn, dann nur unter dem Gesichtspunkt, ob sich dort in der Nähe Fische im Wasser verstecken oder ob das Wetter ihr Anbeißen beeinflußt.

Manchmal holt mich die Ehrlichkeit ein, und ich denke über Angeln und Hoffnung nach. Wissen Sie was? Um wirklich ehrlich zu sein, ich hoffe fast, nichts zu fangen. Ich will eigentlich nicht solches Leid verursachen. Ehrlich, ich würde das Angeln ganz aufgeben, könnte ich nur meine Hoffnung respektieren, statt meinen Erwartungen zu gehorchen. Aber ich kann es oder will es nicht. Das ist schon eine Sucht. Da ich nicht einfach nur hoffen kann, einen Fisch zu fangen – das habe ich schon aufgegeben –, kann ich manchmal darauf hoffen, nur das Wasser und die Bäume zu genießen und mich wirklich auf die wunderbare Natur des Sees einzulassen. Dafür muß ich allerdings mein Angelzeug zu Hause lassen.

Erwartungen blicken, ganz wie die Effizienz, auf das Ende der Dinge, auf Erfolge und Vollendung. Die Hoffnung sieht, wie die Liebe, auf die Anfänge, auf Eingebungen, Sehnsüchte und inneres Drängen. Eine geistliche Schwester, die die meiste Zeit ihres Lebens als kontemplative Einsiedlerin verbringt, besuchte vor kurzer Zeit Shalem. Wir fragten sie nach ihrem Leben und ihren Reisen. »Meistens«, sagte sie, »folge ich meinem inneren Drängen. Ich denke, ich würde den Leuten sagen: Wenn ihr Gott finden wollt, folgt eurem inneren Drängen.« Sie sagte das mit einem Augenzwinkern, als ob sie wüßte, wie radikal das in manchen frommen Kreisen klingt. Wir mußten sie nicht fragen, wir wußten, daß dieses Drängen für sie nicht hieß, Launen oder spontanen Einfällen zu folgen. Sie meinte wirkliche Sehnsucht, die eigentliche Stimme unserer Herzen. Und hier nimmt Hoffnung immer ihren Anfang.

Wenn wir die Grundlagen für die Heiligung legen, hilft uns die Unmittelbarkeit, ehrlich zu sein. Die Ehrlichkeit hilft uns, unsere gemischten Motive auszusortieren und uns durch unsere Erwartungen hindurchzuarbeiten, um unsere wirkliche Sehnsucht zu finden. Die Sehnsucht erzeugt Hoffnung, und unsere Hoffnung opfern wir der Gnade in der Heiligung. Bei manchen afrikanischen und indianischen Stämmen muß ein erwachsenes Stammesmitglied während des Segnungsrituals das Neugeborene zum Himmel hochheben. Ich glaube, wir tun etwas ähnliches, wenn wir unsere Hoffnung nehmen und sie in der Heiligung zum Himmel heben.

Phantasie

So wie unsere Absichten den Raum zwischen Sehnsucht und Kontrolle füllen und die Ehrlichkeit Treffpunkt und Schlachtfeld für Liebe und Effizienz ist, bildet die Phantasie das Grenzland zwischen Hoffnung und Erwartung. Die Phantasie vereinigt in sich einen Teil der sehnsüchtigen Hoffnung und einen Teil der kontrollierenden Erwartung. Die Psychologie versteht Phantasie traditionellerweise als einen Weg, mit den Dingen umzugehen, wenn die Wirklichkeit unsere Erwartungen enttäuscht. Im Übermaß kann die Phantasie zu einem Fluchtweg aus unserer Realität werden. Der alte Witz dazu ist: Die NeurotikerInnen bauen Luftschlösser, die PsychotikerInnen wohnen darin, und die PsychaterInnen kassieren die Miete.

Aber Phantasie kann mehr sein als nur ein Fluchtweg. Sie kann Selbsterforschung umfassen, eine Art Spiel, ein Vehikel für unsere Kreativität, sogar eine Form des Gebets sein. Aber wie alles kann Phantasie auch zur Sucht werden. Fast jeder hat irgendwelche zwanghaften Phantasien: sexueller Art, Angst- oder Wunschphantasien. Wenn Phantasien Suchtcharakter annehmen, dann besetzen sie unsere Kreativität und halten uns von anderen Dingen ab. Ernstlich zwanghafte Phantasien müssen wie jede andere schwächende Sucht mit verbindlicher Einfachheit, die sich ihrer Ohnmacht bewußt ist, bekämpft werden.

Daß Phantasien zur Sucht entarten können, heißt nicht, daß wir ihnen aus dem Weg gehen sollten. Essen, Sexualität, Nähe sowie viele andere gute Dinge können ebenso zur Sucht werden, wollten wir sie aber aus unserem Leben aussperren, würde uns das ernsthaft lähmen. Die Möglichkeiten des Forschens, der Visionen, des Spiels und des Gebets, die in der Phantasie stecken, sind ein klares, lohnendes Potential. Ich denke, es ist sogar ganz gut, der Wirklichkeit gelegentlich mit Hilfe der Phantasie zu entkommen. Verglichen mit anderen Dingen, die wir zur Flucht benutzen, ist die Phantasie geradezu etwas Vornehmes.

Wenn wir die Phantasie unter dem Gesichtspunkt der Heiligung betrachten, müssen wir eine sorgfältige Unterscheidung treffen. Wir beginnen mit der ehrlichen Sehnsucht unseres Herzens, nehmen sie für uns in Anspruch und richten unsere Hoffnung auf Gott. Vielleicht fangen wir dann an zu phantasieren, wie die Dinge aussehen werden, wenn unsere Hoffnung erfüllt ist. Vielleicht übertragen wir unsere Hoffnung auf Erwartungen, in denen wir die Gestalt der Gnade vorherbestimmen wollen. Dann fehlt nicht mehr viel und wir verschließen uns gegen die radikalen Überraschungen der Liebe.

Ich erinnere mich an einen Konflikt mit einer Kollegin, wir hatten uns mißverstanden und waren beide verletzt und wütend. Ich hatte genug Geistesgegenwart (oder war es Gnade?), um innezuhalten, nachzudenken und die Situation im Gebet zu durchdenken. Meine Wut ließ schnell nach und wurde von einem starken Wunsch nach Versöhnung ersetzt. Hätte ich nun allein darauf gehofft, wäre es kein Problem gewesen. Statt dessen begann ich, mir die Versöhnung vorzustellen. Ich stellte mir vor, mit meiner Kollegin einen Spaziergang zu unternehmen, auf dem wir über unseren Streit reden, ihn beilegen und über den ganzen Ärger lachen würden. Selbst diese Phantasie wäre noch schön und vielleicht sogar nützlich gewesen, hätte ich sie loslassen können. Sie hätte mein Gebet sein können: »Schau, Gott, ich hoffe, es könnte so sein.« Oder um meinen üblichen Gebetsstil wiederzugeben: »Wenn du meine Meinung hören willst, dann denke ich, du solltest das so regeln.«

Aber ich machte aus dieser Phantasie statt einer Hoffnung eine Erwartung. Ich machte Pläne, sie in die Tat umzusetzen. Ich ging zu meiner Kollegin und fragte sie, ob wir einen Spaziergang machen könnten, um über alles zu reden. Sie sagte nein! Sie hatte das Gefühl, ich würde sie drängen und ihr nicht genug Raum geben. Wir waren am Schluß wütender als vorher.

Dieser Fehler wird sehr häufig gemacht, besonders von Menschen, die beten. Wir wollen es richtig machen. Wir sind klug genug, Gott um Hilfe und Rat zu fragen. Aber wir überholen die Gnade. Vielleicht ist es unser Bedürfnis nach Kontrolle, vielleicht unser Missionseifer, jedenfalls holt uns irgend etwas aus der Gegenwart und versetzt uns in die Zukunft, wo wir die Dinge an unsere Vorstellungen von Liebe anpassen wollen. Egal, ob die Bilder in bereitwilligem Gebet oder in willkürlichen Überlegungen entstehen, wenn wir sie in die Tat umsetzen wollen, haben wir Gottes Gnade bereits hinter uns gelassen.

So eine Phantasie mag so nobel sein, wie sie will, wenn wir sie Wirklichkeit werden lassen wollen, werden wir unfair, uns, Gott und all den armen Wesen gegenüber, die wir damit beglücken wollen. Gott arbeitet nicht auf diese Weise. Er gibt uns keine Missionsbefehle für den Tag und läßt sie uns dann allein ausführen. Gott wird oft so gesehen, ich weiß, aber das ist weder ein liebevolles Bild, noch ist es in der Schrift oder der Tradition verankert. Das ist wieder einmal ein Effizienzmodell. Ich glaube, daß es meistens ein Vehikel ist, um fromm und gleichzeitig eigensinnig zu sein. »Zeig mir nur, was zu machen ist, Gott, und dann gehe ich und bringe das für dich in Ordnung.« Gott läßt uns solche Spiele spielen, aber nur, weil er uns liebt. Und ich muß sagen, ich glaube, es schmerzt Gott, wenn fromme Leute nicht in der Lage sind, auf seine ständige Gegenwart zu vertrauen. Wir bedeuten Gott mehr, als Diener und Dienerinnen zu sein.[8]

Sicher, wir spüren Gottes Gegenwart nicht die ganze Zeit. Aber nur, weil Sie nicht spüren, wie Ihr Haar wächst, heißt das noch nicht, daß Sie kahl sind. (Falls Sie kahl sind, denken Sie sich bitte eine andere Metapher aus.) Es gibt Freiräume für echte prophetische Einsichten: im Gebet, in der Phantasie, in den Träumen oder einfach aus heiterem Himmel. Aber es ist kein Freiraum, um diese Einsichten dann wegzupacken und mit ihnen Gott davonzurennen. Gott ist jetzt da, ob wir ihn spüren oder nicht. Wir sind jetzt da. Die Situation ist jetzt da. Wir können die Zukunft planen, auf sie hoffen, für sie beten, sie phantasieren *und* sie uns zurechtlegen, aber alles hier und jetzt. Und wir müssen hier und jetzt, wo die Gnade ist, handeln. Manchmal kann die Phantasie ein Mittel der Heiligung sein, aber nur in dem Maß, in dem sie uns hilft, unsere Hoffnung zu spüren und sie direkt dem Hier und Jetzt Gottes auszuliefern.

Diskretion

Heiligung kann etwas sehr Einsames sein. Ich habe es schon gesagt, sie führt uns weg von der Ausrichtung unserer Gesellschaft auf die Effizienz, weg von unseren normalen Gewohnheiten im Umgang mit anderen Menschen, weg von den Erwartungen, die wir selbst und andere an uns haben. Das wäre eine Erleichterung und kein Problem – wenn wir das den anderen nur erklären könnten. Aber das gelingt uns nicht. Wir werden ständig auf unsere Sehnsucht zurückgeworfen: »Ich will es eben.« Und die meisten unserer Mitmenschen werden uns nicht verstehen. Wir müssen wissen, wann es sinnvoll ist, nichts zu sagen.

Das erinnert mich an eine alte Geschichte der Sufis über den heiligen »Eulenspiegel« Nasrudin. Er sollte im Streit zweier Nachbarn ein Urteil fällen. Nachdem der Ankläger seine Sache zu Gehör gebracht hatte, sagte Nasrudin: »Ich denke, das ist richtig.« Nach der Argumentation der Verteidigung meinte er ebenfalls: »Ich denke, das ist richtig.« Empört verlangten die beteiligten Parteien eine Entscheidung. »So geht es nicht«, protestierten sie, »nur ein miserabler Richter würde beiden Parteien recht geben!« Darauf Nasrudin: »Ich denke, das ist richtig.«

Ich liebe die Geschichten um Nasrudin, aber ich hasse es, wie er zu handeln. Ich will immer allen alles erklären, besonders wenn es Menschen sind, die mir sehr wichtig sind. Ich will mein Herz so darstellen, daß sie es verstehen, mir zustimmen, mich unterstützen und bestärken. Aber meistens verstehen sie es nicht. Im schlimmsten Fall denken sie, ich sei egoistisch, faul oder verrückt. Im besten Fall, falls sie mich genug lieben, akzeptieren sie mich, ohne mich voll zu verstehen. Kann ich mich darauf einlassen? Kann ich das schreckliche Gefühl riskieren, daß die Menschen, die ich am meisten liebe, das Wichtigste in meinem Leben mißverstehen? Oft ist mir das Risiko zu groß, und ich beschließe, mich nicht darauf einzulassen.

Dann beginnen die Selbstzweifel. Manchen Leuten gelingt es zu sagen: »So fühle ich mich, und wenn die anderen das nicht verstehen, sind sie blind, oder sie machen sich was vor.« Ich habe nicht dieses Ausmaß an Selbstvertrauen, es ist mir geradezu verdächtig. Für mich hat das zuviel Ähnlichkeit mit dem Gedanken, die Wahrheit gepachtet oder einen direkten Draht zu Gott zu haben – Vorstellungen, die mich anderen Leuten überlegen machen. Das hat nichts mit Liebe zu tun, das weiß ich. Aber es gibt noch einen anderen Grund für die Selbstzweifel. Wenn ich von meiner Sehnsucht spreche, selbst wenn es mit Furcht und Bescheidenheit geschieht, dann halten mich die Leute wahrscheinlich für irgend so einen religiösen Fanatiker. Es ist schmerzhaft, nicht verstanden zu werden, aber *mißverstanden* zu werden ist geradezu quälend.

Der hier beschriebene Konflikt ist aus dem Leben gegriffen. Ich habe den Fehler gemacht, zuviel von meinem Herzen zu sprechen, an Stellen, wo es unangebracht war. Bei solchen Gelegenheiten habe ich einen Narren aus mir gemacht und bin allein zurückgeblieben. Ich wollte einmal eine Gruppe von kirchlichen BeraterInnen und KrankenhausseelsorgerInnen dazu ermutigen, nach Augenblicken im Leben der Ratsuchenden zu forschen, in denen Gottes Liebe in diesen Menschen lebendig geworden ist. Der leitende Kaplan sagte: »O ja, das kenne ich schon. Das ist die Theorie des ›Aufblühens‹ in der Therapie. Liebe deinen Patienten, überlasse ihn Gott, und er wird zur Gesundheit erblühen. Was mich betrifft, ist das blühender Blödsinn.« Ich setzte an zu erklären, daß das nicht genau das sei, was ich meinte, aber dann erkannte ich, daß es dem, was ich meinte, ziemlich nahe kam, und wußte nicht mehr weiter. Also machte ich einen bösen, aber gelungenen Witz auf Kosten meines Kritikers und wechselte das Thema.

Einige Jahre später sollte ich bei einer Konferenz von PolitikerInnen und KirchenleiterInnen Anleitungen zum Thema Entscheidungsfindung geben. Ich fing gerade an, darüber zu reden, wie Entscheidungen im Gebet getroffen werden können, als mich jemand unterbrach: »Ich glaube nicht, daß wir jetzt etwas über Gebet erfahren wollen. Wir haben schon genug gehört von Leuten, die Gottes Willen kennen. Ich hätte lieber ein paar Vorschläge, wie wir solchen Leuten das Maul stopfen können, damit wir mit der Arbeit weiterkommen.« Ich sah etliche Leute zustimmend nicken. Dann begann ich, mich zu verteidigen. Ich sagte, ich hätte eigentlich keine Ahnung, was Gott in bestimmten Situationen wollte, und daß ich genau deswegen das Gebet für so wichtig hielte. Aber noch während ich das sagte, merkte ich, wie sich das anhörte. Sie müssen gedacht haben: »Wenn ich im Gebet nach Gottes Willen frage, aber Gottes Willen gar nicht wissen *kann*, was soll dann das Ganze?« Was hätte ich darauf sagen sollen? Jede ehrliche Antwort, die mir eingefallen wäre, hätte an den alten Nasrudin erinnert.

Manchmal bedeutet Diskretion, besser nichts zu sagen. Aber so einfach, daß wir schlichtweg alles für uns behalten, ist es auch nicht. Ich habe gemerkt, daß in Situationen wie der gerade beschriebenen das Problem nicht bei meinen Zuhörern, sondern bei mir liegt. Ich war der Gnade vorausgeeilt. Als ich auf Widerstand stieß, versuchte ich nicht nur, zu rechtfertigen, was nicht zu rechtfertigen ist, ich wollte auch meine KritikerInnen auf meine Seite ziehen. In diesem Moment waren meine einzigen Interessen Erfolg und Sicherheit. Es ging mir nicht um Liebe, unmittelbare Präsenz und Offenheit, sondern darum, meine Argumentation durchzusetzen. Aus mir war ein nachgemachter Evangelist geworden: Ich sprach *über* mein Herz, statt *aus* meinem Herzen.

Echte Diskretion muß ehrlicher Heiligung entspringen. Das heißt, sofort einen Augenblick innezuhalten, zu beten und sich auf den Boden der offenen, bereitwilligen Hoffnung zu stellen. Wenn dann bei dieser auf Gott ausgerichteten Hoffnung nichts herauskommt, bedeutet Diskretion wohl, still zu sein. Wenn eine Reaktion erfolgt, dann bedeutet Diskretion, das Risiko auf sich zu nehmen und zu tun, was wir tun sollen, egal was es ist.[9]

Die Fülle der Heiligung

Betrachten Sie also vorsichtig die Quelle Ihrer Motive, ob Sie nun mit anderen reden oder Ihre eigene Wahrheit suchen. Versuchen Sie, Ihre Antworten aus Ihrem Herzen fließen zu lassen, anstatt Ihr Herz zu ersetzen. Können Sie sich eine Zeitlang nichts wünschen außer einer Berührung mit Ihrer tiefsten Sehnsucht? Können Sie sich einfach nach Ihrer Sehnsucht sehnen? Wenn das der Fall ist und hier etwas zutage tritt, nehmen Sie es in Anspruch, würdigen Sie es, umarmen Sie es innerlich. Das ist Ihre Absicht und Ihre Hoffnung, egal wie andere Ihrer Meinung nach darauf reagieren werden. Richten Sie Ihr Herz auf den Ursprung und geben Sie ihm Ihre Hoffnung. Geben Sie sich selbst, so vollständig und so tief, wie Sie es vermögen. Strecken Sie sich aus und lockern Sie sich. Lockern und öffnen Sie sich.

Wenn Sie eine Gemeinschaft von verständnisvollen Menschen haben, mit denen Sie etwas von Ihren Erfahrungen teilen können, um so besser. Wenn nicht, dann suchen Sie nach solcher Gemeinschaft und beten Sie dafür. Schon *ein* anderer Mensch, der Ihre Sehnsucht teilt, wird Sie unterstützen und Ihnen helfen, Klarheit in Ihre Versuche zu bringen. Und vielleicht hilft er Ihnen auch, nicht zu verschroben zu werden.

Seien Sie in bezug auf Ihre Gefühle ehrlich und bitten Sie so direkt wie möglich um die Gnade und die Weisheit, damit Sie sich nicht selbst täuschen. Durchdringen Sie das Durcheinander an der Oberfläche und suchen Sie Ihre tiefste Sehnsucht. Tauchen Sie bis auf den Grund, dorthin, wo Ihre Gefühle keine Namen mehr haben. Hier liegt Ihre echteste Motivation, die Quelle Ihrer ehrlichsten Absichten. Und das ist und bleibt die Liebe.

Sie mögen sehr klar und bestimmt sein im Blick auf Ihre Hoffnung, oder sie läßt sich nur vage und allgemein spüren. Ihre Hoffnung mag sehr nahe und kraftvoll erscheinen oder so entfernt wie ein weit entlegener Traum. Es mag Ihnen gelingen, sie in Worten oder Bildern auszudrücken, oder sie mag viel zu subtil sein, um auch nur ansatzweise beschrieben zu werden. Die Gestalt und die Qualität, in der Sie die Heiligung erfahren, mag sich von Tag zu Tag ändern, was zählt, ist, daß Sie das für sich in Anspruch nehmen, was für Sie in diesem Moment das wirklichste ist.

Manchmal, wenn ich eine Pause einlege, um meine Sehnsucht zu spüren, tritt sie in Form der Worte »Ich liebe dich« auf. Meistens scheine ich zu sprechen, manchmal ist es Gott, der spricht. Es gibt Augenblicke, da werden daraus die Worte »Liebe mich«, manchmal bittend, manchmal bettelnd, manchmal fordernd. Und wieder bin ich nicht sicher, wer sie ausspricht und wessen Sehnsucht es ist, ob ich der Liebende oder der Geliebte bin. Dann und wann entsteht eine Klarheit, in der sich der Unterschied zwischen Liebendem und Geliebtem auflöst. Dann ist da nur noch die Liebe, die sich ausdrückt und sich selbst genug ist, die fließt und tanzt oder vielleicht auch einfach still ist. Ein andermal fühle ich nur ein Sehnen, wie einen Hunger, ohne Worte oder Gedanken. Dann ist es wieder ein Gefühl von Dankbarkeit oder Anbetung, von Frieden und Trost oder von Dienst und Treue. Und manchmal bleibt nur ein Schrei nach Hilfe, nach Rettung und Erlösung.

Ich weiß aus Erfahrung, daß all diese Dinge Widerspiegelungen der einzigen, tiefsten Seele sind. Dieser tieferen Wahrheit werde ich nie habhaft werden. Alles, was ich habe, ist die Gestalt, in der sie sich in diesem Moment an diesem Ort in meinem Bewußtsein zeigt. Vielleicht haben Sie das Gefühl, das reicht nicht und manchmal fühlt es sich an, als sei da nichts. Aber es genügt, denn es ist wirklich.

Wenn Sie Ihre Hoffnung heiligen, machen Sie sich keine Sorgen um die Form oder die Richtigkeit. Der Akt der Heiligung hängt nicht an der Struktur, sondern an der Gnade, die Ihrem Wunsch Vollmacht verleiht. Ihrem Wunsch, mit Gott, wie er ist, so eng verbunden zu sein, wie Sie es ehrlicherweise sein können. Das ist Ihre eigene, einzigartige Erklärung der Bereitschaft zu etwas Größerem, Besseren und Liebevolleren, als Sie jemals erträumen, geschweige denn erreichen können. Das ist Ihre beste Ehrlichkeit und Ihre reinste Aufrichtigkeit.

Bauen Sie weiter auf die Vertrauenswürdigkeit der Sehnsucht in Ihrem Herzen. Es gibt jedesmal einen nächsten, tieferen Schritt, den Sie auf ein umfassenderes Vertrauen zu tun können, und auf die Möglichkeit einer noch umfassenderen Liebe. So wird es sein, bis die Heiligung so alltäglich und normal wie das Atmen wird, bis jedes Tun an jedem Tag einfach geheiligt ist, bis es keine Trennung zwischen Gebet und Leben mehr gibt. Es geht weiter, bis jeder unwiederbringliche Moment, ob wach oder im Schlaf, bewußt mit Liebe erfüllt ist, bis das Mitleid regiert und die Gerechtigkeit alles durchdringt und bis das Leben wird, was es eigentlich sein sollte: schiere Freude und ungetrübter Tanz in den Räumen der Liebe.

Kapitel 5

IN DIE LEERE EINTRETEN

Du hast uns auf dich hin geschaffen,
und unruhig ist unser Herz,
bis es Ruhe findet in dir.
Augustinus

Jedes Risiko, das wir für die Liebe eingehen, jeder Schritt, den wir
zu größerer Heiligung hin tun, führt uns tiefer hinein in die Weite
der Liebe. Ich habe viele unterschiedliche Räume beschrieben und
die Notwendigkeit betont, daß wir für die Heiligung Raum schaffen. Jetzt müssen wir einen Blick auf die Natur des Raumes selbst
werfen. Im Hebräischen der Bibel bilden die Buchstaben *yodh* und
shin zusammen eine Wortwurzel, die damit folgende Bedeutungen
bekommt: »Raum und die Freiheit und Sicherheit, die durch Weg-
fall von Einengung entstehen.« Von dieser *YS*-Wurzel stammen
Worte wie *yesha* und *yeshuah*, die sich auf Erlösung beziehen.
Wenn ich darüber nachdenke, leuchtet es mir ein, daß Raum in eine
enge Verbindung mit Erlösung gebracht wird. Raum ist Freiheit:
Freiheit von Beengtheit, von Vorurteilen, von Unterdrückung, von
Ruhelosigkeit sowie von allen inneren und äußeren Mächten, die
unsere Seele und unseren Geist binden und einschränken. Zuallererst brauchen wir Raum – einfach um zu erkennen, wie zwanghaft
und gebunden wir sind. Dann brauchen wir Raum, damit sich unsere Zwänge und Fesseln lockern können. Im Sinne der hebräischen Worte gesprochen, fehlt unserer Leidenschaft die Ellbogen-
freiheit. In dem Maß, in dem durch die Gnade und unsere Bereitschaft Raum geschaffen wird, entdecken wir eine wachsende Leere,

in der sich Heiligung ereignen kann, Räume, in denen die Liebe sich in uns ein Heim schaffen kann.[1]

Es gibt meiner Meinung nach drei Wege, auf denen die Weite zu uns kommt. Zunächst als Weite des Raums: physikalische oder geographische Räume wie die offene Weite von Feldern, Wasser und Himmel oder die angenehme Einfachheit sparsam eingerichteter Räume. Als zweites zeigt sie sich uns als die Weite der Zeit: Leerräume zwischen unseren Aktivitäten, in denen wir von Aufgaben, Tagesordnungen und anderen Anforderungen befreit sind. Und drittens begegnen wir der Weite der Seele: Das ist die innere Leere, der freie Platz in unseren Herzen, die Unerfülltheit unseres Bewußtseins. Je nachdem, wie wir mit diesem Seelenraum umgehen, erleben wir ihn als offene Möglichkeit oder als leere Nichtigkeit, als kreatives Potential oder als betäubende Langeweile, als stille, friedvolle Klarheit oder als rastloses Sehnen nach Erfüllung.[2]

Schwierigkeiten mit der Weite

In unserer modernen, hochentwickelten Welt stehen die Menschen allen drei Gestalten der Weite zwiespältig gegenüber. Einerseits wünschen wir uns Raum: Mitten in unserem mit Aktivitäten angefüllten Leben sehnen wir uns nach Frieden, Stille und Freiheit. Wir freuen uns auf die Ferien und darauf, daß unser Verstand einmal frei ist von Dingen, die ihn in Anspruch nehmen. Auf der anderen Seite fühlen wir uns schnell unwohl, wenn sich solche Räume tatsächlich auftun. Anscheinend wissen wir nicht, was wir damit anfangen sollen. Wir stopfen unseren Urlaub mit Aktivitäten und Pflichten voll und unseren Kopf mit Sorgen und fixen Ideen.

Vielleicht bin ich ja ein Romantiker, doch ich glaube, es gab einmal eine Zeit, in der wir auf der Veranda vor dem Haus sitzen, einfach den Wind genießen oder der Sonne beim Untergehen zuschauen konnten. Ich erinnere mich an derartige milde Abende: Meine Großmutter saß auf der Veranda und ich auf ihrem Schoß — kein Wort und kaum ein Gedanke. Einfach nur schlichte Aufgeschlossenheit für die Eindrücke. Heutzutage sind wir dermaßen vom Leitgedanken der Effizienz bestimmt, daß uns solche Zeiten als unproduktiv, unverantwortlich, faul, ja sogar selbstsüchtig erscheinen. Wir wissen, daß wir ausruhen müssen, aber es gelingt uns nicht mehr, die Ruhe als einen eigenständigen Wert zu sehen. Ihr einziger Wert liegt für uns darin, daß sie uns hilft, unsere Batterien aufzuladen, damit wir in der nächsten Produktivitätsphase noch effizienter sein können.

Wenn ich mich heute an einem milden Abend in meinen Liegestuhl zurückziehe (mein neues, nach Effizienzgesichtspunkten durchdachtes Haus hat ja nicht einmal mehr eine Veranda), dann kann ich das Gefühl von Weite und Frieden, das ich zusammen mit meiner Großmutter spürte, nur mit Mühe wiederbeleben. Es hält auch nicht lange an. Nach ein paar kurzen gesegneten Momenten zieht es meine Gedanken zurück zu der Arbeit, die ich noch erledigen muß, und zu den Sorgen, an denen ich meine, herumkauen zu müssen. Dann werde ich mir wahrscheinlich irgend etwas Alkoholisches eingießen. Meine Großmutter hat nie Alkohol getrunken, sie hielt das für eine Sünde. Ich denke aber auch, sie wollte den Raum, den sie in sich wahrnahm, nicht zuschütten.

Die Menschen früher wußten noch um den eigenständigen Wert der Weite. Die Hebräer führten das Sabbatgebot ein, um es Gott gleichzutun, der am siebten Tag der Schöpfung geruht hatte. Gott hat sich an diesem Tag nicht nur ausgeruht, weil er Kraft auftanken wollte, um in der nächsten Woche ein weiteres Universum zu erschaffen, sondern Ruhe hatte ihre eigene Berechtigung. Weite war einfach heilig.

Das vierte Gebot heißt für Juden und Christen gleichermaßen, den Sabbat zu beachten und heilig zu halten. Viele andere Religionen und Glaubensrichtungen sorgen bis heute für solche Zeiten des Raums und des Ausruhens, aber der Sinn des Ganzen ist oft verdreht worden. Sabbat sollte ein Tag der Weite, der Zeit und der Seele sein. Er sollte ein leerer Tag sein. Ein Tag, der nicht zum Ausfüllen gedacht war. Ein Tag der Ruhe und der Betrachtung. Ein Tag, an dem die Menschen die Freiheit hatten, sie selbst zu sein. Heute ist das Sabbatgebot der Religion eher eine Einschränkung als Freiheit, eher Enge als Raum. Statt die Freiheit zu bieten, nicht arbeiten zu *müssen*, bekam der Sabbat allmählich die Bedeutung, daß das Arbeiten *verboten* ist.[3]

Ich bin mit dieser pervertierten Auffassung aufgewachsen. Es gab eine lange Liste von Dingen, die wir sonntags nicht tun durften. Ganz ähnlich war es mit dem Schweigen. Schweigen hieß, es war verboten zu sprechen. Ich werde nie das Gefühl der Befreiung vergessen, das ich empfand, als ich das erste Mal bei einer Schweige-Retraite war und der Leiter sagte: »Die echte Bedeutung des Schweigens liegt darin, daß Sie nicht mehr reden *müssen*.« Viele Jahre später fand ich in einem Text des tibetischen Buddhismus folgende Erkenntnis: »Freiheit ist nicht das Gegenteil von Determinismus, sondern vom Zwang, handeln zu *müssen*.«[4]

Es ist uns eindeutig etwas verloren gegangen, dadurch, daß wir nicht mehr länger die Freiheit haben, einfach nur da zu sein, sondern immer aktiv etwas tun müssen oder anderes eben nicht tun dürfen. Es fehlt etwas, wenn wir unsere Pausen erkämpfen und uns unsere Freiräume abtrennen müssen, und dann noch das Gefühl haben, wir müßten sie rechtfertigen. Das Ergebnis ist, daß Freizeit oft heißt, irgendeine angenehmere Arbeit zu tun, statt Freiheit vom arbeiten müssen überhaupt. Der Pfarrer unserer Gemeinde machte ein Sabbatjahr. Er schickte an die Gemeinde regelmäßig Berichte, über das, was er lernte. Offensichtlich hatte er das Gefühl, er müsse die Leute überzeugen, daß er seine Zeit gut nutzte. Wir haben ein Defizit, wenn wir uns verschwendeter Zeit schämen und wenn wir einen Menschen, der still ist und nichts sagt, fragen müssen, ob etwas nicht in Ordnung sei. Es ist so, als ob ein Teil unseres Herzens amputiert worden wäre. Unsere Fähigkeit, entspannt nichts zu tun, ist auf dem Müll gelandet und vergessen worden, und wir haben es nicht einmal gemerkt.

Schauen Sie sich selbst an. Wie geht es Ihnen, wenn Sie nichts zu tun haben? Wenn Sie einen freien Augenblick haben, was fangen Sie damit an? Versuchen Sie jetzt, sich einen solchen Moment zu genehmigen: keine Tagesordnung, nichts zu erledigen, einfach da sein. Bleiben Sie darin, solange Sie können. Was geschieht? Ist das befreiend oder beengend? Ist es friedvoll oder angstauslösend? War es anders, als Sie noch ein Kind waren? War es damals leichter und angenehmer? Und wenn ja, was ist Ihrer Meinung nach für die Veränderung verantwortlich?

Die meisten von uns werden diese Leerräume in der Regel entweder einfach irgendwie füllen oder ihr Bewußtsein dafür betäuben. Wir nehmen uns ein Buch, setzen uns vor den Fernseher, arbeiten an irgendeinem Projekt, unternehmen etwas mit FreundInnen oder genehmigen uns einen Drink. Ich habe immer gedacht, Frauen könnten mit diesem Freiraum besser umgehen als Männer, aber ich bin mir nicht mehr so sicher. Frauen haben mehr Schuldgefühle, wenn sie sich für sich selbst Zeit nehmen, Männern macht es eher Angst. Doch das ist kein bedeutender Unterschied. Wie auch immer, wirklicher Leerraum kann sehr unangenehm sein.

Wir müssen unsere Einstellung zur Weite irgendwie ändern. Wir müssen anfangen, sie eher als positive eigene Größe statt als eine Leerstelle zu sehen. Das ist die wichtigste praktische Herausforderung, die sich uns stellt, wenn wir uns bewußt der Liebe zugewandt haben. Sie wird nicht leicht zu bewältigen sein, weil wir gelernt haben, Raum mit Angst gleichzusetzen, Leere mit Negativität und mangelnde Erfülltheit mit Störung. Baruch Spinoza, ein Philosoph aus dem siebzehnten Jahrhundert, sagte, die Natur habe Angst vor der Leere. Die moderne Naturwissenschaft hat bewiesen, daß er unrecht hatte. Es gibt im Universum viel mehr leeren Raum als Materie. Die Atome, aus denen sich alle Stoffe einschließlich unserer Körper zusammensetzen, bestehen aus riesigen leeren Zwischenräumen zwischen winzigen subatomaren Teilchen. Egal, wie stabil wir uns fühlen, wir bestehen viel mehr aus Raum als aus Materie. Wenn irgendeine Natur vor der Leere zurückschreckt, dann ist es die menschliche Natur – und das auch nur, weil sie durch Konditionierung so verfälscht worden ist.

Ich möchte Sie noch einmal bitten, sich selbst ein wenig Raum zu geben. Nehmen Sie sich einen Moment Zeit und sitzen Sie einfach da: seien Sie einfach. Verschwenden Sie ein bißchen Zeit. Sehen und hören Sie auf das, was um Sie herum passiert, und spüren Sie, was sich in Ihnen ereignet. Erwarten Sie keine besondere Erfahrung und denken Sie an nichts. Geht es?

Raum und Verdrängung

Das Gefühl, wir müßten unsere Freiräume zu jeder Zeit ausfüllen, ist eine Abhängigkeit allerersten Ranges. Sie liegt auf der gleichen Ebene wie unsere Sucht nach Arbeit, Produktivität und Effizienz. Manchmal mögen wir die Weite allerdings wegen dem nicht, was uns in ihr begegnet. Seit Sigmund Freud hat die Psychologie verstanden, daß die Menschen unangenehme Dinge aus ihrem Bewußtsein heraushalten möchten. Die Psychoanalytiker nannten es Unterdrückung oder Verdrängung, ein moderner Ausdruck dafür ist selektive Unaufmerksamkeit.

In jedem beliebigen Augenblick haben wir eine Anzahl von Sorgen, Ängsten, Schuldgefühlen, unguten Erinnerungen und Dingen, an die wir uns nicht herantrauen. Das alles halten wir einfach aus unserem Bewußtsein heraus. Die Schwierigkeit mit leerem Raum, speziell mit leeren Räumen in unserer Seele, ist, daß sie all diese unterdrückten oder verdrängten Ärgernisse zurück ins Bewußtsein fluten lassen. Wenn ich einen Moment Pause mache und und meinen Verstand zur Ruhe kommen lasse, was kommt dann zum Vorschein? Die Dinge, vor denen ich mich gedrückt habe, die Sorgen, denen ich aus dem Weg gegangen bin, die schlechten Gefühle, die ich abgewürgt habe. Raum wirkt auf die in unserer Seele begrabenen häßlichen Probleme wie Sonne und frische Luft. Sie krabbeln darauf zu, weil sie Heilung suchen. Das ist sehr gesund. Raum ist nicht nur erholsam, sondern auch therapeutisch. Aber wie so viele therapeutische Prozesse kann das schmerzhaft sein. Und wenn es darum geht, unser Bewußtsein zu heilen – und darum geht es in der Liebe –, kann es keine Anästhesie geben.

Ich weiß, wie es ist, wenn jemand versucht, vor dem leeren Raum wegzulaufen. Vor einigen Jahren im Frühjahr fühlte ich mich überlastet und von meiner Arbeit erdrückt. Ich sehnte mich nach Freiraum. Es kam ein Samstagmorgen, keiner war zu Hause und mein Schreibtisch gerade leer. Ah, dachte ich, jetzt hast du deine Chance, dich einfach hinzusetzen und da zu sein. Obwohl ich allein im Haus war, verschloß ich die Tür zu meinem Arbeitszimmer. Ich steckte das Telefon aus, legte mein Kissen auf den Boden und zündete eine Kerze an. Ich setzte mich, holte tief Atem, sah aus dem Fenster und bemerkte zum ersten Mal seit Tagen die Schönheit der Bäume und des Himmels. Ich schloß meine Augen und entdeckte in mir ein inneres Schwungrad, das sich mit eigener Kraft weiterdrehte. Ich versuchte mich zu entspannen, und es ging nicht. Ich betete. Ich streckte mich und versuchte ein paar Übungen, dann setzte ich mich wieder hin. Aber es wollte sich kein Frieden einstellen. Mein Verstand machte Lärm, keine Gedanken, nur verrücktes, sinnloses Rauschen. Ich versuchte, die Spannung und das Rauschen loszulassen. Ich betete noch einmal. So ist es jetzt, dachte ich, jetzt mußt du sitzen, bis das vorbei ist. Meine Augen öffneten sich, um den Himmel zu suchen. Sie blieben am kaputten Türgriff hängen. Ich konnte von da, wo ich saß, sehen, daß die Schrauben sich gelockert hatten. Mein Werkzeugkasten war nicht weit weg. Als ich das nächste Mal daran dachte, daß ich Weite suchen wollte, war es eine Stunde später. Ich hatte die Tür ausgehängt und auseinandergenommen, Griff und Schrauben lagen herum. Als am Nachmittag meine Frau heimkam und mich fragte, wie mein Tag war, sagte ich: »Prima, ich habe die Tür repariert.«

Es ist auch möglich, einen unechten Raum zu schaffen, indem wir unseren Verstand mit Gewalt verstummen lassen und alles unterdrückt halten. Tatsächlich ist es dieser unechte Raum, an den die meisten Leute denken, wenn es um Meditation und Konzentration geht: ein gewaltsamer, angestrengter Versuch, den Verstand ruhig, konzentriert und »ablenkungsfrei« zu halten. Das hat aber mit Raum überhaupt nichts zu tun. Es ist eine Art Trancezustand, ein Abtöten der Empfindung und ein Ersticken und Einschränken des Bewußtseins. Das ist Betäubung, da ist keine Offenheit mehr, keine Bereitschaft, keine Teilnahme. Wirklichem Raum begegnen Sie nur mit der Bereitschaft und dem Mut, die Dinge zu erleben, wie sie sind.

Wenn Leute mir sagen, daß sie Schwierigkeiten damit haben, sich für Gebet oder Meditation Zeit zu nehmen, dann frage ich sie oft, was für unangenehme Dinge sie denn vermeiden wollen. Die gleiche Frage stelle ich mir oft selbst. Meine Antwort im Moment ist geradezu ironisch: Das, wovor ich am meisten davonlaufe, ist meine Sehnsucht nach Liebe. Sie tut zu weh, mehr als irgend etwas im Bereich der Psychologie, das ich je mitgemacht habe. Oft möchte ich fliehen oder mich betäuben, wenn ich könnte, aber ich werde nicht ausweichen. Vielleicht kann ich es ja gar nicht.

Es ist ein Segen, wenn die Liebe so schonungslos ist, denn je mehr wir unterdrücken, verdrängen, verschleppen oder betäuben, desto mehr widerstrebt uns der leere Raum. Umgekehrt gilt, je mehr echten Raum wir uns lassen, desto weniger werden wir verdrängen. Und in dem Maß, in dem wir unsere Weite heiligen, sie der Liebe widmen und sie auf die Quelle der Liebe ausrichten, wird sie segensreich sein. Der leere Raum wird nie unangenehmer sein, als wir es ertragen können. Allmählich, vorsichtig, mit Hilfe der Gnade werden wir für die Wahrheit immer zugänglicher. Das geschieht im Einklang mit Ihren eigenen Charakterzügen; wir bekommen, was wir brauchen in dem Moment, wenn wir es brauchen.

Leerer Raum wird nur dann unmenschlich, wenn wir ihn bezwingen oder in einen Plan sperren wollen, oder wenn wir wollen, daß er sich unseren Erwartungen beugt.

Der Mythos der Erfüllung

Ich habe die zwei Grundschwierigkeiten beschrieben, die wir Menschen mit leerem Raum haben. Erstens, wir sind süchtig danach, jeden Raum, auf den wir stoßen, auszufüllen. Wir sind süchtig nach Erfüllung, nach der Auslöschung aller Leere. Die zweite Schwierigkeit besteht darin, daß wir das fürchten, was uns in der Leere enthüllt wird. Wir ziehen den einschläfernden Frieden der Langeweile dem befreienden Unbehagen der Wahrheit vor. Unsere Sucht nach Erfüllung und unsere Flucht vor der Wahrheit bilden zusammen eine schwere, verzweifelte Schranke gegen die Teilnahme an der Liebe.

In der Zeit, als ich noch viel Psychotherapie betrieb, kam ein römisch-katholischer Priester zu mir mit seinem Problem: »Ich bin nun fast fünfzig Jahre alt und bin noch immer nicht mit dem Problem meiner Sexualität fertiggeworden.« Ich antwortete, vielleicht etwas zu flapsig: »Willkommen in der Menge.«

»Nein«, sagte er, »ich meine es ernst. Meine Beziehungen genügen mir nicht, und ich kann mich mit dem Zölibat nicht anfreunden. Meine Wünsche nach Intimität lassen mir keine Ruhe.« Ich hatte immer noch das Gefühl, daß sich das ziemlich normal anhörte, aber er wollte daran arbeiten. Also untersuchten wir einige Monate lang, ob es psychologische Gründe für seinen gequälten Zustand gab. Er war als Kind von seinen Eltern nicht vollkommen geliebt und unterstützt worden, aber ich dachte: »Wer ist das schon?« Er hatte einige Traumata durch frühe Sexualerziehung und frühe Erlebnisse mit Sexualität. Ich dachte: »Ist das nicht bis zu einem gewissen Grad bei uns allen so?« Ich konnte meiner Überzeugung nicht entgehen, daß er ein ganz normales männliches Exemplar der Gattung Mensch sei.

Eine Frau in mittleren Jahren erzählte eine Geschichte, die der des Priesters nicht unähnlich war: »Ich sollte eigentlich mit den Dingen zufrieden sein. Ich habe eine gute Ehe, zwei wundervolle Kinder und eine zufriedenstellende Karriere. Trotzdem habe ich das Gefühl, etwas fehlt. Ich habe Träume, in denen ich Romanzen habe. Tief in mir drin bin ich ruhelos, ich will mehr. Ich denke, mein Sexualleben ist wenigstens so gut wie das aller anderen, aber ich sehne mich nach einer bestimmten Art der Intimität. Vielleicht verdränge ich etwas.« Ich fragte: »Gibt es einen besonderen Grund, daß Sie das Gefühl haben, das wäre ein Problem? Oder könnte es sein, daß viele andere Menschen ganz ähnliche Sehnsüchte haben?« (Das war mein Versuch einer vorsichtigeren Version von »Willkommen in der Menge«.)

Sie machte eine lange Pause. »Nein, ich glaube nicht, daß andere Leute solche Gefühle haben. Ich kenne viele Menschen, die glücklich und ausgefüllt sind.« »Denken Sie, daß sie das wirklich sind? Vielleicht reden und verhalten sie sich nur so? Ich höre solche Sachen von vielen Leuten.« »Nun, Sie reden ja mit vielen merkwürdigen Menschen. Ich habe einige gute Freunde, die sich anscheinend nie so fühlen. Wenn sie sich etwas vormachen, dann machen sie es verdammt gut. Sie sind mit ihrem Leben wirklich zufrieden.« »Haben Sie mit ihnen gesprochen? Haben Sie irgend jemandem von ihnen davon erzählt, um zu sehen, was sie dazu sagen?« »Nein, das habe ich nicht. Sie würden es nicht verstehen. Und ich hätte das Gefühl – ich habe das Gefühl –, als würde etwas mit mir nicht stimmen. Sie würden mir Ratschläge geben, und das ist das letzte, was ich brauche. Ich fühle mich jetzt schon so unfähig.« Also erforschten wir eine Zeitlang ihre Psyche. Genauso wie bei dem Priester gab es Dinge, die nicht perfekt waren, aber ich dachte mir wieder, daß das Leben nie perfekt ist. Und ich wollte weiterhin die Frage stellen: »Was ist daran falsch, sich unausgefüllt und unruhig zu fühlen? Liegt darin nicht etwas im Grunde Richtiges?«

Das wirkliche Problem der beiden und einer ganzen Menge anderer Leute, die sich mir anvertrauten, war, daß sie glaubten, ihre Gefühle innerer Rastlosigkeit und mangelnder Erfüllung seien Zeichen, daß mit ihrer Psyche irgend etwas nicht in Ordnung sei. Sie hatten den kulturellen Mythos verinnerlicht, der besagt, »wenn du gut angepaßt bist und eine ordentliche Lebensführung hast, wirst du dich erfüllt, zufrieden und gelassen fühlen.« Die Kehrseite dieses Mythos lautet so: »Fühlst du dich nicht befriedigt und erfüllt, dann stimmt etwas nicht mit dir.«

Dieser Mythos ist so weitverbreitet, daß er von der Mehrheit der Erwachsenen in unserer Kultur unhinterfragt akzeptiert wird. Er wirkt sich in dreifacher Weise auf unser Leben aus. Erstens: Wir versuchen vielleicht, uns, unsere Lebenssituation und unsere Beziehungen zu »reparieren«, weil wir das Gefühl nicht loswerden, es wäre etwas damit nicht in Ordnung. Oder wir unterdrücken unsere Unrast und wollen uns und anderen vortäuschen, wir hätten einen perfekten Zustand erreicht. Klappt beides nicht, dann versuchen wir, die ganzen Gefühle zu ersticken, indem wir uns in Arbeit, Essen, Unterhaltung, Drogen oder sonst irgend etwas verlieren. Ironischerweise verwandeln sich diese drei Wege selbst leicht in Süchte: Die Sucht nach Selbstverbesserung, nach perfekter Anpassung oder nach den verschiedenen Fluchtmitteln.

Der Mythos ist buchstäblich in jeden einzelnen Aspekt unserer Gesellschaft eingedrungen. Viele religiöse Richtungen versprechen, daß sich innerer Frieden einstellt, wenn wir nur das richtige glauben. Wenn wir nicht rundum zufrieden sind, liegt es daran, daß unser Verhältnis zu Gott irgendwie nicht in Ordnung ist. Vielleicht sind wir zu sündig, oder unser Glaube ist zu schwach, oder wir haben die eine richtige Botschaft noch nicht gehört. Zahllose Menschen glauben an diesen religiösen Mythos, ungeachtet der Tatsache, daß selbst eine oberflächliche Lektüre des Lebens der großen Heiligen zeigt, wieviel Qualen und Zweifel sie litten und welche Kämpfe sie mit sich selbst und der Welt ausgetragen haben. Wenn wir uns ein bißchen genauer mit spirituellem Wachstum auseinandersetzen, sehen wir, daß, je tiefer jemand in die Liebe zu Gott und den Menschen hineinwächst, er desto offener wird nicht nur für die Schönheit und die Freude im Leben, sondern auch für die Schmerzen und die Zerbrochenheit.

Auch die Populärpsychologie vertritt diesen Mythos. Sie verspricht den inneren Frieden nur für zwei Arten von Leuten: die, die in perfekten Familien aufgewachsen sind, und die, die sich mit Hilfe der modernen Psychologie über die Wunden erheben, die sie aus ihren nichtperfekten Familien davongetragen haben. Auch die psychologische Variante des Mythos wird von Unzähligen geglaubt, selbst wenn wir jeden Tag in den Medien mitverfolgen können, wie durcheinander das Leben unserer erfolgreichsten Mitmenschen verläuft und wenn niemals so etwas wie eine wirklich perfekte Familie gefunden werden kann.

Der Versuch, unsere Störungen zu behandeln und unsere Gesundheit möglichst zu verbessern, ist sehr berechtigt. Allerdings begehen wir eine Reihe entscheidender Fehler, wenn wir glauben, das Leben könnte bis zu einem Punkt völliger innerer Ruhe und Erfüllung verbessert werden. Das zu glauben heißt, uns einer Phantasie hinzugeben, die nicht zu verwirklichen ist, und die – wäre sie es – unsere Liebe töten würde und uns in Langeweile, Stagnation und Tod enden ließe. Es hieße außerdem, uns von den Angelegenheiten der wirklichen Welt abzuwenden und unsere Energie auf eine Reihe nebelhafter Ziele zu richten, die erreicht werden müssen, bevor wir uns wieder der Aufgabe zuwenden können, zu leben, zu lieben und eine bessere Welt zu schaffen. Weiterhin verewigt der Mythos die sich hartnäckig haltende Täuschung, wir Menschen seien maschinenartige Gegenstände, wir seien zu konstruieren und zu verbessern, mehr für die Effizienz als für die Liebe gedacht. Das wichtigste aber ist, daß wir durch den Mythos der Erfüllung niemals die besten Teile der menschlichen Seele kennenlernen: unsere Leere, unsere Unvollständigkeit und unsere radikale Sehnsucht nach Liebe. Wir sind gar nicht auf vollständige Erfüllung angelegt: Wir sind dafür gedacht, einen Geschmack von ihr zu bekommen, uns nach ihr zu sehnen und auf sie hin zu wachsen. So treten wir in den Kreislauf der Liebe ein, die zum Leben wird und wieder zur Liebe. Wenn wir unsere Leere nicht finden, finden wir auch unsere Hoffnung nicht.

Die geheime Hoffnung in der Leere
Leere, Sehnsucht und Unvollständigkeit: In diesen unangenehmen Worten steckt eine Hoffnung auf unfaßbare Schönheit. Und genau in diesen Eigenschaften unseres Selbst – Eigenschaften, die scheinbar so schrecklich sind, daß wir den größten Teil unserer Zeit mit dem Versuch verbringen, sie zu beseitigen oder abzuleugnen –, in genau diesen Eigenschaften finden wir das Ziel unserer tiefsten Sehnsüchte: Hoffnung für die menschliche Seele und Freiheit für die Liebe.

Das ist ein Geheimnis, das jene kennen, die den Mut hatten, ihrer eigenen Leere ins Gesicht zu blicken. Wenn wir lieben und wenn wir uns auf die Liebe zum Leben, wie es eigentlich gedacht ist, einlassen, liegt das Geheimnis darin, daß wir uns mit unserer Sehnsucht anfreunden, statt ihr aus dem Weg zu gehen, daß wir mit ihr leben, statt sie auflösen zu wollen und daß wir in die Weiten unserer Leere eintreten, statt zu versuchen, sie vollzustopfen.

Ich habe lange gebraucht, um dieses Geheimnis zu verstehen, und ich vergesse es immer noch viele Male am Tag. Mit der Leere vertraut zu werden ist eine sehr sensible Sache. Das fordert soviel an Unmittelbarkeit und Verwundbarkeit, daß mein Herz dadurch in einen sehr zerbrechlichen Zustand gebracht wird. Ich kann es nicht alleine wahren, und es gelingt mir überhaupt nur durch die Vollmacht der Gnade. Trotzdem bin ich nirgendwo anders wirklicher ich selbst als hier. Nur so gewinnt das Gewebe aus Sucht und Liebe pulsierendes, farbiges Leben.

Einige ehemalige Süchtige entdeckten das Geheimnis, als sie erkannten, daß der furchteinflößende Leerraum, den die aufgegebene Sucht in ihnen zurückgelassen hatte, wie ein Gefäß war, ohne Inhalt, aber voller Möglichkeiten. Die Heldin in Erica Jongs »Any Woman's Blues« entdeckt, während sie wieder gesund wird: »Ich bin kein Opfer des ›Schicksals‹. Ja, der Gott, die Göttin, die höhere Macht, der heilige Geist, wirkte durch mich. Ich war ein menschliches Gefäß für eine göttliche Kraft. Aber ein Gefäß zu sein war nicht das gleiche wie ein Opfer oder eine Marionette zu sein. Das Leben durchfloß mich, und deshalb mußten mein Leben und meine Seele respektiert werden.«[5]

Es gibt Künstler, die das Geheimnis entdeckten, als sie das durchmachten, was Etty Hillesum das Schlachtfeld unseres inneren Raumes nannte: »Das eigene Innerste in eine weite, leere Ebene verwandeln, damit etwas von Gott und etwas von der Liebe in dich eindringen kann.« Etty Hillesums Leben endete in Auschwitz im Konzentrationslager, aber ihre Hoffnung und erstaunlicherweise auch ihre Lebensfreude und Dankbarkeit haben ihre Vernichtung überlebt, um uns zu erreichen.[6]

Die Not, in die wir durch andere Menschen geraten, kann uns, genau wie die Not, die uns unsere eigenen Süchte verursacht, das Geheimnis lehren. Doch wir lernen es nur, wenn wir den Mut haben, unserer Leere mit ungeschützter Klarheit ins Gesicht zu sehen. Es war im neunzehnten Jahrhundert in Maryland, als der junge Frederick Douglass beim Versuch, lesen zu lernen, auf seine innere Leere stieß: »Es öffnete meine Augen für diese schreckliche Hölle, aber ich sah keine Leiter, die herausführte.« Douglass war ein äußerst mutiger Mann, was allen sichtbar wurde, als er sein Leben für seine Schwestern und Brüder riskierte. Doch darunter war noch eine tiefere, frühere Tapferkeit. Er war bereit, die Schmerzen seiner eigenen Sehnsucht zu erleben. Er beschloß, nicht vor seiner eigenen Wahrheit davonzulaufen.[7]

Es gibt eine Reihe von Gründen, warum wir für andere Menschen etwas tun. Wir tun gute Taten, weil wir Angst oder Schuldgefühle haben oder uns wichtig machen wollen. Wenn wir aber wirklich lieben wollen, wenn wir wirklich auf den Ruf von Gerechtigkeit und Freiheit antworten wollen, müssen wir zuerst den Mut aufbringen, unsere eigene Leere zu sehen. Irgendwie muß es uns sogar gelingen, sie zu lieben. Der Dichter Rilke, ein später Zeitgenosse von Douglass, riet einem jungen Freund: »...und ich möchte Sie... bitten, ...Geduld zu haben gegen alles Ungelöste in Ihrem Herzen und zu versuchen, *die Fragen* selbst liebzuhaben... *Leben* Sie jetzt die Fragen...

Vielleicht ist über allem eine große Mutterschaft, als gemeinsame Sehnsucht.«[8]

Wir alle kennen Erfahrungen der Leere. Manche dieser Erfahrungen teilt sich die gesamte Menschheit, zum Beispiel der Verlust von Liebe, Jugend oder Gesundheit oder das Mitgefühl für das Leid anderer sind universal in der gesamten Menschheit. Sie sind Ausdruck dessen, was Rilke die große Mutterschaft gemeinsamen Sehnens genannt hat. Aber manche Erlebnisse haben nur wir allein. Wir bewahren sie in geheimen Plätzen in unserem Herzen auf und berühren sie nur, wenn wir allein sind. Jeder, der sich der Leere stellt, wird in diesem Moment kontemplativ, denn er oder sie sieht die Wahrheit, so wie sie ist.

Es sind jedoch die Mystiker, die die Angst und die Schmerzen ebenso wie die Freude und die Freiheit beim Eintreten in die Leere am besten kennen. Sie haben beschlossen, sich mit dem auseinanderzusetzen, auf das wir anderen alle erst mit der Nase gestoßen werden müssen. Sie haben sich danach ausgestreckt und sich selbst ergeben, um den Hunger und die Gebrochenheit ihrer eigenen Herzen und unserer Welt rein und klar zu erfahren. Sie haben willentlich danach gesucht, sich ihrer eigenen Möglichkeiten der Betäubung zu entledigen. Sie haben Anspruch erhoben auf ihren Wunsch, die Strahlen der Liebe auszuhalten, koste es, was es wolle.

Juliana von Norwich schrieb an der Wende zum fünfzehnten Jahrhundert: »Ich lernte, mich vor meiner Unbeständigkeit zu fürchten. Ich weiß ja nicht, auf welche Weise ich fallen werde. Das hätte ich gerne gewußt – natürlich nicht ohne tüchtige Angst davor zu haben. Aber ich bekam keine Antwort.« Sie stellte sich ihrer Angst und konnte weitermachen: »Ob wir fallen oder ob wir wieder aufstehen, wir sind gehalten von der gleichen kostbaren Liebe. Die Liebe, in der uns Gott erschuf, war ohne Anfang. In Ihr haben wir unseren Anfang.«[9]

Weite ist immer ein Anfang, ein Potential, ein Raum, um etwas Neues zur Welt zu bringen. Raum ist nicht dazu da, um gefüllt zu werden, sondern um neues zu schaffen. In diesem Raum finden wir – in dem Maß, in dem wir die Wahrheit über unser Leben aushalten können – die immer neue Anwesenheit der Liebe. Nehmen Sie sich also Zeit und schaffen Sie den Raum. Suchen Sie ihn, wo und wie auch immer Sie ihn finden können. Es spielt keine Rolle, wie, und auch die Erfahrung, die Sie dabei haben, ist zweitrangig. Suchen Sie die Wahrheit, nicht das Bequeme. Suchen Sie das Wirkliche, nicht das Leichte.

Vielleicht haben Sie schon einen bewußten Rhythmus des Gebets, der Meditation oder der Reflexion. Wenn ja, dann muß sich die Form vielleicht gar nicht ändern. Schauen Sie sich nur an, was Sie tun und was es für Folgen hat. Wird durch die Art, wie Sie vorgehen, Raum möglich, oder füllen Sie alles mit spiritueller Aktivität aus? Ist es für Sie eine Zeit unmittelbarer Gegenwärtigkeit, in der Sie einfach da sein können? Oder ist es für Sie eine Routine, in der Sie eher Langeweile als Wachheit finden und eher konzentrierte Aufmerksamkeit als Offenheit für das, was ist?

Ich habe die Erfahrung gemacht, daß über kurz oder lang alles Routinemäßige für mich zu Gewohnheiten wird, hinter denen ich mich verstecke. Ich kann die beste Übung, die mit größtmöglicher Wahrscheinlichkeit zur Gegenwart in der Weite führt, nehmen und in Handlungen verwandeln. Dann mache ich die Übung mechanisch und gehe so dem Raum gänzlich aus dem Weg. Deshalb muß ich immer wieder frischen Wind in meine spirituelle Praxis bringen. Ich bin vielleicht sehr an eine bestimmte Gebets- oder Meditationszeit gewöhnt, aber wie sieht meine Motivation gerade heute aus? Was erhoffe ich mir wirklich? Kann ich meine Sehnsucht neu in die Hand nehmen und meine Absicht noch einmal ausrichten, so daß ich jedes Mal darangehe, als wäre es das erste Mal? Kann ich meine Hoffnung so für mich in Anspruch nehmen, daß es ein Neuanfang wird?

Wenn Sie noch keinen solchen Rhythmus haben, möchte ich Sie ermutigen, einen herzustellen. Wenn Sie so wie ich sind, dann wird das nicht leicht. Doch ich bin überzeugt, es ist den Kampf wert. Es geht nicht um Erfolg oder Scheitern – der Versuch allein ist schon wertvoll.

Ihr erster Schritt ist, nach Leerräumen zu suchen, die natürlicherweise in Ihrem Leben vorkommen. Wir alle haben solche Räume, und sie können uns etwas darüber sagen, was speziell für uns richtig ist. Vielleicht entdecken Sie solche Räume nach Beendigung irgendwelcher Arbeiten. Momente, in denen Sie sich strecken und umhersehen und einfach nur da sind. Können Sie solche Momente ausdehnen, sie etwas länger auskosten? Vielleicht gönnen Sie sich manchmal ein gemütliches heißes Bad, oder Sie genießen die Stille vor dem Schlafengehen oder nach dem Aufwachen. Vielleicht entdecken Sie den Leerraum in der Natur oder bei der Gartenarbeit, in der Musik oder beim Frühsport. Gehen Sie in aller Ruhe gedanklich einen typischen Tag durch. In welchen Momenten werden die Augenblicke der Weite am wahrscheinlichsten auftauchen? Sind da Momente darunter, die Sie sofort mit Fernsehen, Lesen, Trinken oder irgendeiner anderen Beschäftigung, die ihr Bewußtsein dämpft, füllen, die Sie vielleicht sogar Entspannung nennen? Können Sie einige dieser Momente erweitern und bewußter machen, ohne daß sie sich dadurch allzu gewollt oder künstlich anfühlen?

Darüber hinaus sollten Sie wenigstens versuchen, jeden Tag eine bestimmte Zeit freizumachen, morgens oder abends, vielleicht auch beides, die einfach und ausschließlich dafür gedacht ist, nur zu *sein*. Am Anfang dauern solche Zeiten vielleicht nur wenige Minuten. (Auch bei mir dauern viele Zeiten nur wenige Minuten und das nach mehr als zwanzig Jahren Erfahrung.) Eine Freundin von mir fing jeden Morgen während der Zeit an, in der ihr Kaffee durch die Maschine lief. Meines Erachtens nach hat es wenig Wert, länger dabei zu bleiben, als Sie frisch und präsent sein können. Wenn Sie Geschäftigkeit oder Langeweile überkommt, dann gehen Sie vielleicht am besten zur Tagesordnung über und kehren später dazu zurück. Laufen Sie andererseits nicht gleich weg, wenn die ersten unterdrückten unerfreulichen Gefühle auftauchen. Lassen Sie sie zu und bleiben Sie ein wenig bei dem, was da ist.

Sich am Morgen so einen Zeitraum zu reservieren, egal wie kurz er ist, schafft möglicherweise eine Art innerer Einstellung (das klassische Wort dafür ist Disposition) für den Tagesanfang. In dieser Zeit können Sie den Tag und sich selbst für den Tag heiligen, indem Sie Ihr Gebet um tiefere Liebe an Gott richten. Am Abend können diese Zeiten auch ein wenig Nachdenken über den Tag einschließen. Gab es Momente der Weite und echter Gegenwärtigkeit? Gab es für Sie Augenblicke, in denen Sie die Liebe spürten? Welche Unternehmungen oder Situationen haben Sie gefangengenommen und als Geisel eines bloßen Funktionierenmüssens oder der Angst gehalten? Und wo ist die Weite jetzt, in diesem Moment am Ende des Tages? Wonach suchen Sie jetzt? Was ist der tiefste Wunsch, mit dem Sie in den Schlaf gleiten können?

Zu guter Letzt, halten Sie Ihre Augen offen nach längeren Leerräumen. Überlegen Sie sich die Teilnahme an längeren spirituellen Retraiten, an stillen Tagen oder kontemplativen oder meditativen Gebetsgruppen, in denen Sie eine Zeitlang ganz und ungestört einfach nur sein können. Denken Sie daran: Ich spreche nicht von mit Gespräch oder Aktivität ausgefüllten Zusammenkünften, die manchmal Retraites oder spirituelle Gruppen genannt werden, sondern von Zeiten, in denen Menschen allein oder gemeinsam echte Stille und Tiefe suchen. Probieren Sie aus, ob Sie Raum besser allein oder mit anderen zusammen finden. Betrachten Sie Ihren eigenen Sabbat. Können Sie hier etwas Zeit für sich beanspruchen, in der es ein Selbstzweck ist, einfach nur zu sein? Welche Art von Unterstützung brauchen Sie von anderen Menschen, die Ihnen hilft, danach zu streben?

Ich habe Ihnen vorgeschlagen, in Ihrem Leben drei Arten von Leerraum zu suchen: Kurze Augenblicke mitten in Arbeit und Spiel, regelmäßig ausgesparte Zeiten am Tag und in regelmäßigen Abständen Zeiten echter Zurückgezogenheit. Ich hoffe, daß Sie zu all diesen Zeiten, genauso wie in jedem anderen Moment Ihres Lebens, die Weite des unmittelbaren Augenblicks suchen, die Weite der Gegenwart. In diesem einen einzigen Augenblick, hier und jetzt, vereinigen sich alle drei Arten der Weite: die Gestalt, weil es hier ist, die Zeit, weil es jetzt ist, und die Seele, weil Lebendigkeit aus der Unmittelbarkeit geboren wird.

Genau wie ich werden Sie der Weite der Gegenwart Widerstand entgegensetzen. Manchmal werden Sie merken, daß Sie sich ihr einfach nicht aussetzen wollen; vielleicht ist es zu schmerzhaft, oder Sie müssen zu viele andere Dinge dafür loslassen. Das ist in Ordnung, versuchen Sie nicht, etwas zu erzwingen. Wenn Sie Ihr Gegenwärtigsein erzwingen wollen, nur weil Sie denken, Sie *müßten*, dann würgen Sie sich selbst ab. Echte Gegenwärtigkeit entsteht nicht durch Zwang.

Aber immer öfter wird es Momente geben, in denen Sie merken, daß Sie sich trotz Ihres Widerstandes nach Gegenwärtigkeit sehnen; sie wünschen es zutiefst, ungeachtet des Schmerzes, den es beinhaltet, des Verzichts, den Sie ertragen müssen. Wenn das passiert, dann bete ich um Hilfe: »Gott, Du bist jetzt hier, hilf mir, hier zu sein.« Oder ich wiederhole einen dieser unschätzbaren Sätze: »Augenblick der Gegenwart, wundervoller Augenblick«, »ungetrübte und umfassende Gegenwart«, »übe das Gegenwärtigsein«, »ständig erneuerte Unmittelbarkeit«, »sei jetzt hier«, »werde still und erkenne«, »Kommet her zu mir«, »Trage die Strahlen«.

Ich versuche auch, mir meine Erfahrungen ins Gedächtnis zu rufen: die zwei wichtigsten Fakten über die Weite des gegenwärtigen Moments. Egal, wie der Augenblick erscheint, ob voll Staunens oder leer und fruchtlos, *er ist immer genug*. Und egal, wie einmalig die Freude oder der Schmerz ist, den ich in diesem Augenblick fühle, *es ist nie mehr, als ich tragen kann*.

Die Leere des weiten Raumes des gegenwärtigen Augenblicks genügt. Sie enthält alles, was wir brauchen, um den nächsten Augenblick mit Liebe zu beginnen, es braucht nur unsere bereite, antwortende Gegenwart, hier und jetzt. Und wir können jede Erfahrung aushalten, die wir in der Weite des gegenwärtigen Moments erleben. Es scheint unmöglich, wenn wir denken, wir müßten es auch in Zukunft aushalten, doch hier und jetzt ist es nicht zu viel.

Dafür gibt es keine Ausnahmen: kein körperlicher Schmerz, keine psychische Störung und keine Gefühlsqualen, keine Beziehungsprobleme, auch kein Krieg, keine Unterdrückung oder kein Verlust, keine spirituellen Schmerzen und auch nicht der Tod. Die Liebe ist uns zu nahe, als daß es Ausnahmen geben könnte.

Kapitel 6   PRAXIS

Mein Herz ist bereit,
ich will dir singen und spielen,
ich will die Morgenröte wecken!
Psalm 57

Echte spirituelle Praxis ist nichts weiter als in die Tat umgesetzte Heiligung. Sie besteht darin, daß wir unsere tiefste Sehnsucht wahrnehmen, sie als neugeborene Hoffnung für uns in Anspruch nehmen, sie Gott opfern, und sie bewußt so umfassend wie möglich leben. In ihrer höchsten Form ist Praxis die aktive Suche nach Raum für die Seele und Freiheit für das Herz, sich zu sehnen und zu singen, zu leiden und zu spielen.

In diesem Sinne enthält die Praxis zwar spirituelle Übungen oder Methoden des Gebets und der Meditation, sie beschränkt sich aber nicht allein darauf. Praxis schließt alles ein, was Sie in Ihrem Leben mit einer geheiligten Absicht tun. Praxis bedeutet, sich um eine liebevolle und wache Gegenwärtigkeit in Ihrer Arbeit zu bemühen. Sie bedeutet, offen zu sein, für das, was ist, wenn Sie von Ort zu Ort gehen oder fahren oder sich bewegen. Und sie bedeutet die Hoffnung, die Gegenwart Gottes im Tun und in der Stille nicht zu vergessen.

Praxis ist teilnahmsvolle, betende Hoffnung, Hoffnung, auf die Sie sich festgelegt haben, Hoffnung, für die Sie sich selber gegeben haben. Sie haben Ihr eigenes Gespür für den Sinn dieser Hoffnung, aber es wird damit zusammenhängen, daß Sie die Gabe der Liebe spüren und auf sie reagieren, daß Sie sich während der ganzen Ta-

120

gesarbeit an Gottes Gegenwart erinnern und die Wahrheit von der Allgegenwart der Liebe Wirklichkeit werden lassen. Praxis ist der Akt lebendiger Hoffnung, nicht Erfolg, Leistung oder Meisterschaft, sondern aktive, kraftvolle Bereitschaft. Das ist die Praxis des betenden Lebens, die Praxis lebendiger Liebe, die Praxis der Gegenwart Gottes.

Visionen der Praxis
Die Gestalt und die Atmosphäre der Praxis hat unendlich viele authentische Ausdrucksmöglichkeiten. Wenn Sie sich zum Beispiel Gott in erster Linie als transzendent – Gott als das Heilige, ganz andere – vorstellen, dann heißt Praxis, Ihre Hände zu öffnen und Gottes Gabe der Liebe bewußt anzunehmen, sie wahrzunehmen und auf sie zu antworten. Wenn Sie Gott mehr als immanent erleben – Gott in Ihnen und präsent in der ganzen Schöpfung –, dann bedeutet Praxis, voll und bewußt die Person zu sein, die Sie sind, Ihre Sehnsucht in Anspruch zu nehmen, Ihrer Hoffnung Ausdruck zu verleihen und so umfassend zu lieben, wie Sie es vermögen. Wenn Sie sich besonders Ihres Willens und Ihrer Absicht bewußt sind, dann ist Praxis mehr eine Frage der psychologischen Klugheit: Sie versuchen sich etwas bewußt zu machen, Sie bemühen sich um unmittelbare Präsenz, sie vermeiden bewußt Betäubung oder Ablenkung. Wenn bei Ihnen die Zugehörigkeit zur Gemeinschaft der Menschen, die zu Gott gehören, im Vordergrund steht, dann bedeutet Praxis, daß Ihnen das Menschsein jetzt und in der Geschichte immer wichtiger wird und die Bereitschaft zur Teilnahme an Freude und Leid der anderen.

Jede dieser Möglichkeiten stellt einen authentischen Ausgangspunkt dar, beruhend auf den Sichtweisen und den Einstellungen, mit denen Sie an die Praxis herangehen. Keine besondere Sichtweise ist in und für sich selbst vollständig; das Geheimnis der Liebe wird unsere Sicht immer mehr erweitern. Für manche Menschen liegt eine umfassendere Sicht in der Idee der Mitschöpfung. Hier ist Praxis ein geheimnisvolles Ineinanderwirken göttlicher Gnade und menschlicher Absicht. Hier finden Sie Gott und alle menschlichen Wesen, und sie arbeiten, wachsen, lieben, kämpfen, spielen, leiden und feiern gemeinsam. Aber das entspricht keinem unserer Modelle von Gemeinsamkeit. Mitschöpfung ist etwas viel Intimeres als

Teamarbeit, umfassender als Kameradschaft, weiter als die romantische Liebe und radikaler als jede Form menschlicher Beziehung.

Praxis läßt sich auch als eine Art des *Lernens* sehen. Unser Verstehen wächst in der Praxis, nicht so sehr unser intellektuelles Begreifen, sondern eher so, wie unser Verständnis von Regen wächst, wenn wir darin umherlaufen, oder unser Verständnis von Wind, wenn wir eine Brise spüren. Das, was wir in der Praxis lernen, ist direkt, spürbar und anwendbar. Durch die Praxis lernen wir eine Menge Dinge über uns selbst, über andere Menschen, über die Welt, über Gott und die Liebe. Manches Lernen geschieht schrittweise, so fein, daß wir es gar nicht bewußt wahrnehmen. Anderes Lernen erscheint als Durchbruch: Ein Moment hell leuchtender Erkenntnis. Noch eine andere Weise des Lernens geschieht so, daß in manchmal schmerzlicher Weise ganze Schichten von Abwehr und Täuschung in uns selbst abgetragen werden und sich uns immer klarer unsere Selbsttäuschung, aber auch unsere Schönheit und unsere Sehnsucht enthüllen. In diesem Sinne bedeutet Praxis, daß die Wahrheit ans Licht gebracht wird.

Jedes Teilnehmen in der Liebe und Wahrheit schafft eine tiefe Verbindung mit der Welt, mit anderen Menschen und mit der ganzen Schöpfung. Wir können unsere Herzen nicht für das öffnen, was ist, ohne den Schmerz, die Ungerechtigkeit und Zerbrochenheit, aber auch die Schönheit und Hoffnung um uns herum zu spüren und darauf zu antworten. Dieses Antworten schenkt uns eine weitere Möglichkeit, die Praxis zu sehen: *Fürsprache*. Fürsprache bedeutet vermitteln oder für jemanden eintreten. Üblicherweise denken wir hier an Fürbittgebete, in denen wir Gott für andere Leute um Hilfe bitten und an aktive Fürsprache, wenn wir Menschen in Not einen Dienst erweisen. Aber jede geheiligte Handlung und jede Teilnahme an der Liebe hat in sich Elemente der Fürsprache. Ein Mönch oder eine Nonne, die in einem Kloster oder in einer Höhle leben, sind – wenn sie Gott wirklich suchen – mit der Not der Welt innigst verbunden. Die Elemente der Fürsprache, die die Praxis enthält, mögen zart sein, aber sie dulden keinen Widerspruch. Wenn sie nicht enthalten sind, dann suchen wir etwas anderes als Liebe.

Wegen ihrer Flüchtigkeit wird die Dimension der Fürsprache oft übersehen. Die Heiligung kann, ohne daß wir es merken, zu einer vagen Formalität verkommen, in deren Schutz wir Nachsicht mit uns selbst üben, statt wirklich auf die Liebe zu antworten. Deshalb rate ich sehr dazu, die Sicht der Praxis, die Sie haben, egal, welche, mit dem Blickwinkel der Fürsprache zu verbinden. Während einer seiner Besuche in Washington D.C. hielt der Dalai Lama eine Rede, in der er dazu aufrief, »einen altruistischen Geist der Erleuchtung« zu entwickeln, indem jeder Mensch »sein Handeln am Wohl anderer ausrichtet«. Es ist im Grunde einfach, wir wenden uns nur an Gott und warten, daß uns jemand oder etwas in den Sinn kommt. Dann sprechen wir im stillen oder laut Sätze wie: »Ich widme diese Zeit Jane«, oder »meine Energie gilt jetzt Menschen, die unterdrückt sind«, oder »Die Gnade dieses Tages soll den Ländern, die von Krieg erschüttert werden, ein wenig Frieden bringen«. Lassen Sie diese »Widmung« aus Ihrer Liebe kommen, und zerbrechen Sie sich nicht den Kopf darüber, ob das effektiv ist. Ich bin davon überzeugt, daß unsere Fürsprachen auf Menschen und Situationen unserer Welt eine echte, praktische Wirkung haben. Ich verstehe es nicht, aber das ist auch nicht nötig. Es reicht, die Kraft der Heiligung und das Geheimnis der Liebe im Sinn zu behalten, und weiterzumachen.

Vertrauen und Risiko

Unsere Sicht der Praxis kann so ausgefeilt sein, wie sie will, es wird immer wieder Dinge geben, die sie sprengen. Es gibt eine wunderschöne Art der Freundschaft mit dem Geheimnis, ein Willkommenheißen des Unbekannten, das es uns ermöglicht anzufangen, ohne daß wir wissen müßten, was alles geschieht, oder was vor uns liegt. Manchmal ist das abenteuerlich, wie eine Reise durch unerforschte Gebiete. Es kann auch risikoreich oder sogar gefährlich scheinen, als ob wir uns unseren Weg im Dunkeln ertasten müßten. Doch in diesem geheiligten Nichtwissen liegt ein vertrauenswürdiges Element, denn es wird von einer Art Führung durchschimmert. Das ist nicht die Art Führung, die sagt: »Tu dies« oder »geh dahin«. Es ist mehr eine Richtung, die sich von einem Augenblick zum nächsten zeigt, als schlichtes bewußtes Sein, in unserer Sehnsucht und unserer Sorge und in Gottes Wirken in unserem Wünschen. Selten ist das Führung, die wir sofort als solche erkennen. Doch sie geschieht, wenn wir so ehrlich wie möglich sind und unsere Heiligung erneuern. Es gibt ein Wort, das manchmal in den Treffen der Quäker benutzt wird: »Der Weg tut sich auf.«

Später können wir auf unser tastendes Suchen zurückschauen und erkennen den Weg, der sich geöffnet hat, und die Gegenwart einer leitenden Hand, die wir damals nicht sahen. Das trifft auf das ganze Leben zu. Sie könnten jetzt anhalten und über Ihre Lebensgeschichte nachdenken. Wer hat Sie dahin gebracht, wo Sie jetzt sind? Wieviel Ihres Lebensweges ist das Ergebnis bewußter Selbstbestimmung? Wieviel lag außerhalb Ihrer Kontrolle? Zu guter Letzt, was war es, das Ihnen durchgeholfen hat? Es geht hier nicht um Determinismus oder Autonomie, sondern um eine geheimnisvolle, gnädige Gegenwart, die tiefer reicht als Kameradschaft und weitaus zarter ist als irgendeine Art der Befehlsgewalt.

Wenn Sie das Gefühl haben, Ihr Leben sei bis jetzt reich und lohnend gewesen, werden Sie wahrscheinlich ein ziemliches Vertrauen in die Gegenwart der Gnade haben. Wenn Sie jedoch Ihr Leben erfüllt mit wenig lohnenden Prüfungen und Schmerzen erleben, dann wird Ihre Bereitschaft zu vertrauen von Argwohn und Abwehr getrübt sein. Ich meine, daß es im Grunde gleichgültig ist, wie stark wir vertrauen, der Weg der Gegenwärtigkeit führt uns an Stellen, die wir uns nicht ausgesucht hätten. Manche dieser Plätze entpuppen sich als wunderschön und voll Freude, andere konfrontieren uns mit unserer Zerrissenheit und der der Welt. In solchen Momenten verwandelt sich das Gefühl des Vertrauens in das Gefühl, ein Risiko einzugehen. Und in diesem Risiko – nicht im Vertrauen – leben wir die Heiligung am umfassendsten.

Eine grundlegende Übung

Nehmen Sie sich jetzt etwas Zeit und versuchen Sie, einige dieser Ideen in konkrete Erfahrung umzusetzen. Es gibt keine einzige Übung, die für Sie maßgeschneidert wäre, aber die folgenden Vorschläge werden Ihnen eine erste Erfahrung verschaffen, die Sie vereinfachen und Ihrer persönlichen Art beziehungsweise Ihren Umständen anpassen können. Wenn Ihnen die Vorschläge helfen, Sie aber das Gefühl haben, es sei schwierig, sie gleichzeitig zu lesen und zu befolgen, dann sprechen Sie vielleicht *Ihre Version* davon auf Band und spielen sie sich vor.

– Arrangieren Sie zunächst alles so, daß Sie sich sammeln und innerlich ausrichten können. Vielleicht holen Sie ein paar Mal tief Atem, strecken sich und bringen Ihren Körper in eine Stellung, in der Sie sich bequem und wach fühlen.

– Wenn Sie können, sprechen Sie ein kleines Gebet, um Ihre ehrliche Hoffnung für die folgende Zeit auszudrücken. Konstruieren Sie nichts, sondern sehen Sie, ob Sie bereits ein wenig Ihrer Sehnsucht in Anspruch nehmen können.

– Gibt es eine einfache Art, in der Sie diese Zeit irgend jemandem oder etwas widmen können? Fallen Ihnen Menschen oder Situationen ein, die besonders der Heilung und der Gnade bedürfen? Wenn das der Fall ist, machen Sie aus dieser Zeit ein Opfer zu deren Gunsten.

– Schauen Sie sich um und nehmen Sie wahr, was es um Sie herum zu sehen gibt. Hören Sie auf die Geräusche, besonders auf die, die Sie normalerweise überhören. Machen Sie Ihre Sinne offen und durchlässig. Lassen Sie die Dinge stehen, soweit Sie das können, etikettieren Sie nichts und urteilen Sie nicht.

– Nehmen Sie wahr, wie sich Ihr Körper anfühlt. Die Spannungen und das Unbehagen und auch die angenehmen Gefühle. Spüren Sie Stück für Stück jeden Körperteil von Kopf bis Fuß. Sie müssen sich dabei nicht entspannen, vermeiden Sie sogar auf jeden Fall krampfhafte Entspannungsversuche. Wenn sich von selbst Entspannung einstellt, lassen Sie sie zu. Wenn nicht, lassen Sie die Anspannung zu, wo sie ist.

– Wenden Sie Ihre Aufmerksamkeit vorsichtig Ihrer Atmung zu und spüren Sie, wie sich Brust und Bauch heben und senken, wie Luft ein- und ausfließt. Versuchen Sie, möglichst wenig bewußten Einfluß darauf auszuüben. Überlassen Sie den Prozeß so weit wie möglich sich selbst.

– Nehmen Sie jetzt Ihre inneren Gefühle und Gedanken wahr. Wie sieht Ihre Grundstimmung aus? Was für Gedanken, Erinnerungen, Bilder und Gefühle haben Sie? Versuchen Sie auch jetzt, alles nicht mehr als für Sie üblich zu benennen und zu beurteilen. Versuchen Sie, die Gefühle zu akzeptieren und stehenzulassen.

– Tauchen Sie mit Ihrer Aufmerksamkeit tief hinunter und suchen Sie ohne Druck nach dem grundlegendsten Bedürfnis, das Sie im Jetzt haben. Sie müssen dabei vermutlich an einer ganzen Menge mehr oberflächlicher Sorgen, Gedanken und Gefühle vorbei.

Lassen Sie sich davon nicht beirren und arbeiten Sie sich so weit hinunter wie möglich. Vielleicht finden Sie nicht besonders viel, oder Sie finden nicht das, was Sie erwartet haben. Es kann Ihnen angenehm oder unangenehm, schön oder bedrohlich vorkommen. Manchmal stoßen Sie ausschließlich auf Widerstand. Seien Sie ehrlich, suchen Sie das, was wirklich für Sie stimmt, konstruieren Sie nichts.

– Behandeln Sie das, was Sie finden, mit Ehrfurcht. Akzeptieren Sie es, selbst wenn Sie es nur schwer aushalten können. Wenn es ehrlich ist, nehmen Sie es an als den Boden, auf dem Sie jetzt stehen.

– Geben Sie alles – auch sich selbst – der Quelle der Liebe. Heiligen Sie Ihre Hoffnung. Heiligen Sie sich selbst. Ich habe keine festen Methoden der Heiligung für Sie, hier muß sich jeder Mensch seinen eigenen Weg suchen. Wie, das hängt von vielen Dingen ab: Von dem, was Sie in sich gefunden haben und wie es Ihnen damit geht, davon, was Gott und Gebet für Sie bedeuten und so weiter. Aber halten Sie sich nicht mit theologischen oder psychologischen Finessen auf. Manchmal ist das echteste Gebet ein verlegenes Gestotter, wie wenn ein kleines Kind seine Wünsche sagen möchte. Geben Sie sich Freiheit, bleiben Sie ehrlich und so geradlinig wie möglich. Falls Gott tatsächlich Gott ist, dann kann er mit Ihren verwirrten Gefühlen und Ihren ungeschickten Worten etwas anfangen und Ihre Wahrheit viel tiefer erfassen und segnen, als Sie das selbst je könnten.

Jetzt öffnen Sie sich so, wie Sie es können, der Liebe. Setzen Sie darauf, daß die Liebe gut und mächtig ist, senken Sie Ihre Schutzschilde und lassen Sie immer mehr Verwundbarkeit zu. Bemühen Sie sich um ganz einfache und umfassende Bereitschaft, hier und jetzt und so vorbehaltlos wie möglich. Machen Sie sich keine Gedanken über Erfolg und Scheitern. Kämpfen Sie nicht gegen sich selbst. Versuchen Sie nicht, irgendeine Erfahrung oder irgendeinen bestimmten Bewußtseinszustand festzuhalten. Versuchen Sie, in allen Höhen und Tiefen Sie selbst zu sein und in jedem Augenblick der Liebe zu vertrauen.

– Wenn Sie merken, daß Sie sich an irgendeinem Punkt anstrengen oder daß Sie zusätzliche Kraft aufwenden, versuchen Sie zu unterscheiden: Ist die Anstrengung natürlich und im Einklang mit Ihrer Erfahrung, oder sind Sie in den Versuch abgerutscht, etwas künstlich zu forcieren? Stimmt das erste, dann lassen Sie den Kampf zu, stimmt das letztere, dann entspannen Sie sich etwas, erneuern Sie Ihre Heiligung und kehren Sie zum gegenwärtigen Moment zurück.

— Wenn es Zeit ist, andere Dinge zu tun, stellen Sie sich das nicht so vor, als ob Sie eine Sache aufhören und eine andere anfangen. Ziehen Sie keine Trennungslinie zwischen vorher und nachher. Lassen Sie statt dessen Ihre Bereitschaft, Ihre Offenheit und Ihr Vertrauen ohne Bruch in das einfließen, was Sie als nächstes tun. Ihr Tun und die Situation können sich verändern, ihre Sehnsucht und die Einstellung Ihres Herzens kann noch eine Weile andauern. So wie Künstler ihre Pinselstriche vermalen, daß es keine deutliche Grenze zwischen einem Pinselstrich und dem nächsten mehr gibt, so lassen Sie Ihre Gegenwärtigkeit in Ihre anderen Aktivitäten hineinfließen.

Einfachheit

Diese Schritte sind für die freigehaltene Zeit entworfen, in der Sie sich ein paar Minuten lang ausschließlich der Übung zuwenden. Aber die Übung ist kein Selbstzweck. Sie soll ein Weg sein, um eine Grundeinstellung zu erforschen und zu vertiefen, die sie dann auch in die anderen Aktivitäten und Zeiten Ihres Lebens einbringen können. Am Anfang sind Sie vielleicht nicht einmal in der Lage, alle Schritte in einem Durchgang zu absolvieren. Später, mit mehr Erfahrung und viel Gnade, können alle Schritte in einer unmittelbaren Leichtigkeit zusammenfließen, nicht nur in freigehaltenen Momenten, sondern mitten in der hektischen Aktivität. So einfach kann es tatsächlich sein.

Passen Sie die Schritte bitte Ihren Bedürfnissen an. Wenn Sie zum Beispiel durch Stillsitzen verspannt werden, dann machen Sie die Grundübung, wenn Sie spazierengehen, joggen, schwimmen oder auch eine einfache Arbeit erledigen. Schließlich hoffe ich, daß Sie Elemente der Grundübung in alles hineinlegen, was Sie tun, in jeden Augenblick.

Das wichtigste ist: Nehmen Sie alles aus der Übung heraus, was Sie für unnötig und zu kompliziert halten. Denken Sie daran, daß spontane kontemplative Augenblicke, Momente reinen Daseins ganz einfache Momente sind. Bewußte Praxis sollte dieser Natürlichkeit so nahe wie möglich kommen. Ich würde vorschlagen, daß echte Praxis die meiste Zeit nicht mehr sein muß, als Ehrlichkeit in bezug auf die eigene Sehnsucht. Wenn es so einfach ist wie das Annehmen eines Geschenkes, dann verlangt die Übung von Ihnen nicht mehr, als daß Sie innerlich symbolisch Ihre Hände öffnen. Wenn Sie die Freiheit zu so einer Einfachheit haben, kann es Ihnen geradezu lästerlich erscheinen, das alles mit extra Aktivitäten zu verkomplizieren. Ich für meine Person weiß: Je mehr ich die Dinge verkompliziere, um so wahrscheinlicher gehe ich der Wahrheit aus dem Weg. Es gibt eine Devise der Anonymen Alkoholiker: K. I. S. S. – Keep it simple, stupid, auf Deutsch: Halt es einfach, du Dummkopf.

Es gibt auch ein altes Lied, das geht so: »Dies ist ein Geschenk, einfach zu sein, dies ist ein Geschenk, frei zu sein.« Und es ist wirklich ein Geschenk. Wenn wir unfrei und in zu viele Dinge verstrickt sind, ist es das beste, was wir tun können, um die Gabe der Einfachheit zu beten. Übungen können dazu beitragen, uns empfänglicher dafür zu machen, doch wir müssen darauf achten, daß sie die Einfachheit wirklich fördern, statt ihr im Weg zu stehen. Der Leitgedanke sollte sein, daß wir in der Übung nicht mehr tun sollten, als nötig ist, damit wir bewußt in der Liebe lebendig bleiben. Wenn Teile der Übung ihren Zweck erfüllt haben, beziehungsweise wenn sie anfangen, aufgesetzt oder künstlich zu sein, dann sollten wir sie weglassen.

Das ist besonders wichtig, wenn die Praxis in die normalen täglichen Aktivitäten übergeht. Vergessen Sie das Sakrament des unmittelbaren Augenblicks nicht, diesen Zustand äußerster Einfachheit, in dem jeder kostbare Moment in den nächsten übergeht in einer unaufhörlichen Folge von neuen Anfängen. Selbst wenn es so aussieht, als sei alles immer das Gleiche, langweilig und ermüdend, und besonders, wenn alles leer zu sein scheint: Jeder Moment ist eine hoffnungsgeladene Aufforderung zu größerer Freiheit und tieferer Liebe. Lassen Sie nie zu, daß Ihre Vorstellungen von Praxis dieser unschätzbaren Spontanität den Weg verstellen. Sie können sie statt dessen zu einem Reagieren und Handeln ohne Zwang umwandeln. Ihre Heiligung setzt sich stärker als je zuvor fort, aber Natürlichkeit und Leichtigkeit ersetzen mit der Zeit Künstlichkeit und

Einschränkung. Einfachheit und Freiheit entstehen miteinander, wie eins. Diese sich bildende Bewegung ist sehr subtil, immer aber mit der Richtung, daß die Praxis immer spontaner wird, genau wie ein volles und natürliches Leben in der Liebe.

Kritisches Handeln

Vielleicht fragen Sie sich, wie vertrauenswürdig Ihre Spontanität und Ihre Natürlichkeit sind. Wenn in Ihnen ein Drang zu handeln entsteht, wie können Sie erkennen, ob das spontane Natürlichkeit ist, die in der Liebe und der Wahrheit gründet, oder nichts weiter als wieder ein konditionierter oder zwanghafter Impuls? Was ist der Unterschied zwischen echter, dauerhafter Sehnsucht und einer vorübergehenden Laune? Ihre Erfahrung wird sich wieder etwas von meiner unterscheiden, lassen Sie mich dennoch meine Erfahrung als Beispiel nehmen.

Manchmal, wenn ich bewußt eine Übung wie die oben beschriebene durchführe, spüre ich plötzlich den Drang, zu jauchzen oder aus dem Zimmer zu rennen und die Straße entlang zu tanzen. Ich habe so etwas auch schon in geschäftlichen Besprechungen erlebt. Mitten in einer Einkaufsstraße überfällt mich plötzlich der Wunsch, eine völlig fremde Person zu umarmen. Oft empfinde ich soviel Liebe und Zärtlichkeit für die Menschen, mit denen ich arbeite, daß ich sie mir nehmen und ihnen einen Kuß mitten auf den Mund drücken möchte. Und es kann passieren, daß ich mit Leuten zusammen bin, die sehr ernst sind oder vielleicht sogar großen Schmerz erleiden, und ich will auf einmal loslachen.

Ich möchte spontan lieben können, aber ich will auch verantwortungsvoll sein. Ich will es richtig machen. Ich will frei sein, die radikalen Bewegungen der Liebe mitzumachen, und ich bin bereit, die Grenzen von Konvention und Anstand zu übertreten, aber ich will nichts wirklich Falsches oder Verletzendes tun. Wie kann ich das unterscheiden? Hätte ich eine Spiritualität der ständigen Kontrolle und Passivität, wäre es leicht. Ich könnte einfach versuchen, keinem dieser Impulse nachzugeben. Aber so ist es nicht. Die Liebe mag geduldig und vergebend sein und fähig, alles zu ertragen, aber sie erstickt das Leben nicht.

Viele Menschen gehen davon aus, daß die Heilige Schrift uns mit einem Maßstab für richtiges Handeln versieht, und im Grunde stimmt das auch. Sie gibt uns Grundprinzipien, aber sie ist auch ein lebendiges, liebendes Wort, und deshalb vertieft sie meine Fragen zu bestimmten Situationen eher, als daß sie sie beantworten würde. Auch unsere Glaubensgemeinschaften sollen uns helfen, zu erkennen, was die Liebe von uns will, aber ich kann nicht jedesmal, wenn mich so ein Impuls bedrängt, einen Entscheidungs-Ausschuß einberufen. Zum Thema »Wie unterscheide ich die Geister, wenn ich eine Entscheidung treffe?« gibt es dicke Bücher, aber im Moment der Eingebung reicht die Zeit nicht, um über diese Methoden nachzudenken. In diesem Augenblick können wir uns auf nichts stützen außer der Gnade, und deshalb bete ich. Es ist ein schnelles Gebet um Führung – kaum eine Sekunde lang. Aber Gott rückt in der Regel keine konkreten Instruktionen heraus. Wenn ich auf eine schwierige Frage eine detaillierte Antwort will, dann erlebe ich meistens ein Gefühl wie »vertrau mir« oder etwas ähnlich Wunderbares, aber wenig Hilfreiches. Ab und zu gehe ich der Sache richtig auf den Grund, in einem gesprochenen Dialog mit Gott. Ich stelle Fragen, und es kommen Antworten. Dann frage ich mich natürlich: Ist das nun Gott oder mein Ego? Also frage ich Gott: »Gott, bist das nun Du oder Ich?« Und als Antwort kommt zurück: »Ja.« Ach ja. Nirgends in der Bibel steht, Gott sei nicht frustrierend. Wenn Gott mich nicht mit detaillierten Richtlinien und Erläuterungen beliefert, dann kann ich Ihnen kaum den Unterschied zwischen radikaler Liebe und impulsivem Zugreifen, zwischen spontaner Natürlichkeit und flüchtiger Laune erklären. Ich bin oft auf Gott sehr wütend, weil er sich versteckt, wenn ich mich so alleine fühle, und weil er mir keine Instruktionen gibt, wenn ich es richtig machen will. Meistens allerdings – wenn ich meine fünf Sinne beisammen habe – bin ich wirklich dankbar dafür. Nur so kann Gott meine Freiheit wirklich achten. Ich weiß, daß er sich aus Liebe verbirgt.

Wenn in uns eine Sehnsucht aufsteigt, und wir haben nichts als unsere unwissende Abhängigkeit von der Gnade, dann wissen wir oft wirklich nicht mehr weiter. So frustrierend und schmerzhaft dieses Dilemma auch sein mag, es liegt eine tiefe Schönheit darin. Genau in diesen Momenten des Nicht-mehr-weiter-Wissens erkennen wir am lebhaftesten, daß wir die Gnade brauchen. Wenn Sie ernsthaft darüber nachdenken, werden Sie merken, daß Ihre Liebe größer, voller und wacher und vielleicht sogar freudiger ist als in

Zeiten der Sicherheit. Der Überfluß des Lebens zeigt sich am deutlichsten, wenn Gott *keine* Antworten bereitstellt. Das hält mich nicht davon ab, Antworten zu wollen oder sogar verzweifelt zu toben, wenn sie nicht kommen. Das verstärkt auch nicht gerade meinen inneren Frieden in der jeweiligen Situation, aber um die Wahrheit zu sagen, ich möchte es nicht anders haben.

Nichtwissen bedeutet, wir müssen auf Gottes Gegenwart, Liebe und Güte vertrauen. Es bedeutet nicht, daß wir ganz allein wären und auch nicht, daß wir keine Hilfe bekommen. Das Nichtwissen zeigt uns in einer seltsamen Mischung aus Verlassenheit und Unterstützung, daß wir mehr von der Wahrheit lieben, als wir selbst merken.

Ich bin sicher, Sie haben schon ein Gespür dafür, wie es sich anfühlt, von Zwängen, Gier und Angst getrieben zu sein. Sie wissen aus eigener Erfahrung, wie es ist, wenn Sie der Gnade davonlaufen und die Dinge in die eigene Hand nehmen wollen, damit sie so ausgehen, wie Sie das wollen. Sie wissen, wie Sie sich fühlen, wenn Sie allein sind und nichts haben, um sich darauf zu stützen außer Ihren eigenen verzweifelten Strategien.

Sie kennen aber auch das andere Ende der Skala, das Gefühl von Machtlosigkeit und Opferdasein. Sie wissen, wie demütigend es ist, eine Marionette oder eine Schachfigur zu sein und weder von Liebe noch vom Willen gelenkt zu werden, sondern von den Erwartungen anderer Leute, von den Regeln des Anstands, den eigenen Süchten oder dem Fluß der Umstände.

Überlegen Sie einmal. Rufen Sie sich Situationen ins Gedächtnis, in denen Sie mit den Extremen des Spektrums zwischen einsamer Selbstbestimmung und erniedrigender Passivität in Berührung gekommen sind. Am einen Ende haben wir anscheinend nichts als unseren Willen, um uns selbst über die Runden zu bringen. Am anderen Ende scheint es so etwas wie einen Willen überhaupt nicht zu geben. Wenn Sie sich daran erinnern und sich vielleicht vorstellen können, wie sich diese Extreme anfühlen, dann haben Sie eine gute und ganz wesentliche Richtlinie, um spontane Entscheidungen zu fällen: Fühlt es sich so an, lassen Sie es bleiben.

Auf diese Art haben Sie eine Warnung, ein »Tun Sie es nicht«. Gibt es einen positiven Maßstab, um diesen negativen zu ergänzen, ein »Tun Sie das«? Psychologisch betrachtet könnten wir die goldene Mitte suchen und versuchen, von da aus zu leben. In der Tat ist das der Platz der psychosozialen Gesundheit und Effizienz. Das wird Ich-Stärke, emotionale Reife und Individuation genannt. Auch das kennen Sie. Es gab immer wieder Zeiten, in denen Sie ein gutes Gespür für sich hatten und sich integriert und gesund fühlten. Das ist angenehm. Sie können sich auch wirklich die Erfahrung der Mitte ins Gedächtnis rufen und als Maßstab für Ihre aktuelle Wahl nehmen. Das ist der Maßstab des gesunden Menschenverstands, aber ich möchte nicht so weit gehen, zu sagen, »tun Sie es, wenn es sich so anfühlt«.

Das Problem dabei ist, daß sich Gott weder auf dieses noch auf irgendein anderes Spektrum festlegt. Liebe kommt nicht unbedingt sicher zum Ziel in Verbindung mit psychischer Gesundheit. Ich bin sicher, Gott will uns ganz und gesund in jeder Hinsicht, aber Liebe hängt weder davon ab, noch erschöpft sie sich darin. Tatsächlich kommt aus mancher Zerrissenheit ein Segen, der anders nie möglich gewesen wäre. Wenn ich mein eigenes Leben betrachte, komme ich zu dem Schluß, daß die Gnade in mir manchmal viel stärker wirkte, als ich unnütz und schlecht angepaßt war. Liebe sprengt jede mögliche Anpassung und ruft uns ununterbrochen darüber hinaus. Gott lädt uns zu einer Vereinigung göttlicher und menschlicher Sehnsucht ein, die in keinem Konzept oder Modell zu fassen ist. Wir müssen gänzlich über das Spektrum hinaus.

Das heißt nicht, daß wir sehr mystisch oder unirdisch werden müßten. Unsere Erfahrung der Liebe ist so handfest wie jede andere Erfahrung, wir müssen nur bewußt nach ihr suchen. Ich habe Sie schon mehrfach gebeten, nach Ihren eigenen Anhaltspunkten zu suchen, und ich habe Sie ermuntert, sich an Momente der Liebe, kontemplative Augenblicke und Zeiten echter Präsenz zu erinnern. Ich möchte Sie noch einmal darum bitten, aber dieses Mal mit dem Vokabular der Unterscheidung. Bei welchen Gelegenheiten haben Sie sich Gottes Gegenwart am nächsten gefühlt und waren selbst am umfassendsten liebevoll präsent? Wenn Sie meinen, Sie hätten das nie so erlebt, wann sind Sie dem am nächsten gekommen? Denken Sie an dieses Gefühl und machen Sie es im Gebet zu Ihrem Maßstab. Wenn es sich so anfühlt und Sie sich auf den Boden des Gebets gestellt haben, dann tun Sie, was Sie tun wollten.

Augustinus hat gesagt: »Liebe Gott, und dann tue, was Du

willst.« Viele Leute würden das für zu vereinfacht und schlicht gefährlich halten, aber schauen Sie sich das noch einmal im Geist des Gebets an. Ich habe schon gesagt, Sie können sich dafür entscheiden, in erster Linie Gott zu lieben oder das Böse zu fürchten, den Himmel zu suchen oder vor der Hölle zu flüchten. Wenn Sie sich für die Angst entscheiden, dann werden Sie wahrscheinlich bei dem Versuch, nie einen Fehler zu machen, Ihre Liebe ersticken. Wenn Sie die Liebe wählen, machen Sie sicher einige Fehler, aber Sie werden wachsen und die Welt um Sie herum verändern. Hoffentlich nehmen Sie sich die Freiheit, hier anderer Meinung zu sein, aber ich würde unterm Strich tausend im Übermut der Liebe gemachte Fehler einer Lähmung durch die Mahnungen der Angst vorziehen. Unsere Welt kennt Angst, Abwehr und Mißtrauen nur zu gut, wir könnten eine heilende Dosis ungedämpfter, Fehler machender Liebe gut vertragen.

Wenn Sie – wie ich meistens – eine Absicherung brauchen, fragen Sie sich und Gott, ob Sie durch Ihre Entscheidung jemanden wirklich verletzen könnten. Wenn das der Fall ist, gehen Sie mit Fingerspitzengefühl vor. Nützen Sie alle Mittel, die Ihnen zur Verfügung stehen. Aber handeln Sie, und lassen Sie sich nicht von Angst bestimmen. Haben Sie sich noch nie gefragt, warum den Menschen des Alten und Neuen Testaments, die sich der unmittelbaren Gegenwart Gottes stellen mußten, immer jemand sagen mußte: »Fürchte dich nicht«? Genauso wie Gebet eine gefährliche Sache ist, so ist auch das Handeln in der Liebe eine schreckliche Sache, und sie verlangt von uns das allergrößte Vertrauen in Gott – unser einziger wirklicher Mut.

Strecken und Lockern

Manchmal werden wir von Angst kontrolliert, ob wir das wollen oder nicht. Wir möchten uns immer noch für einen liebevolleren Weg entscheiden, aber wir sind so in Sorgen verstrickt, so angespannt und hart, daß es uns schier unmöglich ist, auch nur ein wenig offene, natürliche, betende Gegenwärtigkeit zu erleben. Dann werden wir uns vermutlich härter anstrengen wollen, damit es so läuft, wie wir wollen. Eine Prise davon ist gut – sie ist ein geradliniger Ausdruck unserer Hingabe. Aber die meisten von uns werden diesen Versuch übertreiben. Wir vergessen unsere Abhängigkeit

133

von der Gnade und verwandeln unsere Gebetsübung in ein Vorhaben mit Eigenantrieb. Dann wird aus Heiligung Konzentration, aus Hingabe Willenskraft, aus Treue Sturheit und aus Bereitschaft Halsstarrigkeit.

Ich habe entdeckt, daß das Konzept »Strecken und Lockern« zu dieser Halsstarrigkeit eine erstklassige Alternative darstellt. Wir können uns nach etwas ausstrecken, ohne danach grapschen zu müssen, wir können uns ausstrecken, um uns zu öffnen, damit wir etwas annehmen können, ohne es festhalten zu müssen. Wenn wir uns körperlich strecken, hilft uns das, unser Körper zu *sein*, statt ihn als Objekt zu sehen. Wir können unseren Verstand strecken und brauchen nicht zu meinen, wir müßten alles verstehen. Wir werden von unseren Rahmenbedingungen gedehnt und können beschließen, uns auszustrecken, um mit ihnen fertig zu werden. In der Absicht können wir unseren Willen ausstrecken und in der Heiligung unsere Herzen.

Doch das Strecken allein ist witzlos, wenn ihm nicht immer das Lockern folgt. Physisch ist das Strecken ein aktives Anspannen von Muskeln und Bändern, das dem Lockern vorausgeht. Das Lockern kann aktiv sein, wir lassen manche Muskeln locker und entspannen andere, manche Gelenke beugen sich, andere strecken sich, so wird die Bewegung flüssig und effektiv. Für den Organismus ist das Strecken und Lockern die natürliche Übergangsphase zwischen Aktivität und Ruhe und zwischen Ruhe und Aktivität. Schauen Sie einer Katze zu, wie sie sich beim Aufstehen oder Hinlegen dehnt und lockert. Katzen haben den Bogen raus. Beobachten Sie auch, wie Kinder sich strecken und lockern, wie entspannt sie im Schlaf sind und wie dynamisch, wenn sie wach sind. Der Grund dafür ist, daß sie ihre Kraft nicht gegen sich selbst wenden. Natürliches Strecken und Lockern bildet eine fließende Harmonie. Wir alle haben uns über den kraftvollen Griff eines Babys gewundert, wie so kleine Muskeln nur so stark sein können. Die physiologische Antwort ist einfach. Beim Zugreifen müssen sich die beugenden Muskeln auf der Innenseite von Hand und Arm zusammenziehen, während sich die Streckmuskeln auf der anderen Seite entspannen. Ein Baby kann das fast perfekt. Die meisten Erwachsenen spannen die Muskeln auf beiden Seiten an – die Konsequenz des »Anstrengens« –, so daß sich die beugenden Muskeln mehr anstrengen müssen, um die

Finger zu schließen. Wir arbeiten gegen uns. Wir bleiben in der Anspannung stecken.

Setzen Sie Strecken und Lockern nicht mit Aktivität und Ruhe gleich. Aktivität und Ruhe sind Grundzustände von Muskeln und Organen, von Verstand, Willen und Herz. Strecken und Lockern sind die Übergangsphasen zwischen diesen Grundzuständen, die – vorausgesetzt, sie können natürlich ablaufen – permanente Beweglichkeit und Fluß erlauben, statt einen verfestigten Dauerzustand. Auf die Gesamtheit unseres Daseins übertragen, sind Strecken und Lockern der Weg, um sich dem unendlichen Rhythmus der Liebe anzuschließen. Im Wechsel zwischen Strecken und Lockern treten wir ein in Vereinigung und Ruhe, Handeln und Schöpfung.

Vor mehr als dreitausend Jahren gab es in der chinesischen Philosophie, die sich schließlich zu Taoismus und Konfuzianismus weiterentwickelte, zwei Grundkräfte. Die starke, vorwärts stürmende Kraft des *ch'ien* und die aufnehmende, nachgiebige Kraft des *k'un* wurden als die Eltern aller Vorgänge des Kosmos angesehen. Zusammen bildeten sie das *t'ai chi* oder den *Firstbalken*, die Urquelle aller Dinge. Im späteren chinesischen Denken werden sie zu den berühmten Yin und Yang der universellen Harmonie.[1]

Wenn Strecken und Lockern in Harmonie zusammenfließen, wird Bereitschaft freigesetzt, die Heiligung verstärkt, die Liebe entfesselt und die Angst überwunden. Die Harmonie kann nicht mit Willenskraft erreicht werden. Wir müssen ihr *erlauben*, sich zu entwickeln, wenn uns die Gnade hilft, unser Gegenwärtigsein zu vereinfachen und unnötige Komplikationen abzubauen. Kehren wir im Blick auf ein Beispiel zu unserer Grundübung zurück. Wenn Ihnen Anspannung den Einstieg in die Übung erschwert, versuchen Sie doch einmal, ob Sie die angespannten Zonen Ihres Körpers strecken können, damit diese sich so zu einem natürlicheren Zustand lockern können.

Stehen Sie auf und strecken Sie Ihren Körper und schütteln Sie Ihre Arme, wie ein Sportler bei seinem Aufwärmtraining. Beugen Sie sich vor und rückwärts, um den Rumpf zu strecken, aber nur soweit, wie es sich angenehm anfühlt. Rollen Sie Ihren Kopf in kleinen Kreisbewegungen, um Ihren Hals zu dehnen. Ballen Sie die Fäuste und öffnen Sie sie wieder, spannen Sie Ihre Zehen an und strecken Sie sie wieder. Strecken Sie die Zehen erst nach unten und dann nach oben. Verändern Sie Ihre Haltung, bis es sich bequem anfühlt und lassen Sie das Lockern einfach natürlich ablaufen, während Sie durch die ersten Schritte der Übung gehen.

Wenn Sie den Schritt der Atemwahrnehmung erreichen und dabei immer noch von Anspannung und Nervosität behindert werden, können Sie auch mit ihrem Atem Dehnungsübungen machen. Kontrollieren Sie Ihren Atem eine Zeitlang bewußt, dann lassen Sie ihn los, damit er sich zu seinem natürlichen Rhythmus lockert. Tiefe Seufzer sind ein Zeichen dafür, daß der Atem sich natürlich dehnt. Gähnen ist ein anderes. Versuchen Sie einen oder zwei Seufzer und lassen Sie ein Gähnen zu.

Das gleiche kann passieren, wenn Sie sich durch Ihre Gefühle zu Ihrer grundlegenderen Sehnsucht hindurcharbeiten. Wenn Ihnen das schwierig vorkommt, dann strecken Sie Ihren Verstand und Ihre Aufmerksamkeit, indem Sie sich eine Zeitlang auf eine einzige Sache konzentrieren. Bleiben Sie an dieser Sache dran, so als ob Sie die Konzentrationsmuskeln ihres Geistes anspannen. Und dann lassen Sie los, genau wie bei den Muskeln und beim Atem. Halten Sie Ihre Aufmerksamkeit nicht mehr unter Kontrolle, lockern Sie sie und sehen Sie dann, was geschieht.

Werfen Sie einen Blick auf Ihren Tagesablauf, ob es Zeiten gibt, in denen Sie sich von Natur aus schon strecken und lockern, und lassen Sie es richtig zu. Sie werden merken, daß Ihr Körper sich häufiger strecken will. Wenn Sie merken, daß ein Gähnen kommt, versuchen Sie alles innerhalb der Grenzen des Takts, um es nicht zu unterdrücken. Erkunden Sie, welche natürlichen Möglichkeiten es gibt, um sich zu strecken und zu lockern, beim Denken, im Gefühl, in Beziehungen, mit den fünf Sinnen, in Arbeit und Spiel. Welche Auswirkungen hat das auf Ihre Gegenwärtigkeit und Ihre Heiligung und umgekehrt? Wie sieht in all dem Ihre Wahrnehmung der Gnade aus?

Ein Übungsprogramm

Bis jetzt habe ich detaillierte Übungsvorschläge mit einer breiten, allgemeinen Erörterung verbunden. Die folgenden Kapitel konzentrieren sich auf besondere Formen der Übung. Die folgende Liste ist deshalb eine Zusammenfassung des bisher Gesagten. Gehen Sie die Liste durch und prüfen Sie im Geiste des Gebets, was davon mit

Ihrer eigenen natürlichen Suche nach der Liebe in Einklang zu bringen ist. Benutzen Sie meine Worte, um das, was in Ihnen schon geschieht, zu verstärken und zu nähren. Wenn das, was ich sage, von Ihrer Erfahrung abweicht, nutzen Sie es als Herausforderung, aber fühlen Sie sich nicht verpflichtet, Dinge zu tun, die für Sie aufgesetzt wären. Sie sind zeitlebens von der Quelle der Liebe ermutigt, beschützt und geführt worden, und Ihre wirkliche Führung wird auch weiterhin von hier kommen, nicht aus den Worten irgendeines anderen Menschen.

– Gebet: Umgeben Sie Ihre Übung mit Gebet. Gebet am Beginn, in der Mitte und am Ende – was gleichbedeutend ist mit dem nächsten Beginn. Beten Sie impulsiv oder überlegt, blitzschnell oder mit großer Sorgfalt, leise oder laut, mit unaussprechlicher Sehnsucht oder dichterischer Schönheit, in hilflos stammelnder Abhängigkeit oder fordernder Verzweiflung. Beten Sie so, wie Sie es vermögen, aber beten Sie. Seien Sie so ehrlich und offen wie möglich und denken Sie immer daran, daß Sie in Ihrer Sehnsucht nicht allein sind. Schon vor Beginn der Zeiten war es und wird es auch immer in erster Linie Gottes Sehnsucht sein. Die Einladung heißt nicht, Sie sollen die Kontrolle übernehmen, sondern Sie sollen mit Ihrer ganzen Existenz daran teilnehmen.

– Raum: Reservieren Sie sich wenigstens einmal am Tag eine Zeit für ihr echtes, hingebungsvolles Gegenwärtigsein im Gebet. Eine Zeit am Morgen hilft Ihnen, den Tag zu heiligen. Am Abend können Sie den Tag noch einmal im Gebet reflektieren und Ihren Schlaf heiligen. Genießen Sie kurze Augenblicke mitten in Ihrer Arbeitszeit, um wieder mit Ihrem Herzen in Berührung zu kommen und Ihre Heiligung zu erneuern. Gönnen Sie sich so regelmäßig wie möglich einen oder mehrere Tage der Zurückgezogenheit. Bemühen Sie sich um einen echten Sabbat, an dem Sie sich selbst und Gott tiefer so sein lassen können, wie Sie und Gott wirklich sind.

– Unmittelbarkeit: Erinnern Sie sich an das Sakrament des gegenwärtigen Augenblicks. Geben Sie sich hinein in das Hier und Jetzt, so vollständig und häufig wie möglich. Das heißt nicht, daß Sie nicht an die Zukunft oder die Vergangenheit denken dürfen, es bedeutet nur, die Gegenwart wahrzunehmen, egal, was geschieht. Entwickeln Sie Hoffnung statt Erwartung, und ein Moment wird zum nächsten in anmutiger Leichtigkeit.

- Übergänge: Gestalten Sie alle Veränderungen sanft. Sorgen Sie dafür, daß alle Übergänge bewußt und fließend sind: Zwischen Zeiten der Ruhe und der Aktivität, zwischen Alleinsein und Gemeinschaft, zwischen Wachen und Schlaf, zwischen einer Situation und der nächsten. Wenn Sie nach einem Gebet »Amen« sagen, lassen Sie es nicht wie »Ende« klingen. Denken Sie daran, daß es ursprünglich die Bedeutung einer Anerkennung hatte: »So sei es«, »tatsächlich«, oder einfach »Ja«.

- Gemeinschaft: Bedenken Sie folgendes: Genausowenig, wie Sie Ihre Liebe vertiefen können, ohne daß Gottes transzendente Gnade in Ihr Leben eingreift, können Sie ohne Gottes immanente Gnade auskommen, die in menschlichen Beziehungen entsteht. Sie brauchen die Unterstützung und die Herausforderung spiritueller Freunde. Öffnen Sie sich, um solche Menschen zu entdecken. Es gibt sie um Sie herum. Sie werden Ihnen geschenkt, und die Gnade wird Sie früher oder später zusammenbringen. Und bemühen Sie sich weiter um eine tiefere Verankerung in Ihrer Glaubenstradition, in der Schrift und im Gemeindegottesdienst, auch wenn das alles große Schmerzen mit sich bringen kann.

- Fürsprache: Egal, wie einsam Sie sich fühlen, Sie sind unwiderruflich mit jedem Menschen und allen Dingen verbunden. Wenn diese Verbindung nicht aus der Suche nach der Liebe und dem Licht besteht, besteht sie aus Ihrer Angst und Ihrer Dunkelheit. Akzeptieren Sie das und beteiligen Sie sich bewußt, indem Sie Ihre Übung dem Wohlergehen anderer widmen.

- Sehnsucht: Vielleicht sehnen Sie sich nach der direkten Erfahrung von Gottes Gegenwart, nach absolut inniger Verbundenheit mit anderen Menschen und der ganzen Schöpfung und nach einem ungeteilten Leben in der Liebe. Oder vielleicht sind Sie nur mit einer ganz vagen Sehnsucht in Berührung. Geben Sie Ihre Sehnsucht nie auf, egal wie stark oder schwach sie sein mag. Beurteilen Sie sich allerdings nicht danach, ob das Erleben ihrer Sehnsucht befriedigend oder frustrierend ist. Vielleicht nehmen Sie Gottes Gegenwart wahr, vielleicht auch nicht; was zählt, ist Ihre wahre Gegenwärtigkeit, ihre geheiligte und hungrige Teilnahme.

- Gegenwärtigkeit: Ihre bereitwillige Gegenwärtigkeit in der Welt ist absolut kostbar und von grundlegender Bedeutung. Sie dürfen also nicht denken, Sie müßten sich der Welt entziehen, um wieder zu sich zurückzufinden und sich zu sammeln. Finden Sie statt dessen Ihre Räume in der Wirklichkeit der Welt und Ihrer inneren Wirklichkeit. Zurückgezogenheit und Sabbat sind Teile dieser Wirklichkeit, nicht davon abgesonderte Inseln. Ruhe und Stille sollen uns helfen, tiefer in die Wirklichkeit einzutreten und nicht, uns von ihr zurückzuziehen. Sehen, hören und fühlen Sie, was um Sie herum und in Ihnen los ist. Nehmen Sie es an und antworten Sie darauf, wenn die Liebe Sie dazu auffordert.

– Heiligung: Die Hoffnung, die immer dann entsteht, wenn Sie Ihre Sehnsucht für sich in Anspruch nehmen, ist wie ein kleines Kind, das Sie in Ihre Arme nehmen und für Gottes Segen hergeben. Wenn Sie Ihre Hoffnung heiligen, heiligen Sie auch sich selbst: Ihre Bereitschaft zur Liebe und Ihre Hingabe an das Leben. Machen Sie sich keine Sorgen über die Gestalt Ihrer Heiligung. Wir alle sind an diesem Punkt ungeschickt und schwankend. Seien Sie einfach aufrichtig. Genauso wie wir bei unseren Kindern nicht anders können, wird Gott von unserer unbeholfenen Aufrichtigkeit immer berührt.

– Einfachheit: Wenn Sie auf das Leben antworten, bemühen Sie sich dabei um den einfachen, naturgemäßen Rhythmus von Strecken und Lockern. Einfachheit ist weder durch Strenge noch durch Nachsicht zu gewinnen. Einfachheit existiert vor und unter all unserer Kompliziertheit. Und sie wird immer mehr sichtbar, je mehr sich unsere Kompliziertheit löst. Tun Sie deshalb in der Übung nie mehr, als notwendig ist, und wenn etwas nicht mehr notwendig ist, lassen Sie es.

– Vertrauen und Risiko: Vertrauen Sie der Liebe, soweit Sie können; und wo Sie es nicht mehr können, riskieren Sie es. Es gibt etwas, das Sie bis hierher durchgebracht hat, und weil dieses Etwas gut ist, lohnt sich das Risiko. Wenn wir etwas riskieren, wird unser Vertrauen stärker. Wenn wir vertrauen, wird uns Glauben gegeben. Und im Glauben sind alle Dinge möglich – mehr als wir uns je vorstellen oder erhoffen können.

– Spiel: Liebe ist die ernste Aufgabe des gesamten Universums und gleichzeitig ein reines Spiel. Der Reichtum des Lebens entfaltet sich frei in der Fülle der Liebe. Denken Sie an die Weisheit, die sagt, daß Freiheit die Loslösung von Zwängen ist. Wenn die Freiheit wächst, verschmelzen Arbeit und Spiel, bricht Gelächter sich Bahn und die Liebe tanzt.

— Unterscheidung: Beten Sie immer. Greifen Sie bei Ihren Entscheidungen auf Ihre Erfahrung und auf Ihre von Gott geschenkte Weisheit zurück. Wichtiger als alles andere ist: Lassen Sie sich in die Liebe hineinfallen. Lassen Sie die Liebe zu, lassen Sie sich lieben und lieben Sie, in welch überraschender Weise die Liebe auch immer Ihnen begegnen mag. Richten Sie sich innerlich mehr darauf aus, das Licht zu finden, als die Dunkelheit zu fürchten. Sie müssen Ihre Vorsicht nicht leichtfertig verwerfen, aber lassen Sie sich nicht von Angst bestimmen. Angst tut weh, und manchmal ist es sinnvoll, auf sie zu achten, doch als Lebensstil ist sie nichts wert. Liebe tut genauso weh, aber sie wird es immer und zu jeder Zeit wert sein.

Mit diesen Grundgedanken im Hinterkopf werden wir uns jetzt mit einigen besonderen Übungen auseinandersetzen, die wir jeden Augenblick und jeden Tag anwenden und nutzen können. Die nächsten vier Kapitel behandeln vier Wege, die liebende Gegenwärtigkeit zu üben, wie sie Bruder Lorenz vor dreihundert Jahren entwickelt hat. Bruder Lorenz hat sie nicht erfunden, er hat sie nur in seinem unnachahmlichen, einfachen Stil beschrieben. Die Wege selbst gibt es schon seit Jahrtausenden. Dennoch sind sie in keiner Weise unaktuell oder verstaubt. Sie sind wie der gegenwärtige Moment, der ihr Ziel ist, immer frisch und immer neu.

Kapitel 7

DER KLEINE INNERE BLICK

Nachdem ich in zahlreichen Büchern
verschiedene Methoden und Übungen fand,
um spirituelles Leben zu erreichen,
habe ich entschieden,
daß sie mich auf meiner Suche
eher behindern, als mir nützen würden.
Bruder Lorenz

Bruder Lorenz hatte nicht nur einen besonderen Sinn für Humor, er war mit dem Lachen Gottes in Berührung gekommen. In der Liebe gibt es viele schrecklich schmerzhafte Dinge, doch schon eine Ahnung von Gottes überfließender Liebe erzeugt in uns eine Freude, die sich nicht unterdrücken läßt. Es gibt einen Moment, in dem wir Gottes Lachen sehr leicht und sehr oft begegnen: Wenn wir uns an die Liebe erinnern, die wir vergessen hatten. Für mich ist das eine der wertvollsten Erfahrungen im Leben: Irgendeine Sorge oder ein Ziel hat mich gefangengenommen, und plötzlich kehre ich nach Hause zurück, in den gegenwärtigen Moment, und die Liebe wird mir wieder gegenwärtig. Dann kann ich mir ein Kichern fast nicht verkneifen.

Solche Punkte des Nachhausekommens geschehen jeden Tag, und sie sind für mich mehr wert als Diamanten. Und wegen dieser Momente – die nur deshalb geschehen können, weil meine Aufmerksamkeit durch meine Abhängigkeiten irgendwo anders hin gelenkt wird –, wegen dieser Momente des Erinnerns bin ich für meine Süchte wirklich dankbar. Natürlich bemühe ich mich darum, mehr Freiheit für die Liebe zu finden und ich weiß auch, wie schlimm eine schwere Sucht ist, aber ich würde mir in diesem Leben ehrlich keine endgültige Befreiung wünschen. Wenn die große

Heimkehr allzu bald geschehen würde, würde ich die vielen kleinen Momente des Nachhausekommens sehr vermissen.

Von Bruder Lorenz wird erzählt, er hätte immer, wenn etwas sein Inneres von der Gegenwart der Liebe abgelenkt hat, eine Erinnerung von Gott bekommen, die ihn so bewegte, daß er »aufschrie und sang und wie ein Verrückter herumtanzte«. Sie werden bemerkt haben, daß die Erinnerungen von Gott kamen und nicht sein eigenes Werk waren. Dennoch hat Bruder Lorenz viele Dinge vorgeschlagen, die wir tun können. Trotz seiner Probleme mit Methoden und Übungen wußte er, daß hingebungsvolles Üben ein notwendiger Ausdruck unserer Heiligung ist.[1]

Der erste Weg von Bruder Lorenz ist genau die kleine Heimkehr, über die wir gesprochen haben: Das Erinnern, das Wiederfinden, die wunderbare Rückkehr zum gegenwärtigen Moment der Liebe. Er nannte das den kleinen inneren Blick. Innerer Blick bedeutet nicht notwendig, daß wir *nach innen* schauen, er *geschieht* einfach *in uns*. Es ist ein kontemplativer Blick auf Gott. Es ist eine Einstellung, bei der sich das Herz der Gegenwart Gottes zuwendet, oder ein blitzartiges inneres Offenwerden für die Wahrnehmung der Liebe. Das kann viele Formen annehmen: Immer wieder während eines Tages einen Moment an Gott zu denken, unseren Wunsch nach Liebe gelegentlich zu spüren, kleine Dinge zu tun, die wir heiligen, oder für uns selbst kleine Anstöße oder ähnliches zu hinterlassen, die uns helfen, uns einen Augenblick lang aus unserer Vergeßlichkeit herauszureißen. Kleine innere Blicke sind etwas ganz Einfaches: Schmucklose Erinnerungen und Denkanstöße inmitten der normalen Aktivität unseres Alltags. Sie kommen und gehen. Wir müssen uns nicht an sie klammern.

Ermutigung

Die kleinen inneren Blicke haben ihre Wurzeln in unserer beständigen Sehnsucht nach Liebe und in Gottes Sehnen nach uns. Wir vergessen oft die tiefe, treue Beständigkeit der Liebe, aber immer wieder leuchten in uns solche Blicke auf und erinnern uns daran. Sie sind wie die Spitzen von Eisbergen: Wenn das Sonnenlicht durch die Wolken unserer Sorgen bricht, schimmern sie einen Moment lang hell. Wir können die Blicke verstärken, indem wir sie bewußt suchen und indem wir um sie beten.

Wir verstärken sie am besten, wenn wir einfach wir selbst sind, unmittelbar im gegenwärtigen Moment. Aber es hilft auch, wenn wir in diesem gegenwärtigen Moment einen Blick in die Zukunft und in die Vergangenheit werfen. Wenn Sie am Morgen ein paar ruhige Minuten haben, dann können Sie Ihre Sehnsucht nach Liebe annehmen und Ihre Hoffnung bestärken, sich in den kommenden Stunden an die Gegenwart der Liebe zu erinnern. Sie können alle Tätigkeiten durchgehen, die Sie für den Tag eingeplant haben und die Zeiten gedanklich markieren, in denen Sie die Liebe am ehesten vergessen werden. Vielleicht überlegen Sie sich etwas, was Ihnen hilft, sich genau in diesen Momenten zu erinnern. Und das Wichtigste ist, Sie können um die Gnade solcher Momente des Nachhausekommens beten. Bitten Sie Gott direkt und ohne Bedenken, Sie mit solchen Blicken zu überschütten. Bitten Sie Gott, Sie an ihn zu erinnern.

Wenn Sie sich später am Tag noch einmal etwas Zeit nehmen, wird es Ihnen wahrscheinlich helfen, eine Rückschau auf den Tag zu halten und zu prüfen, wie es Ihnen mit der Gegenwart ergangen ist. Wenn Sie am Tag nur einen Zeitpunkt der Stille haben, können Sie immer noch die vergangenen vierundzwanzig Stunden Revue passieren lassen, bevor Sie sich der Zukunft zuwenden. Diese Rückschau kann viele Formen annehmen: Tagebuch schreiben, Gedichte verfassen, malen oder zeichnen, oder einfach im Gebet dasitzen. Probieren Sie verschiedenes aus, aber versuchen Sie, es einfach zu gestalten. Vielleicht stellen Sie sich, ohne daraus gleich eine große Sache zu machen, ein paar der folgenden Fragen:

— Wann während des vergangenen Tages war ich vermutlich am unmittelbarsten präsent und am bewußtesten der Liebe zugänglich?

— Wann war ich am meisten abwechselnd gefangen oder verschlossen?

— Was hat mein Gegenwärtigsein gefördert, was behindert?

— Wie geht es mir jetzt mit dem, was abgelaufen ist? Bin ich dankbar oder frustriert, froh oder wütend, übersprudelnd oder gelangweilt, habe ich in mir Frieden oder Angst? Kann ich meine Gefühle, so wie sie jetzt sind, Gott ehrlich zeigen?

— Will ich an alldem irgend etwas ändern, brauche ich eine besondere Hilfe, und gibt es ein Gebet, das meine gegenwärtigen Hoffnungen und Absichten für die Zukunft zum Ausdruck bringt?

Die Worte, die ich hier benutzt habe, sollen die Grundrichtung der Fragen deutlich machen, aber es sind natürlich nicht die Worte, die Sie benutzen würden. Formulieren Sie die Fragen in Ihrer Sprache und für Ihre Erfahrungen neu. Ich hoffe, Sie nehmen sich dafür Zeit und verändern und vereinfachen die Fragen immer wieder, wenn sich Ihre Erfahrung wandelt und vertieft. Vielleicht merken Sie das schon jetzt: Später werden die Fragen wahrscheinlich zu der einen großen Frage verschmelzen und explodieren: Werde ich wirklich ein Mensch, der mehr liebt?

Verbissene Entschlüsse

Wenn Sie die Art Vor- und Rückschau, die ich vorgeschlagen habe, machen wollen, gehen Sie dabei behutsam vor. Sie werden in die Versuchung geraten, Beschlüsse zu fassen wie »ich will mich jetzt mit aller Kraft an alles erinnern«. Tun Sie das nicht. Und wenn Sie sich dabei ertappen, halten Sie an. Beschlüsse bedeuten eine Anstrengung des Willens, Willen bedeutet Ergebnis, Ergebnis heißt Erfolg oder Scheitern, und damit verlieren Sie das Gefühl dafür, daß das alles ein Geschenk ist. Im Kampf zwischen meinem Wunsch nach Liebe und der Unterdrückung meiner Abhängigkeiten habe ich gelernt, daß zwei Sachen sicher sind. Erstens: Gott ist hundertprozentig vertrauenswürdig. Zweitens: Beschlüsse sind es hundertprozentig nicht.

Sie werden auch in die Versuchung geraten, ein Gefühl von Gegenwärtigkeit aufrechtzuerhalten, daraus einen Dauerzustand zu machen. Das wird nicht funktionieren. Wenn Sie Glück haben, verpassen Sie den Augenblick und sind frustriert. Wenn es Ihnen gelingt, sind Sie viel schlimmer dran. Irgendwann werden Sie merken, daß das, was Sie da aufrechterhalten, nichts Echtes mehr ist, sondern etwas, was Sie zusammengebastelt haben. Darüber hinaus werden Sie merken, daß Sie sich selbst unterdrückt und getäuscht haben, um das durchhalten zu können.

Ein Freund von mir mußte kürzlich eine Retraite verlassen, um zu einer geschäftlichen Besprechung zu fahren. Er versuchte, das Gefühl der Gegenwärtigkeit, das er in der Retraite hatte, während der Besprechung beizubehalten. Er dachte, es sei ihm gelungen und war dafür dankbar, bis er ein paar Stunden später von Gefühlen der Wut, der Verlassenheit und der Angst bedrängt wurde. Durch den

Versuch, die Gegenwärtigkeit beizubehalten, hatte er eine Maske geschmiedet, durch die seine natürlichen Reaktionen nicht durchdringen konnten. Als er das unterdrückende Spiel endlich aufgab, wurde er von Fluten der Negativität überschwemmt.

Wenn wir Entschlüsse fassen und einen Zustand aufrechterhalten wollen, ist das ein natürlicher Ausdruck unseres tiefen Wunsches nach wacher Gegenwart in der Liebe. Aber es ist der falsche Weg, dem Ausdruck zu geben. Dieser Weg führt so schnell und unmerklich zur Sturheit, daß wir den Kontakt mit der Gnade verlieren. Es ist bestimmt kein Weltuntergang, wenn wir uns in dieser Lage wiederfinden. Ich kenne das gut, denn ich habe während der letzten zehn Jahre die meiste Zeit so verbracht. Gott hat mich während meiner verzweifelten Versuche, eine eigene Erfahrung von ihm zurechtzuzimmern, nicht vergessen. Und die Gnade hängt Gott sei Dank nicht von unserem Bewußtseinszustand ab.

Manche Glaubensrichtung wäre mit meinem Rat nicht einverstanden. Viele der Wüstenväter des frühen Christentums rieten den Menschen, Christus mit aller inneren Kraft im Gedächtnis zu behalten. Manche hinduistischen und buddhistischen Traditionen befürworten ähnliche Anstrengungen. Vielleicht hat eine so mühsame Konzentration in einer mönchischen Umgebung einen Sinn. Sie kann auch nützlich sein als geistige Spannungsübung, bevor wir uns zu einfacher Gegenwärtigkeit lockern. Aber für Leute, die in der Welt der Familie, zu Hause und am Arbeitsplatz leben, kann ich das nicht empfehlen. Ich habe es selbst versucht und mir damit einen Haufen Ärger eingehandelt. Ich wurde deprimiert und verwirrt und habe mich bei meinen Freunden und meiner Familie absolut widerwärtig gemacht.

Wille und Zupacken sind keine geeigneten Mittel, um ein Geschenk anzunehmen. Zwischen geheiligter Hoffnung und verbissener Erwartung ist ein riesengroßer Unterschied. Machen Sie sich das Gefühl bewußt, das Sie haben, wenn Sie beschließen oder darum ringen, etwas festzuhalten. Sie können das Gefühl jeden Moment in sich wachrufen: Dieses Jagen, diese »ich muß«-Einstellung an der Grenze zu Schuld und Verzweiflung, diese verspannte und angestrengte Atmosphäre von Dringlichkeit. Betrachten Sie das Gefühl genau, damit Sie immer, wenn Sie es erleben, sofort innehalten können. Darum holen Sie tief Atem, entspannen sich, lockern sich ein bißchen und erlauben Ihrem wahren Selbst, sich dem wahren Gott zuzuwenden. Ersetzen Sie Beschlüsse durch Gebet, Erwartung durch Hoffnung und Zwang durch Treue. Versuchen Sie, sich selbst zu ermutigen, statt sich zu manipulieren. Leben, lieben und sehnen Sie sich mit unbegrenzter Leidenschaft, aber versuchen Sie nichts zu produzieren und, wenn etwas geschieht, halten Sie es nicht fest.

Abwesenheit verwandelt sich in Gegenwärtigkeit

Jedesmal, wenn Sie sich der Gegenwart der Liebe zugewendet haben, lassen Sie sich »auspendeln«. Gehen Sie gelockert in den nächsten Augenblick und die nächste Situation hinein. Der nächste Moment ist vielleicht ganz neu und ganz anders, aber es ist wieder der gegenwärtige Moment. Die Gegenwart beginnt jeden Augenblick und hört nie auf. Wenn Sie sich dann von neuem der Gegenwart zuwenden, dann kann Ihre Gegenwärtigkeit von einer Situation zur nächsten erstaunlich lang dauern.

Dennoch wird sie sich irgendwann auflösen, das muß sie. Sie müssen die Freiheit haben, sie kommen und gehen zu lassen. Wenn Sie aus der Ruhe heraus in einen lärmenden Haushalt oder ein geschäftiges Büro wechseln müssen, ist Ihre unmittelbare Präsenz wahrscheinlich verschwunden, bevor Sie es auch nur bemerkt haben. Das zu entdecken ist kein Grund für Selbstkritik oder für heldenhafte Versuche, die Gegenwärtigkeit wiederzufinden. Rufen Sie sich folgendes ins Bewußtsein: Von Anfang an ist es immer ein Geschenk. Was auch immer Sie davon wiederherstellen, es ist nicht mehr das Ursprüngliche. Das, was Sie wiederhaben wollen, ist nun Vergangenheit. Hier und jetzt ist ein frischer, neuer Moment. Treten Sie in ihn ein. Das ist Ihr kleiner innerer Blick.

Versuchen Sie, die kleinen Räume zu genießen, wann immer Sie können, den ganzen Tag hindurch. Sie können so beschäftigt sein, wie Sie wollen, es gibt immer Momente zwischen Ihren Aktivitäten, in denen Sie einmal, zweimal tief Atem holen und sich bewußt Gott zuwenden können. Wenn Sie einen regelmäßigen Zeitplan haben, können Sie ein bißchen vorplanen. Ein paar Minuten, nachdem die Kinder das Haus in Richtung Schule verlassen haben, in der Zeit, in der das kleinste sein Nickerchen macht, oder zwischen der Kaffeepause und der nächsten Besprechung, vor oder nach dem Essen.

Die Länge und Form dieser Zeiten ist nicht so entscheidend wie ihre Häufigkeit. Und die Häufigkeit ist nicht so entscheidend, wie sie überhaupt gelegentlich zu finden. Und selbst sie gelegentlich zu finden ist nicht so wichtig, wie sie zu wollen. Beten Sie darum und erinnern Sie sich so gut wie möglich daran, wie sehr Sie diese Zeiten wünschen.

Seien Sie sicher: Je stärker die Gnade Ihre Heiligung bevollmächtigt, desto seltener und kürzer werden die Zeiten Ihrer Abwesenheit von der Gegenwart werden. Und wenn Sie weggehen, werden Sie nicht so weit gehen. Aber das Wunderbarste daran ist, daß die Erkenntnis unserer Abwesenheit gleichbedeutend ist mit unserer sofortigen Rückkehr. Das ist eine Segnung im Bruchteil einer Sekunde, ein kleiner innerer Blick, ohne daß Sie irgend etwas dafür tun müßten. Vielleicht wird es von einem Lachen begleitet. Und es ist genug.

Bruder Lorenz hatte einen Punkt erreicht, an dem er jeden Augenblick solche kleinen Blicke bekam. Er wurde so üppig damit überschüttet, daß sein ganzes Leben Wahrnehmung wurde und seine Unmittelbarkeit sich fortwährend erneuerte. Was er erlebt hat, kann jeder erleben. Dazu müssen Sie nicht in einem Kloster leben, das kann überall geschehen. Ein Kloster ist immer dann attraktiv, wenn Sie in die sehr realen Forderungen Ihrer Familie, Ihrer Freunde und Ihrer Arbeit verstrickt sind. Dann ist eine Höhle sogar noch wünschenswerter. Das kann ganz wunderbar sein – einige Tage lang. Aber dann wären immer noch Sie mit Ihren ganzen Süchten und Widerständen da, und der nächste gegenwärtige Augenblick bricht an.

Wenn Sie denken, im Kloster wäre alles einfacher, dann reden Sie doch einmal mit Mönchen. Es ist nirgendwo einfach. Aber es ist tatsächlich möglich. Die kleinen Blicke werden uns gegeben, egal wo und wer wir sind. Die ganze Menschheit kann durch die geheiligte Gnade dafür geöffnet werden. Ich bin davon überzeugt, daß die Sehnsucht, es möge so sein, Gott fast sterben läßt, und daß es ihn quält, wie fern wir alldem sind. Und ich bin überzeugt, *daß* es sich ereignet. Ich habe auch keinen Zweifel an Gottes unermeßlichem Glück und seiner zärtlichen Freude in jedem Augenblick, in dem ein menschliches Herz seine Sehnsucht erkennt, und sei es nur für den Bruchteil einer Sekunde. Denn diese Sehnsucht ist Gottes

Sehnsucht. Jetzt, unmittelbar in diesem Moment, richten sich Tausende menschlicher Herzen auf Gott. Es geschieht, und die Hoffnung der Welt liegt darin.

Vergessen

Wenn wir irgend etwas wirklich dringend wollen, erinnern wir uns normalerweise auch daran. Wenn wir hungrig sind, erinnern wir uns schnell an unseren Wunsch nach Essen. Und wir vergessen auf keinen Fall, unsere Süchte zu befriedigen. Doch mit unserem Hunger nach Liebe sieht es anders aus. Unsere körperlichen Bedürfnisse und unsere Süchte lassen uns nur wenig Spielraum. Sie haben uns im Griff, sie treiben, zwingen und besitzen uns. Wir können nicht einfach »Nein« zu ihnen sagen.

Bei unserer Sehnsucht nach Liebe haben wir jedoch unermeßliche Freiheit. Wirkliche Liebe zwingt nie. Gott respektiert unbarmherzig unsere Freiheit, selbst wenn wir uns wünschen, es wäre nicht so. Wenn es uns nicht möglich wäre, zur Liebe nein zu sagen, dann könnten wir auch nicht wirklich ja zu ihr sagen. Wenn es nicht möglich wäre, Gott leicht zu vergessen, dann wäre das Erinnern nicht so mit Liebe angefüllt, und die kleinen Blicke würden ihren Glanz verlieren. Anders gesagt, Gott läßt es nicht zu, daß er ein Suchtobjekt wird. Wir entwickeln alle möglichen Süchte: nach Gottesbildern, Glaubenssystemen und bestimmten Ausdrucksformen der Liebe, aber es ist nicht möglich, nach dem wahren Gott oder Gottes wahrer Liebe süchtig zu werden.[2]

Ich habe davon gesprochen, daß Gott sich aus Liebe vor uns verbirgt. Ein Freund von mir, der Seelsorgeberater ist, nannte es Gottes Versteckspiel. Das Spiel ist nicht ganz fair. Wenn Gott sich versteckt, finden wir ihn nur, wenn – und falls – er es will. Aber wenn wir dran sind mit Verstecken – er weiß immer, wo wir sind. Das Spiel ist auch nicht immer lustig, manchmal fühlt es sich so an, als ob wir im Stich gelassen werden. Aber wenn die suchende Partei und die sich versteckende sich finden, dann geht es nicht darum, wer gewonnen hat, denn beide sind außer sich vor Freude. Gott ist die ganze Zeit im Vorteil, doch das ist auch unser Vorteil. Gott hat uns durch Jeremia ein Versprechen gegeben: »Wenn ihr mich sucht, werdet ihr mich finden – wenn ihr mich von ganzem Herzen sucht, lasse ich mich von euch finden.«[3]

Gott hat unendlich viele Verstecke. Wir können Gott überall entdecken: In Menschen, in der Natur und manchmal am überraschendsten in uns selbst. Wir haben nur ein Versteck, und da können wir uns nur vor uns selbst verstecken. Weil wir in Gott leben und handeln und unser Dasein in ihm führen, können wir uns nur in unserem Vergessen verstecken. Wir beklagen uns vielleicht über Gottes Verborgenheit, aber wir verstecken uns unablässig. Für einen Moment werfen wir uns leidenschaftlich auf unsere Sehnsucht als das Wichtigste in unserem Leben. Schon im nächsten Augenblick ist alles vergessen, und etwas anderes ist für uns das Allerwichtigste geworden.

Weil wir uns so oft im Vergessen verstecken, sind die kleinen inneren Blicke so wertvoll. Jeder Blick ist eine Erinnerung, ein Auftauchen aus dem Vergessen. Ob wir mit unserem Blick direkt auf Gott sehen, ist nicht so wichtig, wir haben uns selbst in der Liebe gefunden. Jedes Wahrnehmen weist uns den Weg nach Hause, und Gott, der unser wahres Zuhause ist, weiß, wo wir sind.

Erinnern

Die praktische Dimension des Erinnerns ist ein gutes Beispiel für das Strecken und Lockern. Wegen der vielen Kräfte in und um uns, die uns ins Vergessen hineinziehen, ist es für Sie von entscheidender Bedeutung, sich nach Gott auszustrecken, um die Gnade der Erinnerung, Gott bittend, Sie an Gott zu erinnern. Dann lassen Sie locker, damit eine hoffnungsvolle Offenheit entstehen kann, eine bewußte Sehnsucht, sich von den Blicken an diesem Tag überraschen zu lassen.

Zusätzlich – oder besser gesagt, als Folge Ihres Gebets – können Sie eine ganze Menge Dinge tun, die Ihnen helfen, sich zu erinnern. Eine große Hilfe sind die festgelegten und die spontanen Leerräume. Genauso hilft es, sich mit den wenigen Menschen in Ihrem Leben zu treffen, denen Ihre Sehnsucht wichtig ist, und die Sie unterstützen: Ihre echte spirituelle Gemeinschaft. Einfach mit solchen Menschen zusammenzusein, ist eine starke Quelle der Erinnerung. Schon ein Anruf oder eine Postkarte, oder auch nur ein flüchtiger Gedanke an diese Freunde kann das bewirken. Achten Sie auch auf die Teilnahme an religiösen »Formsachen«. Gottesdienste sind zumindest zum Teil auch dafür gedacht, Sie daran zu erinnern, was in

Ihrem Leben das Wichtigste ist. Sind sie Ihnen dabei wirklich eine Hilfe? Können Sie in irgendeiner Weise dazu beitragen, daß sie bessere Mahnungen sind?

Sie können Ihre Erfahrung auch mit äußerlichen Erinnerungszeichen unterstützen. Wie machen Sie es denn normalerweise, wenn Sie sich etwas Wichtiges merken müssen? Machen Sie sich Notizen, binden Sie sich ein Band um den Finger, oder bitten Sie eine andere Person, daß sie Sie daran erinnern soll? Alles, was Ihnen sonst als Gedächtnisstütze dient, kann Sie auch an die Gegenwart Gottes erinnern, und Sie sollten möglichst viele dieser Methoden benutzen. Sie kommen sich am Anfang vielleicht etwas komisch vor, wenn Sie sich ein Band um den Finger binden, damit Sie Ihre Sehnsucht nach Liebe nicht vergessen. Aber wenn es hilft, warum nicht? Welche Art von Eselsbrücken haben Sie früher benutzt? Gibt es vielversprechende neue Wege?

Wenn es Ihnen allzu absurd erscheint, sich ein Band um den Finger zu wickeln, dann denken Sie an das Versteckspiel. Oder machen Sie sich klar, daß das ganze Unternehmen von Anfang an eine verrückte Seite hatte. Gibt es etwas Bescheuerteres, als sich leidenschaftlich nach etwas zu sehnen, das uns schon längst gegeben worden ist, und als hingebungsvoll eine Liebe zu suchen, die uns von allen Seiten umgibt? Warum steigen Sie dann nicht gleich aus Ihrem Effizienzdenken aus und lassen die Trümmer Ihres Selbstbildes einfach fallen? Sie haben nichts davon, wenn Sie damit warten, sich Ihre Dummheit einzugestehen. Geben Sie es lieber gleich zu, legen Sie ein bißchen Stolz hinein und machen Sie weiter. Mit solchen praktischen Dingen sollte niemand seine Zeit vergeuden.[4]

Binden Sie doch einmal Ihre Uhr um das andere Handgelenk, oder stecken Sie einen Ring an einen anderen Finger, damit Sie sich erinnern, wenn Sie die Veränderung bemerken. Manche Leute lassen als Erinnerung ihre Digitaluhr einmal pro Stunde läuten. Hinterlassen Sie kleine Notizen oder Zeichen an Stellen, wo Sie regelmäßig hinsehen: In Ihrem Kalender oder auf Ihrem Spiegel, auf Ihrem Schreibtisch, hinter der Milch im Kühlschrank oder am Lenkrad Ihres Autos. Das können richtige Merkzettel sein, mit einem »Nicht vergessen!«, mit einem Bibelspruch oder einem Gedicht. Manchmal ist ein Blatt, ein Zweig oder auch ein Kieselstein besser als eine schriftliche Notiz. Erinnern Sie sich an die Liedzeile aus »Godspell«: »Ich lege einen Kieselstein in meinen Schuh.« Das funktioniert.

Sie könnten auch damit experimentieren, Kleidungsstücke oder Schmuckstücke zu tragen, die Sie symbolisch widmen. Vielleicht wollen Sie auch ein Symbol Ihres Glaubens tragen. Tragen Sie es unter der Kleidung, damit Sie es auf der Haut fühlen können. Wenn Sie es so tragen, daß andere es sehen können, dann denken Sie darüber nach, warum Sie das tun. Wen wollen Sie damit auf etwas aufmerksam machen? Wenn Sie ein für alle sichtbares Symbol tragen, sollten Sie es so groß machen, daß die Leute Sie für einen religiösen Fanatiker halten. Dann können die gerunzelten Stirnen der Leute Ihnen als Gedächtnisstütze dienen.

Am besten sind andere Leute, wenn wir uns erinnern wollen. Suchen Sie in den Augen anderer Leute nach der Gegenwart Gottes. Nehmen Sie die Gesichter anderer Menschen auf der Straße zum Anlaß für eine kleine Heimkehr in die kostbare Gegenwart. Wenden Sie Ihre Augen nicht von anderen Leuten ab. Nehmen Sie sich die Zeit, ein schlafendes Kind zu betrachten.

Sie können Plätze, Gegenstände und Geräusche innerlich mit Erinnerungszeichen verbinden. Spezielle Stellen zu Hause oder an Ihrer Arbeitsstelle, oder Plätze, an denen Sie regelmäßig mit dem Auto vorbeifahren, können Sie markieren. »Ich hoffe, daß ich mich jedesmal an die Gegenwart der Liebe erinnere, wenn ich an diesem Tisch (diesem Bild oder dieser Pflanze) vorbeigehe, oder wenn ich Vögel singen höre (oder das Gelächter von Kindern, oder das Schlagen von Türen).« Wenn ich von meinem Haus zum Shalem Institut fahre, führt mich ein Teil des Weges durch den wunderschönen Rock Creek Park im District of Columbia. Vor Jahren habe ich diese Strecke der Erinnerung an Gott gewidmet. Manchmal vergesse ich es und fahre einfach durch, aber häufiger fällt mir die Widmung wieder ein, und schon bin ich da. Von unserem Büro aus können wir die Glocken der National Cathedral hören. Oft stecke ich derartig in irgendeiner dummen Sache, daß ich sie gar nicht wahrnehme. Aber wenn ich nur ein bißchen da bin, erlauben sie mir den kleinen inneren Blick. Natürlich habe ich sie dafür gedanklich umgewidmet.

Wenn Sie in einem Büro arbeiten, können Sie die Büroklammern oder das Signal Ihrer Schreibmaschine mit einer solchen Widmung versehen. Wenn Sie sich damit auskennen, können Sie Ihren PC so

programmieren, daß er in regelmäßigen Abständen ein Gebet aus-
spuckt. Unsere Adressenliste in Shalem läuft auf einem Programm,
das für jedermann Gebete ausdruckt. Wenn die Fahrtstrecke zwischen Ihrem Heim und Ihrer Arbeitsstätte nicht so schön ist wie
meine, dann belegen Sie irgendeinen obskuren Supermarkt, eine
Reklamewand oder irgendein unbekanntes Wohnhaus mit einer
Widmung. Das sehen Sie dann wenigstens zweimal am Tag.

Sie können auch regelmäßige Tätigkeiten mit einer Widmung
versehen. Genauso, wie die Wahrnehmung Ihres Atems Sie zurückkehren läßt, kann das auch jede andere körperliche Aktivität: Gehen, lachen, sitzen, hinlegen, gähnen, Essen zubereiten, duschen,
Rasen mähen, die Kinder versorgen, eine bestimmte Tätigkeit am
Fließband, die Benutzung eines bestimmten Werkzeuges – einfach
alles.

Betrachten Sie sich alle Dinge, die Sie im Beruf, unterwegs und in
der Freizeit regelmäßig tun. Manche davon sind natürliche Punkte
der Erinnerung, die sie verstärken können. Andere Tätigkeiten
scheinen Sie automatisch ins Vergessen zu ziehen und auf die sollten Sie ein bißchen achten. Ein Beispiel: Ich verbringe einen großen
Teil meiner Zeit mit Schreiben. Schreiben ist für mich ein natürlicher Anstoß, mich zu erinnern. Wenn ich schreibe, bin ich mir
meiner Abhängigkeit von Gott sehr bewußt, das ist eine Tätigkeit,
die fest mit Gebet verknüpft ist. Wenn ich dagegen in meiner Werk-
statt eine Schutzhülle für ein Buch bastle, wenn ich ein Computer-
programm schreibe oder an meinem Auto herumschraube, neige
ich dazu, zu vergessen. Diese Tätigkeiten nehmen mich so gefangen
wie das Fischen, sie versetzen mich in Trance. Ich versuche ganz
vorsichtig, in all diesen Arbeiten Anstöße unterzubringen. Ich
nehme wahr, wie das Holz riecht und wie es sich anfühlt, ich gebe in
den Computer Gebete ein, und ich rufe mir während meiner Auto-
basteleien Gottes Gegenwart in mein Bewußtsein. (Fischen ist bei
mir ein hoffnungsloser Fall.) Betrachten Sie die Tätigkeiten, bei denen Sie sich am leichtesten erinnern, und die, bei denen Sie am
leichtesten vergessen. Gibt es ein paar kleine Gebete und ein paar
Dinge, die Sie tun können, um die Erinnerung zu verstärken und
die Vergeßlichkeit zu vermindern?

Die Leere der Sehnsucht

Versuchen Sie ein bißchen vorsichtige Askese, das heißt, ein bißchen ohne bestimmte Dinge auszukommen. Fasten ist die klassische spirituelle Übung. Fasten hat vielfältige Bedeutungen und Wirkungen, aber ein wenig körperliches Hungergefühl dann und wann kann uns in hervorragender Weise an unseren tiefen seelischen Hunger erinnern. Im allgemeinen geht es beim Fasten ums Essen, aber Sie können im Blick auf jede gewohnheitsmäßige Aktivität fasten: Sehen Sie ein bißchen weniger fern, rauchen Sie nicht so viel, halten Sie sich ein wenig mit der Verkündung Ihrer Ansichten zurück, lassen Sie sich nicht so oft auf Konkurrenzsituationen ein, verbringen Sie weniger Zeit damit, sich Sorgen zu machen, seien Sie nicht ganz so geizig oder so verurteilend, springen Sie über Ihren Schatten, wenn Sie in Selbstgefälligkeit gefangen sind, und wenn Sie sich für andere aufreiben, seien Sie nachsichtiger mit sich selbst.

Was das Fasten bei Ihnen bewirkt, hängt davon ab, welche Aktivitäten bei Ihnen Suchtcharakter haben. Der springende Punkt ist, daß es für Sie eine Gewohnheit ist, die, wenn sie beschnitten wird, ein Gefühl mangelnder Erfüllung in Ihnen zurückläßt. Dieses Gefühl des Unausgefülltseins, des Mehr-wollens ist sehr gut, um Sie an Ihre heiligste Unvollständigkeit zu erinnern. Jeder Verzicht kann eine Gelegenheit für innere Blicke sein, und wenn er gleichzeitig anderen nützt, um so besser. Wenn Sie zum Beispiel für einen karitativen Zweck spenden, dann tasten Sie sich an die Grenzen des alten Spruchs heran: »Spende soviel, bis es schmerzt.« Wenn Sie etwas weggeben, überlegen Sie, ob jemand anders es brauchen könnte. Es sollte für Sie eine im Gebet getroffene, vollkommen freiwillige Entscheidung sein – überhaupt nicht aus irgendeinem schlechten Gewissen heraus. Sie sollten sich über Ihre Motivation im klaren sein, wenn Sie Askese mit Nächstenliebe verbinden. Die Askese, die ich hier beschreibe, ist eine Form der Übung. Sie tun das, um sich an die Gegenwart der Liebe in den Momenten Ihres Lebens zu erinnern. Der tiefste Sinn der Nächstenliebe hat nichts mit Übung oder persönlichen Zielen zu tun. Nächstenliebe ist Liebe, und Taten der wirklichen Nächstenliebe sind immer ein spontaner, einfacher Ausdruck der Liebe. Wenn Sie also irgendwelchen Bedürftigen Geld geben als Teil Ihrer spirituellen Übungen, versuchen Sie sich darüber im klaren zu sein, daß Sie das für sich tun und nicht für diese Leute. Das ist ein wichtiger Unterschied. Selbst wenn Sie den Unterschied nicht sehen, die Bedürftigen sehen ihn gut.

Es ist auch wichtig, zwischen Askese und dem Brechen mit einer Gewohnheit zu unterscheiden. Bringen Sie nicht Fasten und Diät durcheinander, das sind zwei Paar Stiefel. Und der Unterschied liegt wieder in Ihren Beweggründen. Worauf sind Sie wirklich aus: Gesundheit und persönlichen Fortschritt, oder Liebe und Nähe zu Gott? Das muß sich nicht gegenseitig ausschließen, aber es sollte auch nicht durcheinandergebracht werden. Nehmen Sie sich Zeit, um im Gebet den Unterschied zu bedenken. Und selbst wenn Sie das Gefühl haben, der Unterschied sei Ihnen klar, handeln Sie nur im Gebet. Hüten Sie sich vor Entschlüssen und Selbstmanipulationen. Und was auch immer Sie tun, übertreiben Sie es nicht. Wir suchen nach sanften Anstößen, nicht nach spirituellen Verrenkungen.

Wir alle stoßen jeden Tag auf viele festeingeplante, unerfüllte Wünsche. Es gibt immer etwas, von dem wir gern ein bißchen mehr hätten. Wir wünschen uns mehr Geld, mehr Verständnis oder Unterstützung, wir brauchen ein neues Auto und können es uns nicht leisten; wir hätten unsere Partnerschaften gern befriedigender und unser Leben fröhlicher. Auch solche Gefühle des Unbefriedigtseins lassen sich sehr gut zu Denkanstößen umwidmen. Und wenn Sie dann einen kleinen Wunsch nach irgendetwas in sich spüren, kann Sie das an Ihre Sehnsucht nach der Fülle dessen erinnern, was Sie schon lange umgibt. Es gibt einen klassischen, etwas seltsam klingenden Ausdruck dafür: *funktionelle Askese*. Das bedeutet, daß wir das natürliche Fasten und Entbehren, daß wir jeden Tag erleben, einfach heiligen.[5]

Die großen Meister der Kontemplation wußten, daß es in jedem Leben genügend Elemente des Fastens gibt. Die meisten experimentierten in der Askese bis zum äußersten Extrem und sind dann zurückgekommen, um zu sagen, daß es die Mühe nicht wert gewesen wäre. Von Buddha wird erzählt, er hätte die schwierigsten Yogaübungen seiner Tage absolviert, doch die Erleuchtung sei ihm erst zuteil geworden, nachdem er den mittleren Weg entdeckt hatte: nicht zu viel, nicht zu wenig. Ich kenne keine Autorität der Kontemplation, die eine strenge Askese empfohlen hätte. Die meisten geben Jesu Rat wieder: Gott in der Gegenwart zu suchen und sich nicht um das Morgen zu sorgen, denn: »Jeder Tag hat genug eigene Plage.«[6]

Schmerz und Freude widmen

Rufen Sie sich den Unterschied zwischen Widmung und Heiligung ins Gedächtnis. Beide haben mit Ihrer Absicht zu tun; aber während Widmung bedeutet, eine bestimmte Hoffnung oder einen bestimmten Zweck in Ihre Erfahrung einzubeziehen, heißt Heiligung, sich selbst und die eigene Hoffnung in dieser Erfahrung Gott zu übergeben. Sie belegen etwas mit einer Widmung, damit es Sie an Gott, an Ihre Sehnsucht nach Liebe oder an die Gegenwart der Liebe erinnert. In der Heiligung übergeben Sie sich selbst bewußt und in Hoffnung dem Heiligen, inmitten Ihrer Aktivitäten. Beides sind Gelegenheiten für kleine innere Blicke.

Es gibt eine alte Tradition, in der Menschen ihr Leiden, egal welcher Art, dem Wohlergehen anderer Menschen gewidmet haben. Viele Heilige haben ihre körperlichen Gebrechen zu einer mächtigen Form des Fürbittgebetes umgewidmet. Zumindest kann Schmerz für uns ein Anstoß sein, uns auf unsere Sehnsucht nach Liebe und unsere Abhängigkeit von der Gnade auszurichten. Schmerzen gehören zum Leben. Selbst wenn wir lieber auf sie verzichten würden und unser möglichstes tun sollten, um sie auf ein Minimum zu reduzieren, können wir dennoch entscheiden, wie wir mit ihnen umgehen.

Jeder Schmerz kann den inneren Blick verstärken. Ich habe Menschen gekannt, die ihre Sorgen und ihre gefühlsmäßige Verwirrung zu mächtigen Anstößen werden ließen, sich an Gott zu erinnern. Gott erreicht uns sowieso oft durch unsere Schmerzen, aber wir können uns daran beteiligen durch Umwidmung und Heiligung. Das ist nicht immer leicht, und wenn die Beschwerden schlimm sind, kann es unmöglich scheinen. Ich werde nie einen wunderbaren Mann vergessen, der jahrelang an einer tiefen, ihn drastisch einschränkenden Depression litt, die sich jedem Versuch einer Behandlung widersetzte. In einem Vorgang, den ich nur mit dem Begriff *Wunder* bezeichnen kann, wurde er mit der Gnade beschenkt, sein Leiden vollständig zu heilen: Seine innere Lähmung, seine

Selbstherabsetzung und seine sinnlosen Schuldgefühle, sogar seine Selbstmordgedanken. Er kam weit über Anstöße und kleine Blicke hinaus, seine Depression wurde zu seiner Anbetung. Ich habe keine Ahnung, wie das möglich war, und ich habe so etwas nie mehr erlebt. Aber es geschah und könnte wieder geschehen.

Vielleicht möchten Sie sich und Gott die Frage stellen, ob es außer körperlichem Schmerz andere geistige oder seelische Leiden gibt, die nach Umwidmung und Heiligung rufen. Schleppen Sie eine unterschwellige Angst um Ihre Familie, Ihre Arbeit oder Ihre finanzielle Situation mit sich herum? Werden Sie manchmal von zwanghaften Gedanken geplagt? Ertappen Sie sich häufig bei der Frage, was andere von Ihnen denken oder wie Sie auf andere wirken? Haben Sie Momente der Angst? Egal, was davon auf Sie zutrifft, könnte die eine oder andere Sache Ihnen nicht immerhin als Anstoß dienen, sich an Ihre Sehnsucht nach Liebe zu erinnern? Auch hier ist es wichtig, daß wir uns über unsere Motive klar sind. Ein bestimmtes Problem umzuwidmen, heißt nicht, es zu beseitigen. Das wichtigste dabei ist, daß es nicht zu einem Ersatz für das Gebet um Heilung, beziehungsweise zu einer medizinischen oder psychologischen Behandlung werden darf.

Parallel dazu könnten Sie sich überlegen, auch erfreulichere Dinge in Ihrem Leben mit einer Widmung zu versehen. Eine Frau, die ich kenne, nützt dafür die kurze Zeit nach dem Nachhausekommen: Schuhe aus und entspannen, keine Forderungen, keine Erwartungen. Dies ist eine der angenehmsten regelmäßigen Zeiten, die sie am Tag hat, und sie entdeckte, daß sie sie Gott widmen kann, ohne daß dabei wieder eine Arbeit daraus wird. »Es ist noch schöner als vorher«, sagte sie, »weil ich das Gefühl habe, es mit Gott zu teilen. Wir hängen einfach zusammen ein bißchen rum.«

Eine Frau, die in einem Büro arbeitet, erzählte mir in völliger Ernsthaftigkeit, sie hätte für sich beschlossen, daß Schokolade und Eiscreme von allen Schöpfungen Gottes die besten wären. Und jedesmal, wenn sie eines von beiden genießt, erinnert sie sich an Gott. Und Schokoladeneis? »Schokoladeneis«, antwortet sie, »ist der Himmel selbst«. Manche Dinge sind so gut, daß sie sich von selbst widmen.

Viele schöne Augenblicke wecken in uns die Erinnerung an Gott, ohne daß wir etwas dafür tun müßten. Ein Sonnenaufgang, die Ge-

156

burt eines Kindes, das Wunder der romantischen Liebe: Das sind alles festeingebaute Anstöße, die angenehmsten Varianten der funktionellen Askese. Bei anderen angenehmen Dingen konzentrieren wir uns ausschließlich auf die Erfahrung selbst, als ob wir uns für immer hineinverlieren wollten. So geht es mir bei vielen guten Dingen, die ich genieße: angenehme Unterhaltung, eine schöne Party mit guten Freunden, Herumalbern mit meiner Familie und so weiter. Manchmal wundere ich mich hinterher, wie weit Gott von meiner Aufmerksamkeit entfernt war. Es macht mir nicht allzuviel aus – und Gott, denke ich, macht es überhaupt nichts. Aber wenn ich mich daran erinnere, dann ist ein kleiner innerer Blick mitten in einem großen, rauschenden Spaß etwas Wunderbares; es ist wie der Austausch eines kleinen Lächelns von einem Ende des Raums zum anderen.

Wenn Ihnen oder einem Menschen, der Ihnen nahesteht, etwas sehr Schönes passiert, und Sie kommen dazu, um mitzufeiern, kann das ein doppelter Anstoß sein. Einmal die Dankbarkeit Gott gegenüber für das Ereignis an sich und dann einfach das Teilhaben an der Freude. Gott nimmt an unserem Leiden Anteil und natürlich genauso an unserer Freude.

Das Vergessen widmen

Wenn Sie in der Praxis des Erinnerns Erfahrungen sammeln, bemerken Sie natürlich auch die Situationen und Gefühle, die Ihrer bewußten Gegenwart in der Liebe am meisten in die Quere kommen. Manche sind in schmerzhafter Weise offensichtlich. Sie könnten sie nicht einmal übersehen, wenn Sie das wollten. Bei mir ist das der Ärger. Andere Anlässe zur Vergeßlichkeit kommen ans Licht, wenn Sie über Ihre Tage Rückschau halten. Ich habe nach und nach erkannt, daß Ärger viele Gestalten haben kann, und eine davon macht mich besonders vergeßlich. Wenn mir Unrecht getan wird oder mich jemand reizt, vergesse ich Gott dabei nicht, aber wenn ich das Gefühl habe, ich muß meinen Standpunkt durchsetzen, oder wenn ich es auf irgendetwas abgesehen habe, vergesse ich alles.

Wenn Sie solche Hindernisse erkennen, ist Ihre erste Reaktion vermutlich der Versuch, sie zu ändern oder zu beseitigen. Mein Rat: Das beste ist ein einfaches Gebet und vorsichtiges Aufpassen. Seien Sie mit Entschlüssen und Willenskraft vorsichtig, denn sie verwandeln sich schnell selbst in Hindernisse. Manche Situationen, in denen Sie zur Vergeßlichkeit neigen, werden verschwinden, sobald sie erkannt sind, als ob sie nur lange genug existieren sollten, um erkannt zu werden. Andere werden sich im Lauf der Zeit mit Gnade und Geduld auflösen. Noch andere werden sich hartnäckig halten. Doch selbst den anhänglichsten und eingewachsensten Hindernissen können wir einen kleinen spirituellen Hinterhalt legen. Sie können Sie zu Anstößen umwidmen!

Vor einiger Zeit sprach ich mit einem Freund über die Feiertage, die uns am angenehmsten, beziehungsweise am unangenehmsten sind. Er sagte, daß er bis vor kurzem Weihnachten gehaßt hatte. »Ich war in einer Stimmung wie Scrooge aus dem Weihnachtsmärchen von Dickens, ein genervter, feindseliger Zustand, in dem ich mich mühsam von einer Sache zur nächsten schleppte.«

Dann ertappte er sich dabei, wie er sich darüber beschwerte, daß Weihnachten für die meisten Leute so gar nichts mit Christus zu tun hatte und entdeckte, daß das auch auf ihn selbst zutraf. »Damals beschloß ich, diese verwirrten, zornigen Feiertagsgefühle für mich zu Anstößen zu machen, mich an die wahre Bedeutung von Weihnachten zu erinnern.« Danach begann sich bei ihm an den Feiertagen eine Freude zu zeigen, wie er sie seit seiner Kindheit nicht mehr erlebt hatte.

Eine der Fragen, die ich für die tägliche Rückschau vorgeschlagen hatte, war: Wann war ich am abwesendsten, am gefangensten oder am verschlossensten? Wenn Sie solche Zeiten entdecken, überlegen Sie im Gebet, wie das geschieht und was Sie überhaupt dagegen tun können. Sie werden wahrscheinlich auf die Tatsache stoßen, daß die Zeiten der größten Vergeßlichkeit die Zeiten sind, zu denen Sie am süchtigsten sind: Immer dann, wenn Sie in einer Abhängigkeit gefangen sind. Versuchen Sie nicht, die Sucht direkt zu bezwingen. Wir haben so viele Abhängigkeiten, daß unser Leben für den Kampf gegen sie nicht ausreichen würde. Dann hätten wir den Wert der Liebe nie gespürt und wir wären immer noch nicht frei.

Machen Sie sich eines klar: Sie werden den Wert der Liebe nie kennenlernen, indem Sie Ihre Süchte überwinden oder sich sonst in irgendeiner Weise verbessern. Meistens ist es umgekehrt: Wir erleben diesen Wert am ehrlichsten mitten in unserer Gebundenheit.

Gott kommt nicht erst in unser Leben, wenn wir all unsere Probleme gelöst haben. Gott ist immer schon mit uns verbunden. Die Liebe ist schon da. Unterscheiden Sie, wenn Sie an sich eine Sucht entdecken: Manche Süchte sind so zerstörerisch, daß sie einen echten Kampf rechtfertigen. Andere sind das nicht wert. Denken Sie aber daran, daß Sie sich manchmal mitten in einer Sucht heiligen können, und daß sie eine Sucht immer zu einem Anstoß umwidmen können. Dann werden Sie sich schon zu Beginn des Vergessens erinnern. Sie können sich daran erinnern, sich im Moment des Vergessens der Quelle der Liebe zuzuwenden.

Die Wege des Vergessens

Schauen Sie sich einmal genau an, was geschieht, wenn wir vergessen. Auf den ersten Blick sieht es aus wie ein plötzliches Ereignis: Ein neuer Gedanke schießt ins Bewußtsein und ersetzt komplett alles, was vorher war. Aber wie alle Zustände in Gehirn und Körper, sind Vergessen und Erinnern Abläufe, die ein wenig Zeit brauchen. Es geschieht schnell, aber nicht so schnell, daß wir es nicht sehen könnten, wenn wir es mit offenen, aufmerksamen Augen betrachten. Wenn Sie etwas nachdenken, werden Sie merken, daß es zwei Übergänge zum Vergessen gibt.

Erstens: Sie verlieren sich selbst. Sie werden von etwas so aufgesogen oder betäubt, daß sie keine Selbstwahrnehmung mehr haben. Das passiert entweder bei einer Tätigkeit oder in einer Beziehung, die Sie hundertprozentig in Anspruch nimmt, oder wenn die Dinge so routiniert und langweilig ablaufen, daß Ihr ganzes Bewußtsein auf Autopilot schaltet. So oder so ist es eine Trance; Sie könnten genauso gut ein Roboter sein.

Der zweite Weg verläuft genau entgegengesetzt: Statt Ihre Selbstwahrnehmung zu verlieren, drängt sie sich in den Vordergrund. Das kann passieren, wenn Sie sich um Ihr Auftreten sorgen, um Ihre Verantwortung, über das, was die Leute von Ihnen denken könnten, oder darüber, ob Sie alles richtig machen. Obwohl Sie hellwach und kein bißchen in Trance sind, sind Sie so mit sich selbst beschäftigt, daß Sie die Gegenwart der Liebe völlig vergessen.

Als ich anfing zu unterrichten und öffentlich zu sprechen, merkte ich, daß meine Wahrnehmung Gottes völlig verschwand, sobald ich den Mund aufmachte. Meistens war das eine übersteigerte Selbstwahrnehmung, eine Art Lampenfieber. Ich machte mir soviele Gedanken um meine Wirkung, daß ich keinen Raum mehr hatte, um die Liebe zu spüren. Aber ich merkte auch, daß ich, nachdem ich die anfängliche Angst um mich selbst überwunden hatte, vollkommen von der Diskussion eingenommen und gefesselt wurde. Dieser Zustand gefiel mir besser als die Angst, aber Gott habe ich dadurch eher noch mehr vergessen. Das Lampenfieber hat mich wenigstens manchmal, wenn es schlimm genug war, veranlaßt zu beten: »Gott, hilf mir da durch.« Aber in der Trance fand sich fast nie auch nur der kleinste innere Blick.

Als ich diese zwei Wege des Vergessens erkannte, widmete ich sie um und versuchte, mich zu heilen, wenn ich in einem dieser Zustände war. Ich etikettierte meine selbstbezogene Angst als Merkzeichen für Gottes Gegenwart. Ich erinnere mich am Beginn jeder formelleren Rede an Gott und oft auch, wenn ich einfach so mit jemandem spreche. Inzwischen heiße ich die Angst willkommen, sie ermuntert mich zum Gebet und zur Bereitschaft, verwundbar gegenwärtig zu sein. Wenn die überzogene Selbstwahrnehmung wieder auftaucht, dann fängt sie mich selten ein. Es fühlt sich stattdessen so an, als ob sich in mir irgendetwas anspannt. Das ist eine Gelegenheit, mich wieder zu einer Haltung des Vertrauens zu lokkern. Mit der Trance ist es schwieriger, weil sie ja an sich schon ein Verlust der auf die Gegenwart gerichteten Wachheit ist. Trotzdem ist der Beginn dieses Zustands inzwischen für mich ein Anstoß. Wenn ich ihn bemerke, wende ich mich an Gott, statt dagegen anzukämpfen. Das ist wirklich eine schöne Erfahrung.

Gehen Sie immer vorsichtig zu Werk, wenn Sie sich um Erinnerung bemühen, lassen Sie es nicht zu einem Kampf ausarten. Genauso wie der Kampf gegen die Süchte sich in eine Sucht verwandeln kann, kann der Kampf gegen das Vergessen zu einer Quelle des Vergessens werden. Suchen Sie lieber das Licht, statt gegen die Dunkelheit zu kämpfen. Gehen Sie lieber unmittelbar auf die Liebe zu, statt mit Dingen zu ringen, die Sie von der Liebe ablenken. Üben Sie lieber das Gegenwärtigsein, statt sich über die ganzen Wege Ihrer Abwesenheit Sorgen zu machen. Hoffnung auf Erinnerung ist besser als der Versuch, nicht zu vergessen. Denken Sie immer an diesen sehr realen und wunderbaren Unterschied.

Wir suchen hier Treue, keine Perfektion. Betrachten Sie die

Dinge, die Sie binden, sanft und mit Mitleid. Vielleicht liegen ungenutzte Möglichkeiten für den kleinen inneren Blick darin. Es kann gut sein, daß Gott hier – mitten in Ihrem Vergessen – versucht, eine kleine bewußte Verbindung zu Ihnen aufzubauen und Sie anzuschauen, während Sie das Gefühl haben, so weit weg zu sein.

Der verlorene Verstand
Wenn unsere Herzen geheiligt sind und alles einschließen, ist es egal, was wir tun, und wir müssen den Gedanken an Gott oder die Erinnerung an die Liebe nicht die ganze Zeit in unserem Verstand halten. Wir nehmen alles liebend wahr, alles ist heilig, einfach weil es Gottes Schöpfung ist. Aber wenn wir unser Herz vergessen und sich unser Verstand in Entweder-Oder-Entscheidungen verstrickt, dann laufen wir von Zuhause weg wie der verlorene Sohn. Unser Denken geht in ein anderes Land und wird reich an Gedanken und Sorgen. Genau wie der verlorene Sohn schauen wir uns dann immer wieder um und fragen uns, ob es das Zuhause noch gibt. Wenn die Zeit kommt und wir unsere Armut erkennen, kehren wir zurück und werden jedesmal von Herzen willkommen geheißen.

Wenn wir von uns selbst eingenommen und von Trance oder Betäubung gefangen sind, dann sind unsere kleinen inneren Blicke oft nichts weiter als ein sehnsüchtiges Spähen über die Schulter in Richtung Heimat. Wir bekommen Heimweh und das ist gut. Ein anderes Mal ist der Blicke eine Befreiung, er durchtrennt wie ein Blitz die Ketten unserer Zwänge. Wir denken, das Zuhause sei weit weg, aber wir sind sofort da, wenn wir darauf schauen. Vielleicht sind wir einen Augenblick später wieder gefangen, aber wir haben gemerkt, daß uns unser Zuhause von allen Seiten umgibt, genau da, wo wir sind, mitten in allem, was um uns herum vorgeht. Nur die Gnade bewirkt den Unterschied zwischen bloßer Sehnsucht und unmittelbarem Erkennen. Wir können nicht mehr tun, als unser Heimweh zu spüren und voll Hoffnung auf die Quelle der Liebe zu sehen.

Unsere bewußt gesetzten Erinnerungszeichen sind nicht mehr als Anlässe, uns nach Hause umzudrehen. Klassischerweise werden Sie *Hilfe zur Sammlung* oder *Sakramente* genannt.

Bevor ich das religiöse Vokabular lernte, habe ich sie *Gimmicks* genannt. Nennen Sie sie, wie sie wollen und engen Sie sich dabei nicht ein. Experimentieren Sie damit, spielen Sie damit. Versuchen Sie es mit Ernsthaftigkeit und mit Unsinn. Vielleicht finden Sie Zugänge, die Sie lange nutzen können, vielleicht müssen Sie sich jeden Tag um etwas Neues bemühen. Es gibt keinen allgemeingültigen Weg, nur den, der in diesem Moment Ihr Herz erreicht. Und lassen Sie diese Zugänge nicht zu wichtig werden. Sie sind Plätze, von denen aus wir nach Hause blicken, sie sind nicht das Zuhause.

Achten Sie auf die Erinnerungszeichen, die bereits ein natürlicher Teil Ihres Lebens sind. Genießen und verstärken Sie sie. Probieren Sie am Anfang immer nur einen oder zwei neue Einfälle aus und bitten Sie Gott, Ihnen bei der Auswahl zu helfen. Halten Sie alles übersichtlich. Wenn sie etwas finden oder Ihnen etwas gegeben wird, was eine reiche Ernte an inneren Blicken bringt, genießen Sie es, solange es dauert. Aber halten Sie es nicht fest. Alle Anstöße verblassen irgendwann einmal. Sie werden sich daran so gewöhnen, daß sie ihre Fähigkeit verlieren, Sie aufzuwecken. Dann wird es Zeit für etwas Neues, oder – so Gott will – erst einmal Zeit für nichts Neues.[7]

Schauen Sie zuallererst auf die kleinen Geschenke, die jeder Tag mit sich bringt. Immer, wenn ein Geräusch verstummt, halten Sie einen Moment in der Stille inne und gehen Sie einfach in die Liebe hinein. Und wenn Sie unterwegs sind, *halten Sie inne*, um die Blumen zu riechen. Schauen Sie den Himmel an, wie er aussieht, wo Sonne und Mond sind. Blicken Sie die Menschen, an denen Sie vorbeikommen, wirklich an. Wenn Sie Ihr Auto geparkt und den Motor abgestellt haben, nehmen Sie sich einen Moment, um sich umzusehen und zu hören, bevor Sie herausspringen und Ihren Geschäften nachlaufen. Wenn Sie ein Bad oder eine Dusche nehmen, lauschen Sie eine Weile, nachdem Sie das Wasser abgedreht haben. Wenn Sie sehr aktiv gewesen sind und sich hinsetzen, um auszuruhen, dann verfallen Sie nicht sofort in einen Zustand der Lethargie. Strecken und lockern Sie sich, um in die Gegenwart zu kommen. Wenn Sie sich schlafen legen oder aufwachen, tun Sie es mit Gott im Sinn. Solche kurzen Augenblicke, die wirklich von allem, was Ihre Aufmerksamkeit anregt, verursacht werden können, sind wie kostbare kleine Wassertropfen in der Wüste der alltäglichen Aktivitäten. Und es gibt so viele von ihnen, wenn wir nur innehalten würden, um sie wahrzunehmen.

Kapitel 8

DAS GEBET DES HERZENS

Die nackte Absicht, zu Gott zu kommen,
die Sehnsucht nach Gott allein ist genug.
Wenn Du all Deine Sehnsucht
in ein schlichtes Wort fassen willst,
wähle eher ein kurzes Wort als ein langes.
Dann verankere es in Deinem Geist,
damit es da bleibt, komme was wolle.
Die Wolke des Nichtwissens

Der zweite der Wege von Bruder Lorenz ist einfach: Der Mensch betet in seinem Inneren, ohne aufzuhören, egal, was geschieht. Das wurde gewohnheitsmäßiges Gebet, immerwährendes, beständiges Gebet oder Gebet des Herzens genannt. Die Menschen der Vorgeschichte haben vielleicht so gebetet. Das unaufhörliche leise oder laute Wiederholen von Mantras, heiligen Silben oder Sätzen läßt sich seit Tausenden von Jahren in der hinduistischen Praxis nachweisen und wurde ein fester Teil der frühen, buddhistischen Spiritualität. Im Christentum gibt es seit dem vierten Jahrhundert das Jesus-Gebet und im islamischen Sufismus tauchte die Praxis, ununterbrochen die Namen Gottes zu rezitieren, im achten Jahrhundert auf.[1]

Ich will in erster Linie von der christlichen Version sprechen, weil ich sie am besten kenne. Seit den ersten Tagen der christlichen Wüstenasketen im dritten und vierten Jahrhundert gab es Männer und Frauen, die ihre ganze Aufmerksamkeit dem Gebet widmen wollten. Sie wollten die Aufforderung des heiligen Paulus zu unablässigem Gebet in die Tat umsetzen. Sie kämpften viele Jahre darum, ihre Herzen immer auf Gott zu konzentrieren, und sie entdeckten dafür viele praktische Hilfen.

Seitdem hat es immer eine Tradition des hingebungsvollen Gebets des Herzens im Christentum gegeben. Die Tradition aus der Wüste entwickelte sich zum Hesychianismus (von dem griechischen Wort Hesychia, das Ruhe bedeutet). Sie wurde in erster Linie mit der östlichen orthodoxen Spiritualität und Werken wie der »Philokalia« in Verbindung gebracht, aber sie hatte auch starke Auswirkungen auf die Kirche des Westens. »Die Wolke des Nichtwissens« aus dem vierzehnten Jahrhundert ist ein klassisches Buch westlicher Spiritualität, das die Praxis sehr ausführlich beschreibt.[2]

Meistens bestanden die Übungen für das Gebet des Herzens aus einer ständigen Wiederholung eines Wortes oder eines Satzes, wobei versucht wurde, mit der Aufmerksamkeit nicht nachzulassen, ungeachtet dessen, was sonst vielleicht noch geschieht. Wenn das Gebet oft genug wiederholt wird, wird es natürlicher Bestandteil einer Person, wirklich ein Gebet des Herzens.

Im Verständnis der Bibel bezog sich der Begriff *Herz* nicht ausschließlich auf das Blut pumpende Organ, so wie wir den Begriff heute verwenden. Seine Bedeutung war auch nicht auf das Gefühl der Liebe beschränkt. Stattdessen wurde das Herz als das Zentrum der Person betrachtet, in dem die tiefsten Sehnsüchte und Überzeugungen wohnen. Das spätere spirituelle Denken verstand das Herz als die Stelle des engsten Kontaktes mit der Gegenwart Gottes und unserer tiefsten Verbindung mit anderen Menschen. Der Ort, an dem die tiefe, unaufhörliche Liebesgeschichte zwischen Gott und den Menschen tatsächlich stattfindet.

Die älteste Form christlicher Gebete des Herzens waren vielleicht kurze Verse aus den Psalmen. Einer der Sätze, die in der Frühzeit der christlichen Wüstentradition wiederholt wurden, war: »Du meine Stärke, eile mir zur Hilfe!« aus Psalm 22. Im vierten Jahrhundert wurde Wert darauf gelegt, den Namen Jesu anzurufen, und die Mönche bekamen den Rat, ihre ganze Konzentration ausschließlich auf seinen Namen zu richten. Eine verbreitete Form war die Bitte des blinden Bartimäus aus Markus 10: »Jesus, Sohn Davids, hab Erbarmen mit mir.« Später wurde das mit dem berühmten Gebet des Zöllners aus Lukas 18 verbunden: »Gott sei mir Sünder gnädig.« Im Laufe von Generationen wurden diese Formen zu dem meist verbreitetsten christlichen Gebet des Herzens verschmolzen, dem Jesus-Gebet: »Herr Jesus Christus, Sohn Gottes, sei mir Sünder gnädig.«

Viele moderne Menschen, die sich sonst zu dieser alten Form des Gebets hingezogen fühlen, werden davon abgestoßen, daß hier soviel Betonung auf die Sünde gelegt wird. In der christlichen Spiritualität der Gegenwart gibt es eine starke Strömung, die wieder betonen will, daß wir Menschen als Gottes Kinder gut sind, und die weniger Wert auf die Erbsünde und die menschliche Mangelhaftigkeit legen will. Wenn das für Sie von Bedeutung ist, sollten Sie zwei Dinge über die Geschichte des Jesus-Gebets wissen. Erstens: Wie ich oben schon gesagt habe, war das Wort Sünder in den frühesten Formen des Gebetes gar nicht enthalten. Als es eingeführt wurde, sollte es nicht auf eine grundsätzliche Schlechtigkeit der Menschheit hinweisen, sondern darauf, daß wir alle zwangsläufig das Ziel verfehlen. Zweitens: Der moderne religiöse Sprachgebrauch bezieht das Wort Gnade fast nur noch auf das Gericht Gottes, als ob wir vor dem jüngsten Gericht wie Kriminelle stünden, die an die Milde des Gerichts appellieren. Die alte Bedeutung des Wortes Gnade (*Chanan* im hebräischen, *Eleeo* im Griechischen) ist viel weiter, das Wort bedeutet Freundlichkeit, Güte, liebevolle Hilfe.

Zu glauben, daß in uns menschlichen Wesen etwas Gutes und Schönes ist, weil wir Gottes Kinder sind, ist eine solide traditionelle Theologie. Gott hat uns zu seinem Ebenbild geschaffen, und wir tragen Gottes Liebe in uns als den grundlegendsten Teil unseres Seins. Es gibt im Talmud einen alten Satz, der sagt: »Sei nicht gottlos angesichts deines eigenen Seins.« Eine moderne Variante dieses Satzes meint: »Gott macht keinen Mist.«[3]

Trotzdem sind wir auch Sünder. Wir machen viele Fehler, wir sind irregeführt, süchtig, entfremdet und lieblos. Und ich weiß, daß wir manchmal aus keinem anderen Grund als aus Bosheit regelrecht bösartig sind. Wir sind beides: Heilige und Sünder. Doch die Liebe ist die Quelle unseres Lebens, unabhängig davon, was wir von uns halten, und allein die Gnade macht es uns möglich, in die immer wachsende Fülle der Liebe hineinzuleben. So gesehen erfaßt das Jesus-Gebet in seiner ausführlichsten Form jede mögliche Situation, in der wir uns befinden, und jede Anschauung über uns, die wir haben können. Es ist in fröhlichen, schönen Momenten, in denen uns zum Lachen zumute ist, ebenso sinnvoll wie in Zeiten der Trauer und der schmerzhaften Selbsterkenntnis.

Allerdings ist das Jesus-Gebet keinesfalls das einzige Gebet des

Herzens. In der »Wolke des Nichtwissens« wurde vorgeschlagen, irgendein Wort oder einen Satz, der für Gott steht, zu nehmen, sich darauf zu konzentrieren und alle anderen Gedanken zu meiden. Simone Weil, die französische Mystikerin und Autorin des frühen zwanzigsten Jahrhunderts, sprach das Gebet leise auf griechisch mit vollkommener Aufmerksamkeit, wie sie es nannte. Damals wurden auch einige Variationen bekannter Konzentrations- und Atemgebete zu Gebeten des Herzens.

Ein Gebet des Herzens finden

Die grundlegende Übung des Herzensgebetes besteht darin, sich ein Wort, einen Satz oder ein Bild auszuwählen und es während der festen Zeiten des Gebets und der Meditation tief in sich einzupflanzen. Dann können Sie während Ihres restlichen Tages merken, wie es in Ihnen widerhallt, mitten in Ihren ganzen Aktivitäten.

Achten Sie darauf, daß ich gesagt habe, Sie könnten nicht nur ein Wort oder einen Satz, sondern genausogut ein Bild benutzen. Fast alle traditionellen Beschreibungen des Herzensgebetes verlangen die Benutzung von Worten, aber es gibt Menschen, die mit einem geistigen oder visuellen Bild viel mehr anfangen können. Wenn Sie mit dieser Form des Gebets einige Erfahrungen gesammelt haben, werden Sie vielleicht subtilere Formen ausprobieren wollen: Klänge, Körperwahrnehmungen, Gefühle und sogar das bloße, einfache Gefühl Ihrer Sehnsucht. All das können Gebete des Herzens sein. Im Lauf der Zeit können Sie experimentieren, um für sich die beste Form des Herzensgebetes zu finden. Am Anfang rate ich Ihnen allerdings, ein oder zwei Wochen beim gleichen Gebet zu bleiben, bevor Sie wechseln. Geben Sie dem Gebet Zeit, in Ihnen zu wachsen und beobachten Sie, was dabei geschieht.

Um ein Gebet für sich auszuwählen, können Sie den Ratschlägen der »Wolke des Nichtwissens« folgen: Nehmen Sie ein kurzes Wort, das irgendwie »Ihre Sehnsucht faßt«, zum Beispiel: Liebe, Vertrauen, Gott, Jahwe, Jeschua, Christus, Jesus, Shalom oder Frieden. Der tiefere, dem Geist des Gebets nähere Weg, ein Gebet des Herzens zu finden, ist Gott um eines zu bitten. Ich denke, das beste Herzensgebet wäre eines, das in ihrem Herzen entstanden ist und das das tiefe, wortlose Gebet wiedergibt, das Sie schon immer in sich spüren. Lassen Sie sich, um mit Bruder Lorenz zu sprechen, von der Liebe zu einem Gebet anregen. Sagen Sie Gott Ihre Bitte und gehen Sie dann in die Stille, um auf das zu achten, was von Gott kommen kann: Ein Wort, ein Satz, ein Bild oder ein Gefühl, das spontan in Ihrem Bewußtsein aufsteigt. Wenn etwas kommt, das sich richtig anfühlt, denken Sie nicht darüber nach, ob es von Gott inspiriert war oder ob Sie es selbst heraufgeholt haben. Schauen Sie es sich von allen Seiten an und berühren Sie es. Vertieft es Ihre Gegenwärtigkeit oder zieht es Sie weg? Löst es Vertrauen oder Angst aus? Spiegelt es Liebe wider oder Entfremdung, Bereitschaft oder Sturheit? Wenn es sich einfach eher falsch als richtig anfühlt, wenden Sie sich noch einmal an die Quelle der Liebe und bitten Sie sie, es gegen ein neues einzutauschen.

Die »Wolke des Nichtwissens« empfiehlt Worte mit einer Silbe, aber ich denke, es ist unproblematisch, etwas längere zu verwenden. Halten Sie es nur einfach. Fangen Sie nicht mit so etwas Schwierigem an, wie Simone Weils griechischem Jesus-Gebet. Die Grundidee ist, in sich ein Gebet erklingen zu lassen, das Sie jederzeit wahrnehmen können. Ist es zu lang oder zu kompliziert, dann wird es sehr problematisch, es wahrzunehmen. Das Jesus-Gebet oder ein Teil davon wäre sehr gut, vielleicht eine oder zwei Zeilen aus der Bibel, beziehungsweise aus einem Kirchenlied. Es könnte auch ein einfaches Bild wie ein Licht sein, oder irgendein Symbol Ihres Glaubens.

Das Herzensgebet üben

In Ihrer freigehaltenen Gebetszeit, nachdem Sie das Nötige getan haben, um zur Ruhe zu kommen und sich der Quelle der Liebe zuzuwenden, lassen Sie das Gebet des Herzens in sich beginnen. Wenn es aus Worten besteht, fangen Sie ganz leicht an, wie auch jeder andere zwanglose Gedankenfluß losgehen könnte. Dann erlauben Sie ihm, sich ständig zu wiederholen. Ist es ein Bild, halten Sie es sanft in Ihrer Aufmerksamkeit, wie eine Erinnerung. Wenn Sie eher gefühlsmäßig an die Sache herangehen, erleben Sie es vielleicht so, als ob Sie das Gebet wie einen Samen in Ihr Herz oder das Zentrum Ihres Daseins einpflanzen, sanft, weich und zärtlich. Das Gebet des Herzens will leicht und mit Fingerspitzengefühl geführt sein, ganz ohne Druck oder Kraft.

Das Gebet einfach in Ihrer Wahrnehmung weitergehen zu lassen, erfordert etwas Übung. Versuchen Sie nicht, sich auf das Gebet zu konzentrieren, denn es sollte in Ihnen klingen, auch wenn alles andere weiterläuft, und es sollte nichts ausschließen. Das heißt, Sie sollten sehr langsam vorgehen und Ihre Aufmerksamkeit dem Gebet zuwenden, ohne es festzuhalten oder andere Dinge auszuschließen. Diese sanfte Aufmerksamkeit kommt nur durch die Erfahrung, die uns die Gnade schenkt. Das ist einer der Gründe, warum für diese Übung die freigehaltenen Zeiten so wichtig sind.

Der beste Weg zu einer mühelosen, sanften Aufmerksamkeit ist, Ihrem Bewußtsein gegenüber eine Einstellung des Nichteingreifens anzunehmen. Lassen Sie Ihr Denken geschehen, wie es will; kämpfen Sie nicht mit ihm. Daran müssen sich die meisten Leute erst gewöhnen, denn wir sind daran gewöhnt, immer die Zügel unseres unruhigen Verstandes in den Händen behalten zu wollen. Wenn Sie mit kraftvoller Konzentration auf Ihr Bewußtsein losgehen, werden Sie dadurch nur weiteren Lärm und weitere Störungen hervorrufen. Seien Sie stattdessen sehr zärtlich und sanft mit Ihren Gedanken und lassen Sie sich nicht von dem beunruhigen, was Sie für Störungen halten. Denken Sie daran, daß Sie in diesem ganzen Unternehmen nicht allein sind und deshalb nichts mit Gewalt versuchen müssen.

Wenn Sie diese Einstellung der Nichteinmischung haben, werden Sie merken, daß Sie dem Gebet eine Weile zuhören, und dann andere Gedanken oder Bilder Sie einnehmen und forttragen werden. Versuchen Sie nicht, das zu verhindern, doch wenn Sie merken, daß Sie weggetragen worden sind, wenden Sie Ihre Aufmerksamkeit wieder sanft dem Gebet zu. Sie werden genauso merken, daß sich gelegentlich Langeweile oder Schläfrigkeit einschleichen. Versuchen Sie auch hier nicht, das zu verhindern, sondern holen Sie ein oder zwei Mal tief Atem, wenn Sie es merken und machen Sie sich sanft wieder wach. Ertappen Sie sich dabei, wie Sie darum kämpfen, sich zu konzentrieren oder das Gebet im Auge zu behalten, dann ist es Zeit, sich zu entspannen. Das Gebet des Herzens ist genauso wie die Gegenwart in der Liebe. Es wird Ihnen nicht gelingen, es ununterbrochen aufrechtzuerhalten, aber Sie können immer dahin zurückkehren, wenn Sie bemerken, daß Sie sich davon entfernt haben.

Lassen Sie auch hier alle Gedanken an Erfolg oder Scheitern los.

Sie pflanzen in diesen festen Zeiten der Meditation das Gebet tief in sich ein, damit es dort auch während des restlichen Tages in Ihnen ist. Es ähnelt wirklich sehr stark dem Vorgang des Säens. Sie legen es da ab und lassen den Dingen ihren Lauf. Buddeln Sie es nicht wieder aus, um zu sehen, ob es schon gewachsen ist. Versuchen Sie, das Gebet weder zu manipulieren, noch zu kontrollieren, nehmen Sie es einfach liebend wahr. Vertrauen Sie es der Pflege Gottes an. Sie werden entdecken, daß sich das Gebet wandeln will, es will sich in andere Bilder oder Worte kleiden. Wenn es sich in etwas verwandelt, das Ihnen mehr hilft, dann erlauben Sie es ihm. Es gibt keinen Grund, etwas festzuhalten.

Bleiben Sie bei dieser Gebetsübung so lange, wie Sie sich dabei wohlfühlen. Wenn es Zeit wird, sich wieder Ihren Arbeiten zuzuwenden, dann versuchen Sie auf jeden Fall einen bruchlosen Übergang. Bitten Sie Gott, das Herzensgebet in Ihnen weitergehen zu lassen. Nehmen Sie während des restlichen Tages das Weiterklingen des Gebets in sich wahr, wann immer Sie daran denken. Manchmal dringt es von selbst wieder in Ihre Wahrnehmung. Dann wird einer Ihrer Merkpunkte sie daran erinnern. Aber wenn Sie es sorgsam einpflanzen und mit offener Aufmerksamkeit beobachten, werden Sie erkennen, daß das Gebet erklingt, ob Sie darauf achten oder nicht, es geht einfach von alleine weiter. Genauso wie wir lieben, ohne es zu merken, betet etwas in Ihrem Herzen weiter, selbst wenn Ihr Verstand von anderen Dingen eingenommen ist. Bruder Lorenz würde sagen, daß in uns etwas in ständigem Gebet verharrt, ob wir das Herzensgebet üben oder nicht. Er würde sagen, daß der bewußte Gebrauch eines Wortes, eines Satzes oder eines Bildes nur das ununterbrochene Gespräch mit Gott auf eine bewußtere Stufe hebt.

Der Atem als Gebet des Herzens

Ich sagte bereits, daß der Atem das verbreitete Symbol der Seele ist und er uns zu jeder Zeit an unsere Gegenwart in der Liebe erinnert. Aufgrund seiner rhythmischen, wiederkehrenden Natur eignet er sich auch ideal, um uns im Gebet des Herzens zu unterstützen. Wenn das Herzensgebet aus Worten besteht, entdecken viele Leute, daß sie es spontan im Rhythmus ihres Atems wiederholen. Aus dieser Erfahrung heraus haben sich eine ganze Anzahl Atemgebete entwickelt. Ein Vorschlag der Alten war, den Namen Jesu als Gebet des Herzens zu benutzen und ihn bei jedem Ein- und Ausatmen zu wiederholen. Ein anderes Herzensgebet basierte auf dem Jesus-Gebet: Beim Einatmen: »Herr Jesus Christus«, beim Ausatmen: »Sei mir gnädig«. Ein Freund von mir hat viele Jahre lang auf »Liebe« und »Vertrauen« geatmet.

Jede Form des Gebets kann mit dem Atem verbunden werden. Selbst Bilder finden, besonders wenn sie einfach sind, eine Verbindung mit dem Atem. Sie könnten zum Beispiel das Bild aufnehmen, Gottes Licht ein- und auszuatmen. Vielleicht stellen Sie sich auch in Ihrem Herzen ein Kreuz vor und atmen von diesem Platz aus. In den meisten alten christlichen Traditionen stand das Herz bildhaft für die Mitte des Körpers und wurde im Unterleib angesiedelt. Eine allgemeine Anweisung lautete daher: »Geh mit deinem Geist in dein Herz«, was buchstäblich bedeutete, auf das Heben und Senken des Bauches zu achten, während der Name Jesu mit dem Atem gebetet wurde. Daher stammt der Begriff der *Nabelschau*.

Das Zusammengehen von Herzensgebet und Atem ist etwas Spontanes, das weder erzwungen noch künstlich produziert werden sollte. Wenn Herzensgebet und Atem in Ihnen einen gemeinsamen Rhythmus finden, dann lassen Sie es weiterlaufen. Ihre Atmung ist etwas Natürliches, und so sollte auch Ihr Gebet sein. Das Gebet des Herzens soll im Grunde kein künstlicher Gebetszustand sein, sondern eine Annäherung an das völlig natürliche Gebet, das schon immer in uns klingt. Bewußt wiederholte Gebete sind nur die Oberfläche des großen unbewußten Gebetes und zwar des Gebetes, zu dem Bruder Lorenz meinte, wir wären überrascht über das, was unsere Seelen zu Gott sagen. Ein hinduistischer Text aus dem achten Jahrhundert beschreibt den unhörbaren Klang des natürlichen Gebets, das jeder Mensch in seinem Atem betet. Der Atem sagt stumm »Hahm«, wenn eingeatmet wird, und »Sah«, wenn ausgeatmet wird. Dieses Gebet erklingt in jedem lebendigen Wesen, spontan, ununterbrochen und ohne bewußte Anstrengung.[4]

Einige Warnungen

Das Gebet des Herzens bindet unter Umständen mehr aktive Absicht als der Vorgang des Erinnerns. Das kann uns tiefer in die verwirrenden Bereiche von Sehnsucht, Absicht und Kontrolle hineinziehen. So wie es ursprünglich ausgeübt wurde, erforderte das Gebet des Herzens große Konzentration – erheblich mehr Anstrengung, als ich empfohlen habe. Das heilige Wort oder der heilige Satz wurde zum Zentrum der Aufmerksamkeit, und alle anderen Eindrücke oder Aktivitäten des Verstandes wurden als Ablenkungen betrachtet. Das war ein richtiger Kampf um die Kontrolle. Eine derartig angestrengte Konzentration verursacht unausweichlich in der betenden Person innere Kämpfe um die Kontrolle der Aufmerksamkeit, einen Versuch, sich ausschließlich auf das Gebet zu konzentrieren und sich nicht von anderen Gedanken oder Eindrücken gefangennehmen zu lassen. Das begünstigt Entschlüsse und willentliche Kontrolle, es führt zu einer Art Krieg im Inneren der eigenen Person.

Diese inneren Kämpfe können sich zu einem Versuch entwickeln, sich unter Ausschließung aller anderen Dinge nur auf Gott auszurichten. Genau das war das Ziel der frühen hesychianischen Tradition. Das hatte einen gewissen Sinn in einer Zeit, als die Menschen Körper, Geist und Seele oft als unvereinbar empfanden und Versuchungen, die aus dem Körper kamen, für teuflisch hielten. »Jemand, der Gott liebt, flieht alles und strebt zu Gott«, sagte Basilius der Große.[5]

Heutzutage macht es keinen Sinn mehr, die Welt auszusperren, um liebender zu werden. Das wollte auch Bruder Lorenz nicht erreichen, wenn er sich auf Gott hin ausrichtete. Er wollte im Gegenteil sagen, daß die Liebe uns veranlaßt, vom Mittelpunkt Gottes aus in die Welt hineinzugehen. Darum legte er soviel Wert darauf, daß das Gebet von der Liebe motiviert sein sollte. Es muß gerechtigkeitshalber zugegeben werden, daß die alten Weltverächterinnen und -verächter das alles auch aus Liebe taten. Egal, ob sie jemals die allumfassende Gegenwart der Liebe erkannten, sie zweifelten nie daran, daß sie die größte aller Güter war, und sie wollten immer die Liebe in der Welt vergrößern. Sie wollten nur vermeiden, daß ihnen die Welt dabei in die Quere kam.

Betreiben Sie das ganze also mit sanfter Hand. Wenn Sie sehen, tun Sie es mit zärtlichem Blick, wenn Sie hören, dann mit offenen Ohren. Fassen Sie alles mit vorsichtigen Händen und rücksichtsvollem Geist an. Wenn Sie sich dabei ertappen, wie Sie sich anstrengen bei dieser Art des Gebetes und wie Sie irgendetwas festhalten oder vermeiden wollen, wird es Zeit, sich zu entspannen und wieder heimwärts der Gnade Gottes zuzuwenden. Entwickeln Sie eine Einstellung der Offenheit. Suchen Sie die Stärke und Kraft Ihrer Person in Sehnsucht und Heiligung, nicht in der Manipulation. Nehmen Sie sich Zeit, um sich zu strecken und zu lockern. Suchen Sie nach einem allumfassenden Gegenwärtigsein. Merken Sie, daß Sie darum kämpfen, etwas auszuschließen, so lockern Sie sich und lassen Sie es zu. Sie müssen nicht irgend etwas in die Mitte Ihrer Aufmerksamkeit stellen. Solange Ihre Wachheit auf dem Boden Ihrer Sehnsucht nach Liebe entsteht, kann das Zentrum Ihrer Aufmerksamkeit überall und nirgends zugleich sein.

Die Gegenwart umarmen

Vergessen Sie auch nie, jedes Gebet, das Sie bewußt sprechen, ist nichts als eine Welle auf der Oberfläche des großen Gebets, das die Quelle der Liebe in jedem Augenblick Ihres Lebens tief in Ihnen spricht. Erinnern wir uns an das Mysterium der zugleich immanenten, transzendenten und alles durchdringenden Gegenwart Gottes in uns. Es ist klar, daß wir uns nicht der wahren Gegenwart Gottes zuwenden können, wenn wir uns ausschließlich auf ein Wort, einen Satz oder ein Bild fixieren. Das sind bestenfalls Symbole und Ausdrucksformen von Gottes Gegenwart und unserer Sehnsucht. In Momenten der reinen Gnade werden diese Symbole zu Ikonen: Fenster, durch die wir einen Blick auf die alles umfassende Gegenwart der Liebe Gottes erhaschen. Aber sie sind immer nur ein Mittel, nicht das Ziel.

Wir können jede Form des Gebets der Prüfung unterziehen, ob sie uns hilft, gegenüber anderen Menschen und in Situationen und gleichzeitig auch vor Gott präsenter zu werden. Dazu müssen wir mit einigen alten Vorstellungen von Gott aufräumen. Unser Verstand ordnet die Welt gern in Schubladen ein: Gott hier, wir selber da und der Rest der Welt irgendwo anders. Wir müssen uns manchmal daran erinnern, daß sich die Gegenwart Gottes nicht auf einen bestimmten Teilbereich beschränkt. Auch wenn wir Gott an manchen Stellen deutlicher spüren als an anderen, sollten wir daran denken, daß wir überall, wo wir hinsehen, auf Gott stoßen.

Ist Gott nun tatsächlich überall, dann ist der Versuch unsinnig, sich nur an irgendeinem heiligen Fleck weitab von allen Ablenkungen auf Gott auszurichten. Trotzdem erliegen wir gerade beim Herzensgebet der Neigung, uns in die Abgeschiedenheit unseres Inneren zurückzuziehen, um Gott zu finden. Wenn wir das übertreiben, verfallen wir dem Gedanken, Gott sei nur hier in uns, in der Welt da draußen sei er nicht zu finden.

Um dieser Tendenz entgegenzuwirken, müssen wir erkennen, daß das, was wir Ablenkung nennen, nicht die Dinge selbst sind, sondern die Art und Weise, in der unsere Aufmerksamkeit von ihnen aufgesogen und eingefangen wird. Die Ablenkungen werden vollständig von unseren Abhängigkeiten bestimmt. Denken Sie an die Geräusche spielender Kinder. Sind wir offen und entspannt, hört sich das an wie Musik. Konzentrieren wir uns aber auf irgendetwas anderes, werden daraus Ablenkungen – Lärm statt Musik. Das ganze findet im Kopf statt. Unsere Abhängigkeiten treffen für uns diese Entscheidung.

Nehmen Sie als ein anderes Beispiel den Unterschied zwischen Blumen und Unkraut. Wenn Ihnen viel an einem makellosen Rasen liegt, dann ist ein Löwenzahn für Sie ein Unkraut. Pflückt nun ein Kind genau diese Blume und bringt Sie Ihnen als Geschenk, wird für Sie plötzlich eine Blume daraus. Blumen sind Pflanzen, die da wachsen, wo wir es wollen. Unkraut sind Pflanzen, die wachsen, wo sie es wollen. Genauso ist es mit Ablenkungen. Sie sind der Lärm und das Unkraut in unserem Verstand. Wenn unsere Abhängigkeiten sich ein wenig wandeln, können aus den Ablenkungen Musik und Blumen werden.

Wenn wir das mit unseren Übungen der liebenden Präsenz in Zusammenhang bringen, dann entstehen Ablenkungen schlicht daraus, daß wir unsere Aufmerksamkeit so stark auf irgendetwas fixieren, daß wir Gottes Gegenwart dabei ausschließen. Wir sollen die Ablenkungen nicht bekämpfen und aussperren, indem wir unsere Aufmerksamkeit auf Gott fixieren. Unsere Aufmerksamkeit soll sich öffnen, um müheloser und umfassender zu werden. Und in dieser Offenheit müssen wir weder Gott noch Gottes Schöpfung vergessen. Sonst haben wir noch nicht einmal angefangen, uns der Erfüllung der beiden größten Gebote zu nähern: Gott von ganzem Herzen zu lieben und unseren Nächsten wie uns selbst. Diese Offenheit wiederum ist eine Gnade, wir können nur um sie beten und bereit sein, sie anzunehmen. Wir können uns nicht mit Willenskraft von unseren Abhängigkeiten trennen, deshalb können wir auch nicht frei von Ablenkungen sein.

Erinnern Sie sich einfach daran, daß in Gottes Gegenwart zu sein und das Gegenwärtigsein zu üben uns ja auch irgendwie für die Welt offener macht. Bemühen Sie sich besonders beim Gebet des Herzens nicht darum, Ihre Aufmerksamkeit auf einen Punkt zu fixieren. Wenn Sie abgelenkt werden, unterdrücken Sie das nicht mit Gewalt. Lösen Sie sich von den entweder-oder-Entscheidungen Ihres Verstandes und beten Sie um eine umfassendere sowohl-als-auch-Wahrnehmung. Lassen Sie Ihre Aufmerksamkeit sanft und mühelos zwischen Gebet und Ablenkung hin und her pendeln. Werden Sie anmutig und beweglich.

Kapitel 9

DIE QUELLE DER LIEBE LIEBEN

Oh, Ihr Frauen der Stadt,
schwört bei der Hirschkuh auf dem Feld,
daß Ihr uns nicht weckt und aufstört,
bis wir unsere Liebe vollenden
Hoheslied

Egal, ob wir abgelenkt sind oder nicht, ob wir es wissen oder nicht, ja sogar egal, ob wir es *wollen* oder nicht, unterhalb der Oberfläche unserer Selbstwahrnehmung steht unsere Seele in einem ununterbrochenen Gespräch mit Gott. Das ist ein Geschenk, das zu allen Zeiten und an allen Orten stattfindet. Wir müssen uns das nicht erobern und wir können nichts tun, um es geschehen zu lassen. Wir können uns dem aber auch nicht entziehen. In den Worten des Psalmdichters ausgedrückt: »Wohin könnte ich fliehen vor deiner Gegenwart? Nähme ich die Flügel des Morgenrots und ließe mich nieder jenseits des Meeres, auch dort wird deine Hand mich führen, deine Rechte wird mich halten.«[1]

Die Beziehung zur Quelle der Liebe ist das Allernatürlichste an uns. Wenn wir uns in diese Beziehung aktiv einüben, dann tun wir nichts anderes, als so gut wie möglich zu leben, in liebendem Vertrauen auf diese immerwährende Verbindung zwischen unserem Herzen und dem Herzen des heiligen Anderen, dessen Gegenwart uns ganz macht. Bruder Lorenz nannte es »überall mit Gott reden«.

Die große Mehrheit der religiösen Menschen hat eine gewisse Vorstellung über die Beziehung zu Gott, aber nur die wenigsten erkennen sie als ein Geburtsrecht aller menschlichen Wesen. Stattdessen sehen sie darin ein übernatürliches Ereignis, einen außerordentlichen Einbruch des Himmels in das Leben der Menschen. Egal, wie Sie es sehen, die Gemeinschaft mit Gott ist der verbreitetste Weg, auf dem Menschen die Gegenwart der Liebe leben.

Sie ist allerdings auch der dornigste, empfindlichste Weg und der Weg, auf dem wir unter Umständen den größten Zerreißproben ausgesetzt sind. Wie sehe ich meine Beziehung zu Gott, beziehungsweise Gottes Beziehung zu mir? Ist mein Gott männlich, oder ist sie weiblich, ist er/sie Vater oder Mutter, Freund oder Liebhaber, Begleiter oder Herr, Beschützer oder Herausforderer, Herrscher oder Diener, kritischer Richter oder lachender, tanzender Partner? Wenn ich nun wirklich in den Sonnenaufgang fliege oder über das Meer reise, wird Gott bei mir sein? Was geschieht, wenn ich Gott zu nahe komme? Werde ich wirklich lieben und überleben, oder wird mich Gottes brennende Leidenschaft verzehren, bis nichts mehr von mir übrig ist?

Das sind einige Fragen, denen ich mich stellen mußte. Fügen Sie Ihre eigenen hinzu, wenn Sie mutig genug sind. Muß das wirklich so kompliziert sein? Ja, ich denke, für die meisten von uns schon. Es gibt ein paar gesegnete Seelen, die ihr ganzes Leben hindurch mit kindlicher Einfachheit begnadet sind. Die meisten von uns müssen die Einfachheit in, unter und jenseits eines Riesenhaufens von Komplikationen suchen. Wir können unser Bestes geben, nicht noch Extraprobleme hinzuzufügen, aber mit dem, was uns auf unserem Weg begegnet, müssen wir uns auseinandersetzen. Gemeinschaft ist alles mögliche, aber sie ist auch etwas, mit dem wir uns auseinandersetzen müssen.

Die kleinen inneren Blicke und die unablässigen Gebete können etwas Liebevolles, Süßes und Tiefes sein, aber erst in der praktizierten Gemeinschaft mit Gott stoßen wir auf die Dornen und Disteln der Liebe. Hier finden wir die ganze Breite und Tiefe menschlicher Freude und menschlichen Schmerzes, Trost und Verzweiflung, Beruhigung und Angst, Gemeinschaft und Fremdheit. Hier nimmt die Einladung der Liebe Fleisch und Blut an. Wenn wir ja sagen, handeln wir uns Probleme ein. Wir müssen den Wert der praktizierten Gemeinschaft spüren, ob es uns nun mühelos leicht fällt, oder ob wir uns damit sehr schwertun.

Die praktizierte Gemeinschaft kann unendlich viele Gestalten annehmen. Ich werde hier drei verbreitete Wege als Beispiel behandeln: Freundschaft, romantische Liebe und kosmische Gegenwärtigkeit. Dann werde ich Ihnen ein paar Überlegungen vorschlagen, wie Sie die Einladung, die an Sie gerichtet ist, erkennen können. Es geht hier nicht darum, Beziehungsstile zu vergleichen, als ob sie auf einem Wühltisch lägen. Ein Weg, oder eher mehrere Wege gleichzeitig sind uns gegeben, liegen bereit und warten darauf, sich zu zeigen.

Freundschaft

Der verbreitetste Weg, die Gemeinschaft mit Gott zu erleben, ist, ihn als liebenden Begleiter zu sehen. Vor langer Zeit sangen die Dichter der Psalmen von Gottes treuer Gegenwart. In allen christlichen Evangelien fordert Jesus die Menschen auf, ihm zu folgen, ihn einzulassen, mit ihm zusammenzusein und ihn zu lieben: »Ich nenne euch nicht mehr Knechte«, sagte er, »ich nenne euch Freunde.« Im Christentum der neueren Zeit sind Kirchenlieder wie »Bei dir, Jesu, will ich bleiben«, »Welch ein Freund ist unser Jesus« oder »Jesus liebt mich« feste Bestandteile des Gottesdienstes. Die bekanntesten Gebete fangen mit Sätzen an, wie: »Der Herr sei mit euch« oder »Herr, sei Du heute in unserer Mitte«. Wenn Sie solche Gebete wörtlich nehmen wollen, wäre das eine Irrlehre, weil die Worte davon ausgehen, daß Gott *nicht* bei uns ist. Ich ziehe eine freundlichere Auslegung dieser Gebete vor, als verkürzte Formel für: »Gott hilf uns, Dir wenigstens ansatzweise so zugewandt zu sein, wie Du es uns bist.«[2]

Kinder entwickeln schnell eine Beziehung zu Gott als Freund. Wir Erwachsenen halten es vielleicht für kindisch, mit Gott wie mit einem Freund umzugehen, es kann zu sehr nach einem nur in der Phantasie existierenden Spielkameraden klingen. Aber wenn wir manchmal ein ungezwungenes, kameradschaftliches Gefühl zu Gott verspüren, ist es möglicherweise ratsam, es nicht zu schnell von uns zu weisen. Mit Gott einen Strandspaziergang zu machen, Versteck zu spielen, zu kichern und Gott bei der Hand zu halten, muß kein Vorrecht der Kinder sein. Jesus zum Beispiel sagte, es gäbe für uns keinen Weg ins Himmelreich, »wenn Ihr nicht umkehrt und wie die Kinder werdet.«[3]

Kinder sind schnell bereit, die Freundschaft mit Gott mit einer Elternbeziehung zu verbinden. Gott als Vater oder Mutter zu sehen kann auch kindisch erscheinen. Doch vielleicht gibt es in Ihnen das Fünkchen eines verleugneten Kindes, das manchmal Gottvater auf den Schoß klettern möchte oder sich an Gottes mütterliches Herz kuscheln, das sich einen Moment unter Gottes Flügeln ausruhen oder von seinen starken und zärtlichen Armen gehalten werden will? Wenn Sie sich diese Gefühle zugestehen können, würden Sie sich nicht gerne manchmal an Gottes Schulter ausweinen und von ihm hören, daß Sie wertvoll und wunderbar sind? Und steckt in Ihnen nicht ein Wesen, das sich freuen würde, könnte es ein Lächeln auf Gottes Gesicht zaubern?

Vergessen Sie bitte Ihr Erwachsensein für einen Moment, und geben Sie sich selbst nach. Denken Sie nicht über Psychologie und Theologie nach und auch nicht über richtig und falsch. Die unmittelbare Gemeinschaft mit Gott ist der Ort, an dem Sie Ihrer Sehnsucht hundertprozentig vertrauen und die Kontrolle an sie abgeben können. Sie werden nie herausbekommen, wie sicher dieser Ort ist, wenn Sie nicht das Risiko eingehen, sich ganz darauf zu stellen. Hier braucht es kein Zögern und keine sorgfältige Prüfung. Vielleicht haben Sie Angst, aber dafür gibt es keinen Grund. Hier befinden Sie sich nicht nur in der bedingungslosen Umarmung Gottes, sondern auch in guter Gesellschaft mit vielen Heiligen, die sich an Gott schmiegten, mit den Psalmdichtern, die es wagten, vor Gott ihre Selbstsucht zu zeigen, mit Propheten, die mit Gott stritten, und mit Jesus, der Gott gern Papi nannte.[4]

Wenn Sie mehr Würde brauchen oder wenn Sie die majestätische Transzendenz des Göttlichen erkennen wollen, verfallen Sie nicht zu schnell auf die traditionellen Wege. Schauen Sie, wie die Einladung aussieht. Versuchen Sie, mit Gott zu sprechen, in Ihrem Herzen oder mit Worten, gesprochen oder geschrieben. Betrachten Sie, was in den Bereichen des Gefühls, des Denkens und Handelns schon gegeben ist. Und betrachten Sie die Beziehung zwischen Gott und Menschen unter den Gesichtspunkten von Heilung, Gerechtigkeit, Suche, Friedensschluß und Mitschöpfung.

Der ehrfürchtigste Sinn von Gemeinschaft ist eine *Ich-Du*-Wertschätzung, die liebevolle Vertrautheit zuläßt und dennoch den heiligen Abstand zwischen Mensch und Gott wahrt. Diese Beziehung ist frei von Einschränkungen durch irgendwelche Gottes- oder Selbstbilder, und sie erniedrigt keine der beiden Seiten zu einem Objekt.

Sie ist frei und doch verbindlich, ehrfurchtsvoll und doch voll vertrauter Gegenseitigkeit. Nach Martin Buber kann daraus die tiefste Art der Beziehung werden, eine Erkenntnis, daß Gott uns so braucht, wie wir ihn brauchen.[5]

Im ersten Moment erscheint die Idee, Gott brauche uns, wie ein Verstoß gegen die Lehre von seiner Allmacht. Wenn Gott sich nicht nur nach unserer Liebe sehnt, sondern uns braucht und von uns abhängig ist, schwächt das nicht die Gott innewohnende Kraft? Die Antwort liegt im Ursprung dieses Bedürfnisses. Ja, Gott hat Bedürfnisse. Aber Gottes Bedürfnisse entspringen seiner Liebe, und die Liebe ist frei. Gott liebt uns nicht, weil er uns braucht, sondern er braucht uns, weil er uns liebt. Es ist eine absolute, bedingungslose und vollkommen freie Liebe. Gott schmerzt es, daß wir uns in den Tanz der Liebe nicht einreihen, der Geist der Liebe wird vermindert, wenn wir uns davon abwenden, aber Gott entscheidet sich, uns gehen zu lassen und diese Minderung hinzunehmen.[6]

Die MystikerInnen haben in ihrer Lebens- und Gebetserfahrung regelmäßig entdeckt, daß die Quelle der Liebe uns wirklich braucht, für den unendlichen Fortgang der Schöpfung und um der Liebe selbst willen. Wir freuen Gott und machen ihn glücklich, und er wünscht sich innig, auch uns glücklich zu machen. Gott braucht uns, um uns zu lieben und von uns geliebt zu werden. Seine Liebe kann viele Gestalten annehmen: Strenge, Zärtlichkeit, Wehmut, Intimität, Leidenschaft. Sie kann sich in Taten und Ruhe ausdrükken, in Worten, Schweigen, Gedanken, Gefühlen. Manchmal ist sie in einer Weise fühlbar, die etwas unabweisbar Sexuelles hat: Sehnsucht, Umarmung, Erregung, Erfüllung und ein so tiefes und körperliches Ausruhen, daß man nicht mehr an der Vollständigkeit der Inkarnation zweifeln kann.

Romantische Liebe

Lesen Sie, wenn Sie es nicht schon getan haben, einmal die wunderschöne Sammlung von Liebesgedichten, die das Hohelied genannt wird. Sie ist nicht sehr lang, und sie ist so voll von Erotik, daß Sie weiterlesen werden. In der methodistischen Sonntagsschule meiner Kindheit im mittleren Westen haben wir das Hohelied nie durchgenommen. Es erschien auch nie als Tageslesung. Kein Mensch hat je darüber gepredigt. Aber wir waren in guter Gesellschaft: Aus einer talmudischen Überlieferung wissen wir, daß es vor fast zweitausend Jahren eine große Debatte darüber gab, ob das Buch in den jüdischen Kanon der Schrift aufgenommen werden sollte. Einige Leute sollten sogar »von der Auferstehung ausgeschlossen« werden, weil sie Verse aus dem Hohenlied bei Hochzeiten gesungen hatten.[7]

Die Dichtung hat ihren Ursprung möglicherweise in Liebesliedern aus dem vierten oder fünften Jahrhundert vor Christus. Manche interpretieren sie als eine Allegorie auf die Liebe zwischen Gott und Israel. Andere zitieren sie, weil sie der beste Ausdruck der Romanze zwischen der individuellen Seele und Gott ist. Obwohl sie lange vor Christus verfaßt wurde, sind viele Autoritäten des Christentums der Ansicht, daß sie das Verhältnis zwischen der Kirche und Gott beschreibt.

Was auch immer sein ursprünglicher Sinn war, das Hohelied gehört zur wunderbarsten Liebeslyrik, die je geschrieben wurde. Die Mystiker aller Jahrhunderte fanden darin Worte und Bilder, in denen sie die eigene Liebeserfahrung mit Gott ausdrückten. Viele schrieben eigene Übersetzungen und Kommentare. Origines, Gregor von Nyssa, Bernhard von Clairvaux, Mechthild von Magdeburg, Johannes vom Kreuz und Theresa von Avila sind nur einige von ihnen. Es gibt eine Geschichte über den Kommentar der Theresa, die typisch für ihre entzückende Persönlichkeit ist. Ihr Beichtvater befahl ihr, ihr Manuskript zu verbrennen, weil er fühlte, daß es für eine Frau gefährlich sei, über solche Dinge zu schreiben. Gehorsam wie immer warf sie es sofort ins Feuer. Was er nicht wußte: Viele ihrer Freunde hatten bereits Abschriften.

Wenn sich eine Romanze mit Gott ereignet, dann wandelt sich die Gemeinschaft. Das, was freundliches Sehnen und aufmerksamer Gottesdienst war, wird zu einer absolut leidenschaftlichen Liebesaffäre. Gott ist nicht länger nur der freundliche Begleiter oder die Majestät in der Ferne, auf einmal wird die Quelle der Liebe zur großen Liebhaberin. Willkürliche Trennungslinien zwischen Spiritualität und Sexualität verwischen sich. Obwohl jeder Mensch, der das Gegenwärtigsein in der Liebe übt, Ahnungen von der romantischen Liebe mit Gott erlebt, ist eine volle, erotische Leidenschaft seltener. Von den Menschen, die sich mir in dieser Tiefe anvertraut haben, hatten weniger als die Hälfte solche Gefühle erlebt.

Manchmal sind die Leute zu ängstlich, um solche Gefühle hochkommen zu lassen, aber ich nehme auch an, daß Gott sich so nicht allzuvielen Menschen nähert. Romantische Leidenschaft ist nur einer von vielen Wegen, Gott zu lieben. Er scheint aufregend und verlockend, aber es muß nicht das sein, wozu die Liebe einlädt. Halten Sie Ihr spirituelles Leben nie für weniger tief oder wertvoll als das einer anderen Person, nur weil es anscheinend nicht so farbig ist. Evelyn Underhill, im zwanzigsten Jahrhundert die große Erforscherin der spirituellen Leidenschaft, formuliert es sehr deutlich: »Wenn Sie sich kalt und tot fühlen, dann begehen Sie nicht den Fehler zu denken, Sie könnten nicht lieben.« Es geht nicht darum, ob ein Weg attraktiver ist als ein anderer. Es geht darum, wozu Gott einlädt.[8]

Wenn Gott einen Menschen zu einer romantischen Beziehung einlädt, liegt in dem Werben mehr Schmerz und mehr Freude, als es in einer menschlichen Beziehung jemals möglich wäre. Die Autoren unter den Mystikern kämpfen damit und schaffen es doch kaum, die Wunden und Ekstasen der göttlichen Liebe in Worte zu fassen und die tödliche Krankheit, die eine schamlose Liebe zu Gott bringen kann. Johannes vom Kreuz schrieb im Spanien des sechzehnten Jahrhunderts in einer Gefängniszelle seine Version des Hohenliedes. In Versen von makelloser Schönheit beschrieb Johannes, wie ihn Gott mit seiner Liebe verletzt hatte, sein Herz stahl und ihn »sterbend« zurückließ, »an was, o, ich weiß es nicht.« »Mas, ¿Cómo perseveras, Oh vida, no viviendo donde vives?« rief Johannes. (Leben, wie kannst Du es ertragen, nicht zu leben, wo Du lebst?) »¿Por qué, pues has llagado aqueste corazón, no le sanaste?« (Warum, da Du schon dieses Herz verwundest, heilst Du es nicht?)[9]

Was kann ein Mensch mit solchen Gefühlen anfangen? Wenn die Leidenschaft nach Gott beginnt, körperlich zu schmerzen, wenn spirituelle Sehnsucht in absolut sexuelle Gefühle umschlägt, wo kann sich ein Mensch hinwenden? Die natürliche Reaktion ist, die Vereinigung mit einer anderen Person zu suchen. Es ist kein Zufall, daß viele Menschen, die Gott so lieben, in unerlaubte menschliche Liebesaffären geraten. Spirituelle Sucher suchen sich auch gegenseitig. Wenn es dann passiert, daß zwei Menschen, die versuchen, die Strahlen von Gottes leidenschaftlicher Liebe auszuhalten, sich sexuell zueinander hingezogen fühlen, ist das keine einfache Sache. Ich denke, es gibt eine Art sexueller Sucht, die ihre Wurzeln in der leidenschaftlichen Liebe zu Gott hat.

Es ist auch kein Zufall, daß leidenschaftliche Liebhaberinnen und Liebhaber Gottes leicht dem Essen, der Arbeit, Alkohol oder anderen Drogen und den Extremen der Askese verfallen. Die Dichtungen des Johannes vom Kreuz sind nicht nur schöne, leere Worte. Sie beschreiben eine so grimmige Sehnsucht, daß es Zeiten geben mag, in denen ein Mensch alles tun würde, um sie zu lindern. Jeder Fluchtweg, jede Betäubung ist einen Versuch wert. Es wird erzählt, daß Origines, vielleicht der bedeutendste Theologe des dritten Jahrhunderts, sich schließlich selbst kastrierte, als er mit jungen frischbekehrten Frauen arbeiten mußte.[10]

Letztendlich gibt es keinen Fluchtweg, keine Betäubung und keinen selbstauferlegten Weg, um die Schmerzen zu beenden. Die Strahlen der Liebe müssen getragen werden. Keine menschliche Liebesaffäre kann dafür als Ersatz dienen. Weder Drogen noch Essen werden die Leere wirklich füllen. Keine Überarbeitung und kein Vertieftsein kann die Sehnsucht übertönen, keine asketische Überanstrengung den Schmerz aufhalten. Es führt kein Weg vorbei, nur einer hindurch. Die Dichtung des Johannes vom Kreuz legt lebendiges Zeugnis dafür ab, daß diese Wunde offen bleiben muß, bis Gott sie heilt. So verwandelt Gott jedes verborgene »nein«, »vielleicht« und »ja, aber« in ein uneingeschränkt freudiges »JA!« Das ist der Weg der Liebe, alles auszufüllen.

Können wir so etwas einüben? Erstaunlicherweise ja. Doch anhand der romantischen Liebe zu Gott wird deutlich, wie wir die wirkliche Bedeutung aller Übungen verstehen müssen. Keine romantische Liebe, ob menschlich oder göttlich, kann je gemacht werden, sie geschieht, wenn sie geschieht. Sie wird gegeben. Bei der romantischen Liebe ist das offenkundig, aber es trifft auch auf alle Übungen und alle Wege zu, auf denen wir eine tiefere Gegenwart in der Liebe anstreben. Übung ist als eine in die Tat umgesetzte Heiligung der Ausdruck unserer Sehnsucht und unserer Bereitschaft, anzunehmen, was die Liebe gibt und wozu sie uns einlädt. In den Übungen bringen wir unsere Bereitschaft zur Hingabe und unser hoffnungsvolles Vertrauen zum Ausdruck. Wenn wir wirklich verstehen, was Übung bedeutet, können wir alles üben. Ich will Ihnen zwei Beispiele geben, wie wir die romantische Liebe mit Gott üben können.

Der erste Weg verlangt, daß wir unseren Gefühlen für Gott so direkt und ehrlich wie möglich begegnen. Das bedeutet eine aktive Bereitschaft, nicht nur unsere Sehnsucht, sondern auch unsere Ängste und unsere anderen Gefühle zu erleben. Wir können um diese Offenheit bitten und uns in den Momenten, in denen wir die Wahl haben, dafür entscheiden, diese Gefühle willkommen zu heißen, statt sie auszuschließen.

Manche Menschen haben mehr Kontakt zu ihren Gefühlen als andere. Wir könnten nun vermuten, diese Menschen würden eher eine romantische Liebe mit Gott erleben, aber ich glaube nicht, daß das stimmt. Ich habe gesehen, wie sich sehr gefühlsarme Menschen plötzlich leidenschaftlich in Gott verliebten, und wie ganz sentimentale Leute sanft von ihren Gefühlen weg in eine ruhige und gelehrte Beziehung gezogen wurden. Solche Beispiele strafen Theorien Lügen, die behaupten, unsere Beziehungen zu Gott seien psychologisch vorhersagbar. Gott ruft die menschlichen Herzen auf seine Weise und er weiß, wie oder warum.

Ich bin sicher, Gott ruft jeden Menschen in seiner Einzigartigkeit; allerdings weiß auch nur er, was diese Einzigartigkeit ausmacht. Wir müssen uns in allen Dingen, die mit der Liebe zu tun haben, für Überraschungen offenhalten. Wenn Sie mitten im Gebet von romantischen Gefühlen, erotischen Bildern oder sexueller Erregung überrascht werden, versuchen Sie nicht, voll Furcht zu fliehen. In uns allen muß die alte Trennung zwischen Körper, Geist und Seele geheilt werden. Bitten Sie um die Gnade, das zulassen zu können.

Ein weiterer Weg, um die romantische Liebe mit Gott einzuüben, ist, unsere Schutzmechanismen der Liebe anderer Menschen gegenüber zu lösen. Wir können uns strecken und lockern, um in Liebesbeziehungen mit andern Menschen einzutreten. Die Liebe ist etwas so Unkontrollierbares, daß wir viele innere Schutzwälle gegen sie haben. Aus dem gleichen Grund belegt die Gesellschaft die Ausdrucksmöglichkeiten der Liebe mit strengen Einschränkungen. Das ist, was wir Schicksal nennen. Selbst die Braut im alten Hohenlied kämpfte mit den sozialen Konventionen: »Ach wärst Du doch mein Bruder«, klagte sie, »ich würde dich küssen und niemand dürfte mich deshalb verachten.«[11]

Die meisten von uns nähern sich den Grenzen des Anstands kaum, geschweige denn, daß sie gegen das Gesetz verstoßen würden. Wir haben zuviel Angst vor Schmerzen, vor Strafe und vor dem Unbekannten. Wir sind in uns schon zu eingeschränkt. Diese Beschränkungen bewahren uns vor Ärger, aber sie können uns auch davon abhalten, zu lieben. Ich will Sie weder zu einer unerlaubten Beziehung noch zu einer zwar erlaubten, aber suchtartigen gegenseitigen Abhängigkeit ermuntern. Aber ich möchte Sie dazu ermutigen, daß Sie zulassen, zu lieben und geliebt zu werden, so wie Sie im Gebet dazu eingeladen werden. Überprüfen Sie Ihr Erleben mit Hilfe anderer Menschen, der Bibel und den Verhaltensregeln Ihres Glaubens, aber fliehen Sie nicht davor. Lassen Sie sich nicht von der Angst regieren, suchen Sie das Licht. Strecken und lockern Sie sich.

Selbst die leidenschaftliche romantische Liebe braucht nicht blind zu sein. Sie verursacht sicher viel Verwirrung, denn die Wegweiser sind oft unklar, und es ist schwer, ihnen zu folgen. Aber Sie können erkennen, ob Sie von Angst getrieben oder von Liebe gezogen werden. Sie wissen auch, wie sich die Bereitschaft auf Gottes Liebe zu vertrauen, anfühlt. Und Sie können auch erkennen, daß die Liebe die unvermeidlichen Schmerzen, die sie mit sich bringt, wert ist.

Wenn Sie ganz ehrlich zu sich sind, haben Sie wenigstens ein bißchen Gespür dafür, wo Sie sich auf dem Spektrum zwischen bedingungsloser Liebe und süchtiger (gegenseitiger) Abhängigkeit befinden. Je süchtiger die Liebe ist, desto mehr beherrscht sie Sie, beschneidet Ihre Wahlfreiheit, und desto machtloser und erniedrigter fühlen Sie sich in ihr. Je bedingungsloser die Liebe ist, desto freier ist sie, und desto kraft- und wertvoller erleben Sie sich in ihr. So abstrakt betrachtet sind die Unterschiede eindeutig, aber was Sie erleben, wird immer eine Mischung von beidem sein. Es stellt sich immer die Frage, welcher Anteil größer ist. Nur Gottes Liebe zu den Menschen ist bedingungslos und ohne jeden Anteil von Sucht.

In der Praxis bedeutet das sich in Liebesbeziehungen hinein zu strecken und zu lockern, daß wir stärkere Bindungen riskieren, daß wir auf dem Rand der Abhängigkeit entlangtanzen und manchmal hineinfallen. Es geht nicht darum, noch süchtiger zu werden, als wir es ohnehin sind, aber wir müssen das Risiko eingehen. Wir müssen bereit sein, die Schmerzen der Loslösung auszuhalten, und wir müssen es ertragen, daß wir in den Süchten, in die wir hineinstolpern, hundertprozentig von Gott abhängig sind. Tun Sie nichts Künstliches, aber wenn Ihre Einladung mehr der Liebe gilt, als der Sicherheit, entscheiden Sie sich für die Liebe. Erlauben Sie sich die Liebe zu Gott, zu anderen Menschen und zu Gott, wie er sich in anderen zeigt, selbst wenn Sie sich unfähig fühlen und Angst vor Verletzungen haben. Und lassen Sie es auch zu, von Gott, von anderen Menschen und von Gott durch andere Menschen geliebt zu werden, auch wenn Sie sich unwürdig fühlen und Angst haben, überwältigt zu werden. Elisabeth von der heiligsten Dreifaltigkeit schrieb einige Tage vor ihrem Tod im Jahre 1906 einen Brief an die Priorin ihres Karmeliterklosters. Darin wiederholte sie immer wieder einen Satz, der jedem von uns gelten kann: »Laß Dich lieben… LASS Dich lieben… LASS Dich lieben…«[12]

Vielleicht haben Sie das Gefühl, es gäbe zuviele Menschen, die Sie lieben könnten und die *Sie* lieben könnten – mehr Liebe wäre ein hoffnungslos kompliziertes Unternehmen. Oder Sie haben das Gefühl, es gäbe überhaupt keinen Menschen, den Sie lieben und der Sie liebt. In beiden Fällen gilt: Liebe hervorzubringen gehört nicht zu Ihren Aufgaben. Seien Sie statt dessen bereit und offen, und strecken und lockern Sie sich hinein in das, was Ihnen gegeben wird. Lassen Sie es geschehen, wann, wo und wie es will. Und beten Sie.

Kosmische Gegenwart

Das dritte Beispiel einer Beziehung ist in einer gewissen Weise noch intimer als die romantische Liebe. Ein Mensch spürt Gottes Gegenwart im Kosmos und seine Liebe, wie sie alles umgibt und umarmt und wie sie uns und die ganze Schöpfung durchdringt. Am Anfang scheint eine Beziehung unmöglich zu sein, ohne ein festeres Bild der Quelle der Liebe zu haben. Aber es ist durchaus möglich. Es geschieht, um Martin Bubers Begriffe zu benutzen, wenn aus der Ich-Es-Beziehung eine Ich-Du- und schließlich eine Ich-DU-Beziehung wird. Die hinduistischen Grußformeln »jai bhagwan« und »namaste« ehren die Gottheit, die in uns wohnt und gleichzeitig uns alle umgibt. Tatsächlich gibt es Menschen, die alle Bilder als Einschränkungen ihres Gefühls für das Heilige empfinden.[13]

Das erste Lebensgefühl eines kleinen Kindes entspricht vielleicht dieser allumfassenden Gegenwart, erst später entwickeln sich persönliche Gottesbilder. Wir können mit Hilfe dieser Bilder zwar über Gott nachdenken und reden, aber sie verwandeln sich leicht in Götzen, die das heilige Geheimnis, für das sie stehen, verdrängen. Wir alle neigen zu dem Versuch, die Quelle der Liebe zu zähmen und Gottes furchterregende Wirklichkeit auf eine handhabbare Größe zu reduzieren. Dazu benutzen wir unsere Bilder.

Deshalb glauben viele Menschen, ein Bewußtsein von Gott, das mit vergleichsweise wenig Bildern auskommt, sei nicht nur ihrer Erfahrung angemessener, sondern auch dem eigentlichen Gott, »in dem wir leben, handeln und unser Dasein haben«, theologisch näher. Gottes Gegenwart wird hier zu der Sphäre, die die Schöpfung hervorbringt und hält. Der Geist Christi »füllt den Kosmos«, das ewige »Ich bin, der ich bin«. So kann die geheimnisvolle Gegenwart Gottes aktive Beziehungen zu Menschen aufnehmen, uns rufen, uns bewegen und inspirieren, uns lieben und unsere Liebe ersehnen, und dennoch jenseits der Einschränkungen unseres Verstandes bleiben.[14]

Diese Form von Beziehung leben wir in erster Linie in Verehrung, Ehrfurcht und Staunen. Wenn uns alle Dinge an die Gegenwart Gottes erinnern, und wir in allem ihre Spuren entdecken, wenn wir einfach über das Leben staunen, und wenn wir im Rhythmus des Lebens und der vollen Kraft der Liebe feiern: das alles sind Gründe für uns, zu loben und zu danken. In diesem Dank streckt sich unser Herz, es wendet sich dem Geheimnis zu und öffnet sich ihm. Auch hier folgt das Lockern dem Strecken. Lockern bedeutet hier, daß wir den kosmischen Fluß des Lebens anerkennen, ihn willkommen heißen und an ihm teilnehmen. Wir tauchen in dieses Geheimnis ein und gestatten es dem Geheimnis in uns, in unendlichem und anmutigem Staunen daran teilzunehmen.

Wenn Ihnen ein solches Geheimnis begegnet, erweisen Sie sich als gastfreundlich. Heißen Sie die Gegenwart, die keine Gestalt hat, willkommen und versuchen Sie nicht, sie zu erkennen oder zu identifizieren. Seien Sie empfänglich, ohne zu verstehen. Öffnen Sie sich dem Geheimnis und entdecken Sie in sich Ehrfurcht und kindliches Staunen neu. Betrachten Sie eine Weile den Nachthimmel oder die Blätter einer Blume. Staunen Sie über die einfache Tatsache, daß Sie existieren, über das Wunder Ihres eigenen Bewußtseins. Sie denken Gedanken, fühlen Gefühle und empfangen Eindrücke: Wie unglaublich!

Beziehungen unterscheiden

Ich habe Ihnen drei Beispiele gegeben, die die Weite der möglichen Beziehungen zwischen uns und Gott belegen. Jedes hat seine Wahrheit, keines ist umfassend. Es gibt keinen jederzeit richtigen Weg, nur den, zu dem Sie die Liebe jetzt auffordert. Wenn Sie eine Beziehung zu Gott suchen, können Sie nichts besseres tun, als Gott in Ihr Bewußtsein kommen zu lassen, wie er es will. Seien Sie für alles offen und auf Überraschungen gefaßt. In einem Moment kann es ein sehr festes Bild sein, dann wieder eine Gegenwart ohne jede Gestalt und manchmal hören Sie nur, wie das Stöhnen Ihrer Sehnsucht in der Leere widerhallt.

Beziehung ist gleichbedeutend mit Teilnahme. Wir können auf vielfältige Weise aktiv teilnehmen, ohne zu versuchen, die Dinge zu kontrollieren. Wir können um einen tieferen Sinn für Gemeinschaft beten. Wir können aktiv danach suchen, indem wir »wachen und allezeit beten«. Wir können auch unsere individuelle Lebensgeschichte durchforschen, um etwas über die Art der Beziehung herauszufinden, die Gott und unser Herz schon immer verbunden hat.[15]

Darüber nachzudenken ist wichtig genug und rechtfertigt es, daß wir uns Zeit nehmen, etwas darüber aufzuschreiben (oder auch zu malen, wenn Sie das weiterbringt!). Hier sind die wichtigsten Fragen: Wie haben Sie bis jetzt überwiegend Gottes Gegenwart in Ihrem Leben erfahren? Wie sieht die natürlichste Seite Ihrer Beziehung zu Gott im Moment aus? Wie erleben Sie Ihre Verbindung mit der Quelle der Liebe, wenn Sie im Gebet am ehrlichsten sind? Es geht darum, ein paar Motive zu suchen, die Sie aufgreifen können, einige natürlich gegebene Weisen der Verbundenheit, die Sie bewußter fördern und verstärken können.

Beginnen Sie im Gebet mit Ihrem Wunsch, die Einladungen der Liebe genauer wahrzunehmen. Gehen Sie Ihr Leben durch und betrachten Sie sich die Zeiten, die besonders geheiligt waren. Wann haben Sie sich Gott am nächsten gefühlt? Wenn Sie denken, daß Sie Gottes Gegenwart nie erlebt haben, formulieren Sie die Frage neu: Was waren die Gipfelerfahrungen Ihres Lebens? In welchen Augenblicken waren Sie am meisten berührt und ehrfürchtig? Wann fühlten Sie sich am meisten erfüllt und verbunden, liebend, geliebt und ganz?

Stellen Sie sich diese Fragen selbst dann, wenn Sie sich Ihrer Erfahrungen von Gottes Gegenwart sehr sicher sind. Vielleicht entdecken Sie auch noch Erlebnisse, die Sie bisher nicht mit Gott in Verbindung gebracht haben.

Achten Sie besonders auf Erfahrungen, die Sie normalerweise nicht religiös oder spirituell nennen würden. Die meisten von uns haben Bereiche in ihrem Leben, deren wir uns nicht vollständig bewußt sind. Zum Beispiel erwarten wir vielleicht eine Gotteserfahrung in der Kirche oder im Gebet, aber nicht beim Fernsehen, beim Wäschewaschen oder in Ärger und Langeweile. Aber Gott läßt sich nicht in Schubladen einordnen, und er kann an den überraschendsten Plätzen auftauchen. Wenn Sie eine solche Erfahrung entdecken, lassen Sie sich etwas Zeit, um sie sich wieder ins Gedächtnis zu rufen. Leben Sie das Ganze noch einmal durch, soweit das möglich ist, und nehmen Sie wahr, wie es sich angefühlt hat. Machen Sie sich Notizen. Dabei geht es nicht darum, die richtigen Worte zu finden, die Notizen sind nur Gedächtnisstützen.

Wenn Sie solche Zeiten identifiziert haben, können Sie sie ein wenig durchdenken und theologisch betrachten. Gibt es in den Erfahrungen einen gemeinsamen Nenner, etwa Frieden und Vertrauen, leidenschaftliche Sehnsucht oder Angst und Zittern? Gibt es in dem Gefühl, wie Sie sich in der Beziehung zu Gott erlebt haben, eine durchgängige Linie? Waren Sie gedemütigt oder bestätigt? Fühlten Sie sich gestärkt und befreit oder unterworfen? Passen diese Erfahrungen mit dem, wie Sie normalerweise über eine Gottesbeziehung *denken*, zusammen, oder weichen sie voneinander ab?

Ich finde, daß bei vielen Menschen die Gottesbilder und -konzepte ganz anders sind, als die Erfahrungen, die sie im wirklichen Leben mit Gott machen. Sie denken, sie hätten niemals die Gegenwart Gottes erlebt, aber ihr Leben ist voll mit Augenblicken von unerklärbarer Liebe und Schönheit. Sie denken, Gott sei streng oder weit weg, dabei waren ihre unmittelbaren Erfahrungen warm und vertraut. Sie denken, sie seien es nicht wert, geliebt zu werden,

188

und trotzdem ist ihnen die Liebe unendlich oft in einfachster Weise begegnet.

Es ist, als ob unser Bewußtsein in zwei sehr unterschiedlichen Welten lebt: die wirkliche und die unserer Vorstellung. Befinden wir uns in der Welt unseres Denkens, fällt es uns sehr schwer, der Verläßlichkeit unserer Erfahrung in der Wirklichkeit zu vertrauen. Wenn Sie in Ihrem Nachdenken einen ähnlichen Bruch entdecken, versuchen Sie erst gar nicht, beides zusammenzubringen. Wenn Sie den Mut dazu haben, halten Sie sich an die wirkliche Welt und lassen Sie das andere Zeug hinter sich.

Den Blick öffnen

Gehen Sie nun einen Schritt weiter und stellen Sie die wichtigste Frage: Was sagen Ihre Überlegungen dazu, wie Gott Sie in eine bewußtere, absichtsvollere Beziehung hineinruft? Schauen Sie, ob Sie angestaubte Routine und neue Möglichkeiten unterscheiden können. Vergessen Sie nicht, hier und jetzt mit Gottes Gegenwart in Kontakt zu bleiben. Wenn Sie eine Wahrnehmung der Gegenwart haben, wenden Sie sich ihr zu und suchen Sie bei ihr nach Rat. Vielleicht sparen Sie sich eine Menge Zeit, wenn Sie einfach fragen: »Was ist jetzt dran?« Wenn Sie keine Wahrnehmung des Heiligen haben, schadet es nichts, die Frage trotzdem zu stellen. Durchsetzen Sie immer alles mit kleinen inneren Blicken, und kehren Sie immer wieder in die Unmittelbarkeit zurück.

Stellen Sie sich einige der folgenden Fragen im Blick auf Ihre Wahrnehmung von Gott: Wenn ich bete, wie und wo nehme ich Gott wahr? Ist Gott weit weg oder ganz nahe und in mir? Ist er mehr wie eine andere Person oder wie eine kosmische Gegenwart? Sehe ich ihn wie Mutter und Vater oder als Schöpfer? Als göttliche Person oder als kosmischen Geist? Welche Haltung mir gegenüber vermute ich bei Gott, und wie stelle ich mich darauf ein? Ähnelt Gott mehr einer richterlichen Autorität, einem verständnisvollen, liebenden Begleiter, einem tanzenden Liebhaber oder einer neutralen Gegenwart? Wie passen meine Gottesbilder und -vorstellungen mit meiner realen Erfahrung zusammen? Wieviel wird von der Gewohnheit bestimmt? Wieviel fühlt sich neu, unmittelbar und wirklich an?

Erforschen Sie genauso die Wahrnehmung, die Sie von sich

selbst im Kontakt mit Gott haben. Welche Haltung sich selbst gegenüber nehmen Sie im Gebet normalerweise ein? Welches typische Ich wenden Sie im Gebet Gott zu? Ihr Selbstgefühl wechselt wahrscheinlich drastisch, je nachdem, was Sie in Ihrem Leben durchmachen. Suchen Sie aber nach Gewohnheits- und Grundeinstellungen. Finden Sie heraus, ob Sie dazu neigen, sich im Kontakt mit Gott als wertvoll oder wertlos zu erleben, als kindlich oder erwachsen, schuldig oder gerecht, schwach oder stark, mutig oder ängstlich, mißtrauisch oder vertrauensvoll, liebend oder einsam, offen oder defensiv und so weiter. Weicht das ab von Ihrer normalen Selbstwahrnehmung? Zum Beispiel halten Sie sich vielleicht normalerweise für eine schüchterne und etwas furchtsame Person. Aber wenn Sie mit Gott zusammen sind, fühlen Sie sich sehr entspannt und locker. Vielleicht ist es umgekehrt: Sie halten sich für offensiv, aber im Gebet fühlen Sie sich befangen.

Wenn Sie das alles eine Zeitlang bedenken, werden Sie wohl danach eine klarere Sicht von dem Geheimnis haben, wie Ihre Beziehung zu Gott normalerweise aussieht, und vielleicht auch, wie Gott sich Ihnen zeigen wollte. Sie können auch entdecken, daß Ihre Gegenwärtigkeit im Gebet manchmal spontan und natürlich ist und manchmal sehr künstlich und gestellt erscheint. Das wird Ihnen helfen, wenn Sie Ihr Leben in einer bewußteren Gemeinschaft mit Gott verbringen wollen. Sie können die Beziehung ehrlicher, unmittelbarer und mehr von Gott bestimmen werden lassen.

Ich hoffe, Sie entdecken nach und nach ein Gefühl für das, was Ihr ganzes Leben lang zwischen Ihnen und Gott geschehen ist: Ein tiefer und heiliger Strom, unbeeinflußt von den Wellen und Stürmen an der Oberfläche Ihrer Alltagserfahrung. Denken Sie daran: Die Gegenwart in der Liebe zu üben, ist nicht ein Versuch, etwas grundsätzlich Neues in Ihr Leben zu bringen. Im Gegenteil: Damit soll nur Ihr Bewußtsein für die Wirklichkeit Gottes erweitert werden, die Wirklichkeit, die schon immer für Sie da war und immer für Sie sein wird, absolut fest und doch in jedem Moment neu. Es geht nicht darum, etwas Neues zu entdecken, sondern etwas wiederzuentdecken und neu zu lieben, das schon immer da war, etwas, das alles *neu machen* kann.

Beziehungsbilder

Im Idealfall sollte unsere Beziehung zu Gott so sein, daß wir es uns erlauben können, so zu sein, wie wir sind, und es Gott zugestehen können, daß er der ist, der er ist. Das verlangt von uns, unser Versteckspiel aufzugeben und die radikale Bereitschaft, vor der Quelle der Liebe alle Schutzmechanismen fallen zu lassen. In dieser Übung müssen wir Gott mehr als in allen anderen darum bitten, daß er uns ein Empfinden und einen Weg der Beziehung schenkt, damit wir uns nicht wieder auf unsere selbstgemachten Bilder stürzen.

Damit soll nicht gesagt sein, daß alles immer radikal anders und neu werden muß. Das Erprobte und Bewährte, Gewohnheiten, die hilfreich sind und nicht einengend, das Zurückgreifen auf vertraute Wege und Stile, die Tiefe statt Entkommen bedeuten, das alles hat seinen Platz. Wir haben gesehen, daß in den spirituellen Traditionen viele alte und vertrauenswürdige Bilder über die Beziehung zu Gott existieren; manche von ihnen sind fast weltweit verbreitet. Wenn Ihnen eines dieser Bilder gegeben wird und Sie den Eindruck haben, daß es wirklich von Gott kommt, schrecken Sie nicht davor zurück, nur weil es so alt ist oder unangenehme Erinnerungen wachruft. Es kann sich als sehr nötig erweisen, Dinge der Vergangenheit auszugraben, um in der Gegenwart mehr Freiheit zu haben. Einige alte Bilder und Stile von Beziehung haben wir schon besprochen, aber ich möchte noch ein paar erwähnen.

Franz von Sales sagte, die Menschen sollten das Gefühl in sich nähren, ihren Lebensweg mit Gott zu gehen wie ein kleines Kind einen Weg mit seinen Eltern geht. Immer an der Hand der Eltern, schaut sich das Kind alles an, berührt Blumen und Beeren und blickt immer wieder in die Augen der Eltern. Das Kind entdeckt das Leben und lernt es schätzen, aber es verläßt nie die Seite der Eltern.

Teresa von Avila versuchte, wie so viele andere christliche Pilger, sich vorzustellen, daß Jesus immer neben ihr war, egal, wo sie war und was sie tat. Teresa konnte sich nichts im Kopf bildhaft vorstellen, sie hatte keine visuelle Phantasie. Also benutzte sie Statuen, Blumen, Wasser und andere konkrete Dinge als Anstöße und ihren Verstand, um sich vorzustellen, daß Jesus überall sei, wo sie war.

Thomas Kelly schlug die Übung vor, durch alle eigenen Aktivitäten mit einem steten Blick auf »das Licht Gottes hinter dem Ganzen« hindurchzugehen. Das soll daran erinnern, daß Gott unsere innere Mitte und der Hintergrund für die ganze Schöpfung ist. Hier ist Gott keine Person, sondern eine reale Kraft und Gegenwart.

Die Möglichkeiten sind endlos. Bei mir waren die wertvollsten Bilder die, die ich mir objektiv nicht ausgesucht hätte. Die meisten haben mich überrascht und einige waren eine große Herausforderung. Ich habe zum Beispiel lange jedes Bild von Jesus vermieden. Ich bin mit solchen Bildern in der Sonntagsschule überfüttert worden, und hatte ihnen gegenüber viele negative Gefühle. Ich mochte viel lieber eine allgemeine, kosmische Vorstellung von Gott als Liebe, Licht und göttliche Gegenwart. Aber dann kam eine Zeit, in der ganz starke und deutliche Bilder von Jesus auftauchten. Bilder, wie aus der Kinderbibel: Lange Haare, fließende weiße Robe, Sandalen, der ganze Krempel. Im Gebet sah ich ihn auf mich zugehen. Ich spürte ihn mit mir hier im Zimmer. Eine Zeitlang hatte ich sogar ein Bild seines Gesichts in mir, wie er alles, was ich sah, auch sah und die Strahlen seiner Liebe darauf warf.

Ich wehrte mich gegen diese Bilder, weil ich sie für Ablenkungen hielt und − um die Wahrheit zu sagen − weil ich mich vor ihnen fürchtete. Doch ich spürte auch, daß sie in irgendeiner Weise für mich gedacht waren. Nach und nach begann ich, die Bilder ein wenig freundlicher aufzunehmen. Ich weiß nicht wie oder warum, aber ich hatte plötzlich die Kraft, mit diesem uneingeladenen Gast zurechtzukommen. Er war immer seltener eine Ablenkung und immer öfter ein willkommener Gast. Ich dachte nicht einmal darüber nach, was davon Phantasie und was wirklich war. Ich hatte zwar diesen Bilderbuch-Jesus nicht eingeladen, aber ich hatte Gottes Gegenwart gerufen, und wenn sie beschloß, in dieser Gestalt aufzutreten, war mir das recht.

Es wurde dann besser als nur recht. Die Bilder blieben ziemlich lang lebendige Träger meines festen Gefühls der Gemeinschaft mit Gott. Ich denke, sie heilten auch einige Wunden meiner frühen religiösen Erziehung. Sie befreiten mich von einigem Ballast. Es ist lange her, daß ich solche Bilder hatte, und ich vermisse sie manchmal. Wenn ich wollte, könnte ich die Bilder zurückholen − sie kommen schon zurück, wenn ich während des Schreibens an sie denke. Aber jetzt sind sie lediglich ein paar meiner Gedanken. Sie sind nicht gegeben und haben keine Kraft. In Wirklichkeit ist es schon lange her, daß ich konkrete Bilder von Gott hatte. Es ist mir bewußt, daß ich sie vermisse, aber das ist in Ordnung. Besser als in Ordnung.

Wenn Sie in sich eine echte Sehnsucht nach Bildern spüren, die Ihnen helfen, Ihre fortdauernde Beziehung zu Gott zu erkennen, beten Sie darum und halten Sie danach Ausschau. Seien Sie nicht allzu überrascht, wenn Sie etwas anderes bekommen, als das, wonach Sie gesucht haben. Vielleicht haben Sie auch das Gefühl, überhaupt nichts zu bekommen. Wenn das so ist, üben Sie sich in der Bereitschaft, nichts künstlich selbst zu konstruieren. Wie bei allen Übungen, die sich mit der Gegenwart in der Liebe beschäftigen, kommt es auf unsere ehrliche Sehnsucht und Bereitschaft an, nicht darauf, ob eine bestimmte Erfahrung eintritt oder nicht.

Manchmal braucht es einen Weg ganz ohne Bilder. Vielleicht brauchen Sie nicht mehr als ein einfaches, undifferenziertes Gefühl, ein Wissen um Ihre Sehnsucht nach Gott oder ein feines Gefühl für Gottes Liebe, die uns ganz umgibt und durchdringt. Vielleicht wird uns nur eine bestimmte Haltung gegeben: ein Suchen nach Gott in den Menschen, denen wir begegnen, eine Hinwendung zur Quelle der Liebe, wenn wir unseren Gedanken folgen, die Bereitschaft, verwundbar zu werden oder uns in die Liebe hineinzustrecken und uns zu lockern in allem, was wir tun. Vieleicht genügt schon eine vage Ahnung, daß es Gott gibt.

Es kann auch Zeiten geben, in denen wir aufgefordert werden, unsere Beziehung in erster Linie in unserem äußeren Handeln im Alltag zu leben. Jede ehrliche Beziehung zu Gott sollte in der Art, wie wir leben, ihre Früchte tragen, aber manchmal *sind* Taten die Gestalt unserer Beziehung. Wenn wir in uns wenig Erfahrung von Gottes Gegenwart finden, liegt echte Beziehung vielleicht in der Gemeinschaft und im Dienst an anderen, in der Sorge und der Achtung für Gottes Schöpfung und seine Kinder, und vielleicht auch darin, daß wir es zulassen, von seinen Kindern geliebt zu werden.

An dieser Stelle dürfen wir die uns gegebene Beziehung nicht mit moralischen oder ethischen Prinzipien über unser Denken und Handeln durcheinanderbringen. Die Unterscheidung ist manchmal schwierig, weil die feinen Gefühle und Haltungen, die uns authentisch gegeben werden, und die Handlungen, die ihnen entspringen, mit wahrer Moral und Gerechtigkeit im Einklang sind. Sie sind mehr liebevoll als haßerfüllt, mehr aufbauend als zerstörerisch und mehr mitfühlend als selbstsüchtig. Tatsächlich ist der Wunsch, ein wirklich moralisches, gerechtes und liebevolles Leben zu führen, schon ein Weg, Gemeinschaft mit Gott zu leben. Aber sogar gelebte Moral und Gerechtigkeit sind nur Übungen. Sie sind Wege der Beziehung zu Gott, sie sind Früchte der Beziehung mit Gott, aber sie sind nicht Gott. Genauso wie wir aus unseren Gottesbildern Götzen machen können und aus unseren Gebeten Magie, können wir aus unseren Einstellungen und Handlungen Ersatzgötter machen.

Gott ist in allem gegenwärtig, aber er erschöpft sich in keiner Aktivität, keinem Unternehmen und keinem Ding, auf das wir unsere Aufmerksamkeit fixieren. Nichts ist Gott: kein Anstoß, uns zu erinnern, kein Herzensgebet, kein Bild, kein Gefühl, keine Einstellung, kein Handlungsstil, kein Gefühl der Beziehung und keine Erfahrung. In seiner Skizze über die Besteigung des Karmel schrieb Johannes vom Kreuz: »Weder dies, noch das, noch jenes… Nichts, Nichts, Nichts, Nichts… selbst auf dem Gipfel, Nichts.«[16]

Viele Menschen sind in Diensten und sozialen Aktivitäten genau deshalb ausgebrannt, weil sie ihre Tätigkeit anstelle von Gott angebetet haben. Wenn das der Fall ist, kann der Zusammenbruch zu einer segensreichen Zeit werden, der die Person nicht aus dem Weg gehen sollte. Wie der Tiefpunkt beim süchtigen Menschen ist der Zusammenbruch für einen arbeitssüchtigen Menschen manchmal der einzige Weg, auf dem er oder sie den Unterschied zwischen Zielen und Mitteln begreifen kann, den Unterschied zwischen guten Taten und Gott.

Der Unterschied liegt in der Echtheit, in der uns die Mittel gegeben werden, und in der Ehrlichkeit, mit der wir sie entgegennehmen. Wenn ich wirklich versuche, Gott in einem Gefühl der Beziehung zugewandt zu sein, dann will ich nicht nur liebevoll sein, weil meine Religion das von mir fordert. Stattdessen habe ich in mir ein tiefes Bedürfnis, liebevoll zu sein — mehr als ich es je selbst hervorbringen könnte. Ich suche Gott nicht, weil ich denke, daß das von mir erwartet wird. Ich tue es, weil ich es muß, aus einer Sehnsucht heraus, die nicht mein Werk ist. Ich versuche oft, Gott durch meine Tätigkeiten zu ersetzen, weil ich denke, ich kann meine Tätigkeiten besser kontrollieren als die Liebe. Aber ich entdecke immer wieder, daß keine guten Taten, keine richtige Einstellung, keine Systeme von Regeln und keine guten Gefühle je meine Sehnsucht nach Gott zufriedenstellen können. Und hin und wieder, in Momenten besonderer Gnade, bricht ein Leuchten wirklich bedingungsloser Liebe aus mir heraus. Einen Augenblick lang regiert Agape.

In diesem Leuchten wird mein Handeln weder von meinem Bewußtsein, noch von meiner Sehnsucht gesteuert. Es erschöpft sich in meinen ungetrübten, einfach liebevollen Antworten auf die gegebene Situation. Die Antworten kommen aus einer Liebe, die nicht die meine ist. Ich verschwinde nicht in solchen Situationen, Gott sei Dank. Es ist mir gestattet, dabeizusein und die Schönheit zu bestaunen. Ich weiß, daß es nicht die ganze Wahrheit ist, aber manchmal denke ich, der Hauptdaseinszweck der Menschheit ist, daß jemand da ist, der »Spitze!« sagen kann.

Kapitel 10

KONTEMPLATIVE GEGENWART

Lieben wir die wirkliche Welt,
die sich nicht aufheben lassen will,
nur wirklich in all ihrem Grauen,
wagen wir es nur,
die Arme unseres Geistes um sie zu legen:
und unsere Hände begegnen den Händen,
die sie halten.
Martin Buber

Wir haben die ersten drei Wege von Bruder Lorenz betrachtet, wie man Gegenwärtigkeit üben kann: das Erinnern, das Gebet des Herzens und die Beziehung. Am unmittelbarsten und genauesten erfahren wir die Realität, die Welt, wie sie ist, auf dem vierten Weg: der kontemplativen Gegenwart. Bruder Lorenz bezeichnete sie als einen ungetrübten Blick, der Gott in allem wiederfindet. In diesem Blick nimmt unsere Aufmerksamkeit alles auf und schließt alles mit ein. In der geheiligten kontemplativen Gegenwärtigkeit geht es nicht darum, ob wir uns Gott oder etwas anderem zuwenden. Es ist alles gleichzeitig da, aber nicht zu einem Einheitsbrei verschmolzen, sondern prachtvoll in seiner Verschiedenheit. Gott hält alles, er leuchtet in allem, und er begegnet uns in allem. Und wir sind darin lebendig, wir sind Teil davon, wir sind eins damit und doch immer noch in unschätzbarer Weise die, die wir sind. Egal, ob wir aktiv oder passiv sind, wir sind vollständig mit einbezogen.

Fast alles, was ich über Kontemplation zu sagen habe, habe ich bereits gesagt. Wir haben alles aus der Perspektive der Kontemplation besprochen, und an etlichen Punkten habe ich Sie gebeten, sich an die Augenblicke der Kontemplation zu erinnern, die Sie selbst hatten: Die Zeiten, in denen Sie einfach da waren, in denen Sie einfach geliebt haben. Ich möchte eine Liste der wichtigsten Punkte machen, die wir schon angesprochen haben und auf einiges genauer eingehen:

— Der kontemplative Weg des Lebens und der Liebe umfaßt die Wege des Handelns, des Wissens und des Fühlens (das Gute, Wahre und Schöne), und er verehrt immer das Geheimnis des Lebens.

— Er ist beschrieben worden als »ungetrübte und totale Gegenwart«, »ständig erneuerte Unmittelbarkeit«, »das Herz und die Wirklichkeit in gegenseitiger Umarmung«.

— Er wird sehr häufig als eine offene, weitgespannte und allumfassende Bewußtheit definiert, aber mehr noch als ein Bewußtseinszustand ist er eine Einstellung des Herzens und ein Gegenwärtigsein, in dem diese allumfassende Bewußtheit in die Fülle des Lebens und des Tuns hineingebracht wird.

— Kontemplation erfordert eine bestimmte Wachheit. Das kann eine heitere, psychologische Aufmerksamkeit sein (ein Zustand des Suchens) oder mehr eine sich sanft entfaltende Bereitschaft (ein Zustand des Aufnehmens). Aber das Herz ist wach. Das kann sogar im Schlaf so sein.

— Neurologisch betrachtet, sind Momente der Kontemplation Pausen in der automatischen Aktivität gelernter Hirnzellenmuster. Psychologisch betrachtet, sind sie eine vorübergehende Aufhebung der Kontrolle. Philosophisch betrachtet, sind sie ›nackte Intuition‹, der Moment unmittelbarer Wahrnehmung, bevor wir anfangen zu denken oder zu reagieren. Spirituell betrachtet, sind sie der Geschmack der Freiheit zu lieben, kleine Begegnungen mit dem YS, mit der Weite der Erlösung.

— Genau wie die Liebe selbst, ist die Kontemplation ein Geschenk. Wir können sie nicht aus eigener Kraft erreichen. Wenn wir Kontemplation üben, üben wir, unsere Hände zu öffnen, um das Geschenk entgegenzunehmen.

— Als Kinder hatten wir alle von Natur aus die Gabe der Kontemplation. Die meisten von uns verloren diese natürliche Fähigkeit, weil wir so stark darauf konditioniert worden sind, uns auf dies oder jenes zu konzentrieren. So glauben wir mittlerweile, Ablenkungen seien reale äußere Hindernisse, statt Entscheidungen, die wir treffen.

— Kontemplation passiert jedem. Sie passiert in den Momenten, in denen wir offen, ungeschützt und unmittelbar anwesend sind. Die Leute, die man kontemplativ nennt, sind einfach nur diejenigen, die diese Momente ausdehnen möchten, die mehr und länger im Zustand der Gegenwärtigkeit leben möchten.

– Kontemplation erfordert die ehrliche Bereitschaft und den mutigen Wunsch, uns selbst und die Welt so zu sehen, wie wir sind und wie sie ist, ohne etwas zu verzerren, auszuschließen, zu vermeiden oder zu betäuben. Das bedeutet, wir gehen in unsere Leere, in unsere unerwiderte Sehnsucht hinein.

– Kontemplation kann zu tiefem Vertrauen und Glauben führen, aber nicht zu ungestörtem Seelenfrieden. Sie öffnet unsere Liebe genauso für das Leiden und die Zerbrochenheit der Welt, wie für ihre Freude und Schönheit.

– Kontemplation verläßt nie die Gegenwart. Hoffnungen und Pläne für die Zukunft sowie Erinnerungen an die Vergangenheit werden als Teile der Gegenwart wahrgenommen.

– Obwohl Kontemplation allumfassend ist, hat sie eine Richtung oder Orientierung. Stellen Sie sich vor, Sie stehen auf einem Berggipfel an einem Tag mit vollkommen klarer Sicht. Sie können das ganze Panorama um sich herum sehen, aber Sie können in einem Moment immer nur in eine Richtung blicken. In welche, entscheiden Sie. Oder stellen Sie sich vor, Sie stehen in der Tür Ihres Hauses, um mit offenen Armen jeden Menschen zu empfangen, der kommt. Sie stehen immer noch in Ihrem Haus und Sie haben beschlossen, Ihre Arme zur Welt hin zu öffnen.

– Wir müssen uns entscheiden, in welche Richtung wir blicken und auf was sich unsere Kontemplation richtet. Übung in Kontemplation bringt eine erweiterte Wahrnehmung, eine vergrößerte Empfänglichkeit und ein größeres Wissen um sich selbst mit sich. Das alles kann benutzt werden, um zu zerstören oder um aufzubauen, um die Effizienz zu steigern oder die Liebe. Der Ertrag unserer Kontemplation hängt von dem Ziel ab, dem wir uns widmen.

– Geheiligte Kontemplation richtet sich auf Gott. Sie blickt auf Gott und öffnet sich für die Quelle der Liebe. In der Heiligung ist jeder Moment der Kontemplation Liebe. Bei jeder Tat, die aus unserer Heiligung hervorgeht, geht es um Liebe.

– Geheiligte Kontemplation ist in jeder Gestalt kontemplatives Gebet, und sie läßt uns erkennen, daß Gott uns braucht und wir ihn.

Wir können eine kontemplative Gegenwart nicht selbst hervorbringen, wir können lediglich die eigene Bereitschaft dafür stärken. Jeder Versuch, eine kontemplative Haltung herzustellen, führt zur Enttäuschung, oder noch schlimmer zur Selbsttäuschung. Die Bereitschaft zur kontemplativen Gegenwärtigkeit läßt sich dadurch definieren, daß Sie aufhören mit dem Versuch, etwas Besonderes geschehen zu lassen, und daß Sie mit den besonderen Anstrengungen aufhören, die wir normalerweise unternehmen, um eine bestimmte Erfahrung zu machen. Das bedeutet, daß wir die Kontrolle unserer Erfahrung in Gottes vertrauenswürdige Hände abgeben.

Wenn wir uns zu kontemplativer Gegenwart hin öffnen, erkennen wir schließlich die natürliche, anmutige Balance und den Rhythmus von Strecken und Lockern. Es ließe sich sogar sagen, daß das kontemplative Gebet nichts anderes ist als der geheiligte, natürliche Rhythmus von Strecken und Lockern. Denken Sie daran: Strecken ist nicht genau das gleiche wie Anspannen, und Lockern ist nicht gleichzusetzen mit Entspannen. Stellen Sie sich statt dessen Strecken vor als sich aktiv nach etwas ausstrecken und für etwas öffnen und Lockern als annehmen und zulassen. Strecken ist die Dimension der Selbstbehauptung, Lockern die Dimension des Hereinlassens. Strecken ähnelt einem hoffnungsvollen Bemühen, darin drückt sich die Kraft unseres Selbst aus. Lockern ist wie ein hoffnungsvolles Aufnehmen, und darin drückt sich die Würde unseres Selbst aus.

Setzen Sie Strecken nicht mit Aktivität und Lockern nicht mit Passivität gleich. Wir strecken uns und lockern uns, im Handeln und Bewegen und genauso im Ausruhen und Erholen. Das große Problem von uns Menschen besteht ganz ungeistlich gesagt darin, daß wir bei dem Versuch, unser Leben in den Griff zu bekommen, das natürliche Gleichgewicht von Strecken und Lockern zerstören. Wir strecken uns zu stark, damit etwas Bestimmtes passiert, oder wir lockern uns zu sehr, um zu bekommen, was wir wollen. Dann fühlen wir uns unzentriert und versuchen, das zu korrigieren, indem wir es in die andere Richtung übertreiben. Das ähnelt dem Versuch, ein Pendel in Gang zu setzen oder ein Lot zu fällen. Sie hängen es so, wie Sie denken, daß es gehört und entdecken, daß es nicht ganz stimmt. Also korrigieren Sie es und finden heraus, daß es jetzt zuweit in der anderen Richtung ist. Früher oder später müssen

Sie aufgeben und es seinen eigenen Weg finden lassen. Kontemplation üben bedeutet, daß wir dem eigenen inneren Pendel erlauben, seinen Platz zu finden. Geheiligte Kontemplation, kontemplatives Gebet, zu üben bedeutet, daß wir der Quelle der Liebe erlauben, uns zu dem Platz zu bringen, der unser Zuhause ist.

Alles ist miteingeschlossen

Es sollte jetzt klar sein, aber lassen Sie es mich geradeheraus sagen: Trennen Sie Kontemplation nicht von Aktion. Im Stenogramm-Stil der Spiritualität wird Kontemplation oft mit Ruhe und Stille und Aktion mit gemeinsamem Handeln gleichgesetzt. Auf diese Weise haben wir dann kontemplative und tätige Gemeinschaften, Gebet und sozialen Einsatz, Sabbat und Dienst. Ich habe sogar schon Leute sagen hören, Extravertierte hätten mehr Schwierigkeiten mit Kontemplation als Introvertierte. Das ist einfach nicht wahr. Jeder hat Schwierigkeiten mit Kontemplation.

Wir hören nicht auf, in allen Bereichen unseres Lebens solche Unterscheidungen zu machen und Dinge voneinander zu trennen. Anschließend mühen wir uns ab, das, was wir auseinandergenommen haben, wieder zusammenzusetzen. Wir denken nun, wir müssen alles integrieren: unsere männlichen mit unseren weiblichen Anteilen, unser Fühlen mit unserem Denken, unsere Psychologie mit unserer Spiritualität, unsere Gebete mit unserem aktiven Leben, unsere Passivität mit unserem Geltungsdrang, unsere rechte Gehirnhälfte mit unserer linken, unseren Körper mit unserem Geist, unsere Arbeit mit unserer Familie, unsere Sexualität mit unserer Spiritualität. Der Weg der Kontemplation bedeutet statt dessen, diese Unterscheidungen gar nicht erst zu machen. Wenn wir nur damit aufhören könnten, so viele feste Grenzen zwischen diesem und jenem zu ziehen, dann könnten wir uns dem Leben zuwenden, statt uns über Integration Sorgen zu machen.

Der erste Schritt

Wenn einem traditionelle Formen des kontemplativen Gebets beigebracht werden, hat das immer etwas mit Entspannung zu tun. Lockere deine Muskulatur, entspanne den Atem, laß deinen Verstand zur Ruhe kommen. Überlaß alles Gott. Sei einfach nur da, so wie du bist, in der Welt, wie sie ist, und laß Gott sein, wer er ist. Für die meisten von uns, die zu angespannt sind, ist das sinnvoll, weil die Entspannung unserem inneren Pendel einen Stoß in Richtung eines etwas besseren Gleichgewichts gibt. Ab und zu kann es allerdings sein, daß wir zu wenig Spannung haben. Ist das möglich? Vielleicht sind wir angeödet, lethargisch, zu Tode gelangweilt und wollen nur heraus aus allem und in eine betäubte Mattigkeit verfallen. Oder wir vertrauen naiv auf das, was kommt, ohne willens oder in der Lage zu sein, uns eine Richtung zu suchen, in die wir gehen wollen. In diesem Fall kann es sinnvoll sein, die Spannung etwas zu erhöhen. Konzentrieren Sie sich für eine Weile auf einen bestimmten Gegenstand oder ein bestimmtes Bild, achten Sie auf Ihren Atem, ziehen Sie Ihre Muskeln zusammen, nehmen Sie die Dinge in die Hand und arbeiten Sie etwas daran. Weder Spannung noch Entspannung bringen uns in das Gleichgewicht von Strecken und Lockern, aber sie sind unter Umständen notwendige, hinführende Schritte. Manchmal bin ich so verstrickt in Sorgen und Aktivitäten oder so angeödet von Routine und Langeweile, daß ich ein wenig Hilfestellung zum Entspannen brauche, um auch nur einen Funken Hoffnung auf ein natürliches Gleichgewicht hegen zu können. Bei mir ist es manchmal so schlimm, und bei Ihnen auch, nehme ich an. Als ob die Schnur unseres inneren Pendels so verdreht und verknotet ist, daß sie noch nicht einmal gerade hängen kann. Bevor wir überhaupt anfangen können, uns Gedanken über ein Gleichgewicht zu machen, müssen wir erst einmal die Knoten herauskriegen. Es ist alles nützlich, was wir tun können, um zu entspannen und innerlich zur Gegenwart zurückzukommen, aber das Wichtigste ist auch hier, zu beten. Ob das Gebet Worte findet oder ob es ein bestimmtes, hilfloses Flehen ist, mit ihm fängt alles an.

Vertrauen und Glaube

Der Anfang kontemplativer Übung ist ein geheiligtes Vertrauen auf Gott, das es möglich macht, in der Situation, in der wir gerade sind, diejenigen zu sein, die wir gerade sind. Das klingt nach einem sehr passiven Zustand: »Wir lassen los und lassen Gott zu«, so vollständig wie möglich. Und die frühen Formen einer kontemplativen Haltung sind wohl tatsächlich so. Aber wenn sich unsere Haltung vertieft und das Strecken-Lockern seinen Mittelpunkt findet, dann machen wir die Entdeckung, daß zu sein, wie wir sind, alles einschließt: unsere Wünsche und Urteile, unsere Handlungen und unsere Antworten, sogar unsere Süchte, unsere Ablenkungen und unsere Langeweile.

Es geht darum, eine Haltung des echten inneren Zulassens zu entwickeln, und es zu erlauben, daß sich unsere Gedanken und Erfahrungen im Raum der Liebe Gottes ereignen, ohne daß wir den Versuch unternehmen, sie zu kontrollieren. Das heißt, der Gnade Gottes in uns genauso zu vertrauen, wie der Gnade Gottes außerhalb von uns. Wenn wir uns um die Bereitschaft bemühen, unsere Gegenwart auf Gott zu konzentrieren, dann sollten wir aufhören, uns dafür anzustrengen, damit irgendwelche bestimmten Dinge geschehen. Wir sollten unseren Gedanken und Gefühlen freien Lauf lassen. Am Anfang sollten wir auch unsere üblichen Versuche bleiben lassen, unsere Eindrücke zu filtern oder zu zensieren. Hören wir mit dem Versuch auf, manche Dinge aus unserer Wahrnehmung fernzuhalten und andere hereinzulassen. Wir sollten den Teil von uns, der immer sagt: »Dieser Gedanke ist gut, dieser Gedanke ist schlecht«, oder »Ich will mich auf dies konzentrieren und nicht an das denken«, zur Ruhe kommen lassen. Mit anderen Worten, wir sollten eine Haltung einnehmen, in der wir nichts als Ablenkung etikettieren. Wir sollten für alles, was unserer Wahrnehmung begegnet, offen sein: Gedanken, Gefühle, Bilder, Erinnerungen, Klänge, Anblicke und so weiter. Alles wird als Teil dessen anerkannt, was jetzt im Augenblick passiert, ohne Rücksicht darauf, ob es besonders oder gewöhnlich ist, heilig oder profan, gut oder schlecht.

In dieser Situation sind wir sehr verletzlich, und schon der bloße Gedanke an solch eine Offenheit ist für viele Leute bedrohlich. Wir brauchen nur wenig Erfahrung, um zu erkennen, daß viele Dinge, die uns da begegnen, gar nicht gut sind. Sowohl in uns als auch in unserer Welt gibt es schlechte Dinge, Dinge, die wir nicht fördern wollen und denen wir uns auch nicht öffnen wollen. Das Böse ist eine Realität, egal, ob wir es als unsere eigene Unwissenheit und Selbsttäuschung betrachten, oder als eigenständige Kraft, oder beides zugleich. Es gibt Dinge, zu denen wir nein sagen müssen, Dinge, gegen die wir etwas unternehmen müssen. Es wäre naiv und gefährlich anzunehmen, alles in uns und um uns herum sei gut.

Wir können die Realität innen und außen nur auf eine Art mit völliger Offenheit vereinbaren: durch ein hingebungsvolles Vertrauen auf Gott. Wir sind nicht vollkommen und die Welt um uns herum auch nicht, aber Gott ist es. Und Gottes Gnade ist nicht nur mit uns, sondern in uns. Gottes Gnade und Liebe sind unendlich stark und absolut vertrauenswürdig. Nur wenn wir uns bewußt der unmittelbaren Gegenwart Gottes zuwenden, haben wir die Hoffnung, uns so sicher zu fühlen, daß wir unsere selbsterrichteten Verteidigungsanlagen lockern können. Das führt uns zurück zu dem »Nichts« des Johannes vom Kreuz. Es gibt nichts im Weltall, das gut und stark genug ist, um unser Vertrauen vollständig darauf zu stützen, kein Gedanke, kein Glauben, keine Beziehung, keine Gemeinschaft, keine Form des Gebets, gar nichts – außer Gott. Nur im Vertrauen auf Gottes liebende Gegenwart können wir den Raum und die Freiheit finden, in der der Rhythmus des Strecken-Lockerns natürlich ablaufen kann. Daher die Beschreibung von Bruder Lorenz: ein ungetrübter Blick auf das liebende Angesicht Gottes in Allem.

Vertrauen ist in die Tat umgesetzter Glaube, und es wächst uns auf vielen verschiedenen Wegen zu. Der Glaube ist ein Geschenk, aber in welchem Maße wir uns auf ihn stützen und uns in jeder möglichen Situation öffnen können, hängt von unseren Entscheidungen ab. In jedem Augenblick stellt sich die Frage: Kann ich Gott hier und jetzt vertrauen? In dem Maß, wie wir diese Frage mit ja beantworten können, wird der Rhythmus von Strecken und Lokkern spontan und naturgemäß.

Ich habe keine Vorschläge, wie Sie den Glauben vertiefen können. Er wächst mit unserem spirituellen Leben, und er kommt auf überraschende und unvorhersagbare Weise. Die ganze Idee der Übung liebender Gegenwärtigkeit ist sowohl eine Übung des Glaubens als auch eine Antwort auf ihn. Aber ich kann folgendes sagen: Vertrauen ist die praktische Umsetzung von Glauben, das Strecken und Lockern des Glaubens. Darin liegt ein Bereich des Lernens, ein Wachsen des Vertrauens, das dadurch entsteht, daß wir uns immer öfter dafür entscheiden, auf Gott zu vertrauen, und wieder und wieder dabei entdecken, daß Gott dieses Vertrauen wert ist. Im tiefsten Grund allerdings bleibt Glauben ein Geschenk.

Auf der praktischen Ebene muß unser Vertrauen sehr zielgerichtet und bewußt sein, wenn wir die kontemplative Gegenwart verstärken wollen. Wenn wir daran denken, können wir uns jeder Situation im Gebet nähern, und der Akt, in dem wir unsere eigenen Kontrollmechanismen lockern, kann eine sehr bewußte Entscheidung sein, auf Gottes Gegenwart zu vertrauen. Ob wir Gottes Gegenwart fühlen oder nicht, wir können uns dafür entscheiden, in Übereinstimmung mit ihr zu handeln. Und weil Gott nie abwesend ist, steht es uns immer und jederzeit offen, das Vertrauen als Möglichkeit zu wählen. Wir müssen uns keine Gedanken über das Ausmaß und die Tiefe unseres Glaubens machen. Wir müssen nur bewußt beschließen, soweit wie es geht, auf Gottes liebende Gegenwart zu vertrauen, und uns in diesem Vertrauen öffnen.

Ich muß es nochmals wiederholen: In einer beliebigen Situation auf Gottes Gegenwart zu vertrauen, ist eine völlig andere Sache, als der Situation selbst zu vertrauen. Sie tun etwas völlig anderes, wenn Sie sich einer Situation öffnen, weil Sie wissen, daß Gott in Liebe anwesend ist, als wenn Sie glauben, die Situation selbst sei vertrauenswürdig. Das erstere ist reifer Glaube: das Risiko des Lebens in geheiligter Weise auf sich zu nehmen, wie es ist. Das letztere ist Leichtgläubigkeit, Naivität oder Aberglaube.

Ich denke, daß von den zahlreichen Wegen zur kontemplativen Gegenwart dieses heilige Vertrauen der direkteste ist. Eine meiner Kolleginnen leitete vor kurzem eine Gruppe zu kontemplativem Gebet an. Immer wieder sagte sie während des Schweigens mit ruhiger Stimme zu der Gruppe: »Ist da irgend etwas, das nicht auf Gott vertraut?« Diese schlichten Worte waren für mich mit die direktesten Wegzeichen zur kontemplativen Gegenwart, die ich kenne.

Wachheit

Genauso, wie wir gedanklich Kontemplation in der Regel mit Entspannung verbinden, denken wir auch, daß Wachheit dazugehört. Zumindest am Anfang stimmt das auch. Um durch alles hindurch in Liebe anwesend zu sein, müssen wir in gleicher Weise wach und entspannt sein. Wir haben gelernt, Entspannung mit Dösen oder Schläfrigkeit gleichzusetzen und Wachheit mit Spannung. Deshalb läßt sich entdecken, daß die eigene Wachsamkeit nachläßt, wenn wir an Entspannung denken, beziehungsweise, daß wir uns anspannen, wenn wir daran denken, hellwach und voll da zu sein.

Es braucht einiges an Übung und nicht wenig Bereitschaft, bevor wir zu wacher Entspannung kommen. Es lohnt sich, es für sich auszuprobieren: Können Sie sich genau jetzt gleichzeitig entspannen und wach sein?

Wenn Sie merken, daß es schwierig ist, versuchen Sie es mit einer besonderen Atemübung. Versuchen Sie, beim Einatmen Kraft und Energie zu spüren, so als ob man morgens am offenen Fenster sich die Lunge tief mit frischer Luft füllt. Fühlen Sie, wie Sie beim Einatmen aufwachen, energiegeladen und begeistert. Danach, beim Ausatmen, lassen Sie Ihren Atem mit einem kleinen Seufzer herausfließen, entspannen Sie die Muskeln Ihres Körpers, so als ob Sie gerade mit einer anstrengenden Arbeit fertig geworden wären und jetzt Pause haben. Es hat ein wenig Ähnlichkeit mit dem Strecken-Lockern, aber es ist nicht das gleiche, wiederholen Sie immer eines nach dem anderen. Wiederholen Sie die Abfolge eine Weile – Kraft und Energie beim Einatmen, Seufzen und Entspannung beim Ausatmen – und achten Sie darauf, wie Sie sich mit der Zeit fühlen. Der Rhythmus von Wachheit und Entspannung in Ihrem Atem bringt Sie in den angenehmen, leichten, aber hellwachen Zustand der Gegenwärtigkeit. Genau diesen Zustand sollten Sie am Anfang fördern.

Später, wenn sich Vertrauen und Glauben vertiefen, und der Rhythmus von Strecken und Lockern sich einpendelt, erwägen Sie, ob kontemplative Gegenwart auch möglich ist, wenn Sie sich langweilen, oder sogar im Schlaf. Eine gewisse Wachheit ist zwar bei jeder echten Gegenwärtigkeit nötig, aber wirklich echte Wachheit ist etwas, das tief innen geschieht, tiefer als die Ebene des psychologischen Zustands Ihres Verstands. Das ist das Erwachen des Herzens, in dem Ihre Seele zu Gott spricht. Was sie sagt, wissen Sie nicht und können es nicht wissen – außer, daß es Lieben ist. »Ich schlafe«, sagt die Braut, »aber mein Herz ist wach.«

Auf dieser Ebene relativiert sich der Wechsel von Wachsamkeit und Entspannung an der Oberfläche. Sie sind Wellen auf dem Meer, manchmal fließen sie in die Richtung der tiefen, der echten Strömung, manchmal werden sie vom Wind aufgewühlt. Die Wellen sind die Aufmerksamkeit: Zu- und abnehmend, sich hier- und dorthin wendend, hiervon und davon in Anspruch genommen. Die Tiefenströmung ist das echte Leben in der Liebe. Es fühlt sich richtig und gut an, wenn beide in dieselbe Richtung strömen, aber nur die Strömung entscheidet.

Übung

Die beste Übung ist die, die wie ein Geschenk kommt, wenn Ihr Weg für diesen Augenblick aus den tiefen Strömungen in Ihrem Bewußtsein herauswächst. Wenn Sie in diesem Moment auf die Gnade ehrlich antworten können, ist die Übung gar keine Übung mehr. Dann ist sie einfach gelebte Liebe.

Das Zweitbeste habe ich bereits regelmäßig erwähnt: Heiligung und einfaches Dasein. Auch die Heiligung muß kein formaler Akt sein. Sie kann sich ganz natürlich ereignen.

Auch über die drittbeste Übung haben wir bereits gesprochen. Gehen Sie Ihr Leben durch und suchen Sie nach Momenten, in denen die kontemplative Gegenwart spontan über Sie kam, und versuchen Sie, sich das Gefühl wieder zu vergegenwärtigen. Dann heiligen Sie das alles und lassen Sie los.

Die viertbeste können Sie selbst entwickeln: eine geheiligte Folge von Gebet und Rückkehr, die Ihnen hilft, in das Gleichgewicht von Strecken und Lockern in der Gegenwart hineinzufinden.

Das Fünftbeste wäre ein Prozeß, den Sie gemeinsam mit Ihren spirituellen Freunden oder Ihrer Gemeinschaft entwickeln, also mit Menschen, die das kontemplative Gebet und auch Sie selbst gut kennen.

Das Sechstbeste (oder ist es das Zwölftbeste?) sähe etwa so aus:
— Finden Sie eine schöne Stelle und lassen Sie sich in einer bequemen Position nieder. Es lohnt sich, beides – Platz und Körperhaltung – mit Bedacht zu wählen. Was ist am hilfreichsten? Liegen oder sitzen? Die Augen offen oder geschlossen halten? Meine Ratschläge sind auf das Stillsitzen bezogen, aber wenn Sie ein Mensch sind, der sich bewegen muß, passen Sie die Übung Ihren Bewegungen an.
— Nehmen Sie sich etwas Zeit, um Ihre Sehnsucht zu finden und sich für die Quelle der Liebe zu heiligen. Vielleicht möchten Sie die Zeit einem Menschen oder einer Sache widmen. So oder so, bitten Sie Gott um Führung und Hilfe bei Ihrer Suche nach offenem Gegenwärtigsein in der Liebe. Manchmal mache ich daraus ein richtig festes Gebet: »Ich möchte mich in dieser Zeit völlig in

Deine Hände geben, Gott, ich gebe Dir diese Zeit, und ich will im Vertrauen auf Deine Gnade präsent sein für alles, was kommen mag.«

– Gehen Sie mit Ihrer Aufmerksamkeit durch alle Körperteile, vom Kopf bis zu den Füßen oder umgekehrt, und achten Sie darauf, wie sich alles anfühlt, besonders Gebiete, die sehr angespannt scheinen. Wenn Sie das Gefühl haben, es sei besser, die Verspannung so zu lassen, wie sie ist, tun Sie das auf jeden Fall. Wenn nicht, strecken Sie sich ein wenig und suchen Sie sich eine entspanntere Position. Lassen Sie Ihren Körper sich in den gegenwärtigen Moment hinein strecken und lockern. Nehmen Sie sich soviel Platz, wie Sie brauchen. Vielleicht helfen Ihnen einige Bilder. Manchmal entspanne ich mich bewußt in Gottes Liebe hinein und vertraue meinen Körper den liebevollen Armen seines Schöpfers an. Manchmal fühle ich mich sogar wie der Jünger, den Jesus liebte und der an der Brust Christi lehnte.[1]

– Erweitern Sie Ihre Aufmerksamkeit, so daß sie Ihren Atem einschließt. Schalten Sie Ihre Aufmerksamkeit nicht abrupt vom Körper auf die Atmung um, sondern versuchen Sie, Ihre Wahrnehmung so auszudehnen, daß der Atem mit eingeschlossen wird. Sie können an dieser Stelle eine Zeitlang die Atemübung zur Wachheit in der Entspannung machen, die ich oben beschrieben habe, so daß Sie wacher werden und Ihre alles einschließende Aufmerksamkeit gestärkt wird. Wenn Sie soweit sind, nehmen Sie Ihren Atem genauso wahr, wie vorher Ihren Körper. Wenn Sie das Gefühl haben, Ihr Atem sei zu kurz, zu schnell oder zu angespannt, überlegen Sie, ob es besser ist, ihn nicht zu beeinflussen. Wenn doch, dann verlangsamen Sie ihn bewußt und lassen ihn tiefer werden.

– Lockern Sie dann die Kontrolle über Ihren Atem soweit wie möglich. Lassen Sie ihn los. Lassen Sie Ihren Atem natürlich fließen, so daß es sich bequem anfühlt. Vertrauen Sie ihn Gott an. Mir ist manchmal das Bild eine Hilfe, daß der Geist in mir atmet.

– Wenn Ihr Atem lockerer und natürlicher wird, strecken Sie Ihre Aufmerksamkeit noch einmal aus, bis Sie ganz aufnahmebereit sind für alles, was in Ihnen und um Sie herum vorgeht. Öffnen Sie sich für Ihre Körperwahrnehmungen, Ihren Atem, das, was Sie von Ihrer Umgebung sehen und hören, und für alle Gedanken,

Gefühle und Bilder, die Ihnen begegnen. Sie können es sich so vorstellen, daß Sie die Kontrolle über Ihren Verstand und Ihre Aufmerksamkeit an Gottes Liebe übergeben. Manchmal habe ich die Vorstellung, daß ich meinen Verstand dem Verstand Christi überantworte, damit Gottes großes Bewußtsein sich um mein Bewußtsein kümmert.[2]

– Bleiben Sie dann, soweit und solange es Ihnen möglich ist, in der einfachen, offenen Gegenwart. Kehren Sie zurück, wenn es für Sie soweit ist, und wiederholen Sie dabei einen oder zwei der vorhergehenden Schritte. Versuchen Sie nicht, irgend etwas festzuhalten. Versuchen Sie auch nicht, irgend etwas Besonderes geschehen zu lassen oder irgend etwas nicht geschehen zu lassen.

– Wenn Sie am Ende angelangt sind, lassen Sie es nicht das Ende sein. Bestätigen Sie den Moment in einem ehrlichen Gebet. Das kann ein Dank sein, eine Fürsprache für andere, eine Bitte um Führung und Vollmacht für Ihren Schritt in den nächsten gegenwärtigen Moment. Versuchen Sie, das Gebet in der Allumfassendheit der kontemplativen Gegenwart geschehen zu lassen und nicht in eine andere Form der Aufmerksamkeit umzuschalten. Dann schwingen Sie sich aus, und die Gegenwart dieses Augenblicks fließt sanft in die nächste ein und in die nächste und in die nächste.

Wenn Sie nun voll religiösen Eifers jeden Schritt, den ich vorgeschlagen habe, durchgehen, werden Sie vielleicht nie bei der kontemplativen Gegenwart ankommen. Sie werden Ihre ganze Zeit mit Vorbereitungen verbringen. Aber das ist in Ordnung. Für mich waren diese Vorbereitungen oft mein Weg in die Fülle. Sie bringen meine Sehnsucht zum Ausdruck und bringen mich in die richtige Richtung. Jenseits davon kommt es nur auf Gottes Gnade an. Jede andere Überlegung verwandelt das Ganze in ein ›Projekt‹. Daneben hilft uns die Zeit, die wir mit den Vorbereitungen verbringen, eine weitere Bedeutung von Übung kennenzulernen. Üben heißt auch: noch nicht vollendet sein. Gibt es im spirituellen Leben überhaupt etwas anderes? Wenn wir Kontemplation üben, üben wir es, kontemplativ zu werden. Wenn wir das Sein in der Liebe üben, üben wir es, Liebe zu werden.

Während des restlichen Tages
Genau wie bei den anderen drei Wegen von Bruder Lorenz, fließt die Erfahrung der offenen, unmittelbaren Gegenwart, die Sie während der besonderen Gebetszeiten machen, auch in viele andere Momente während des restlichen Tages ein. Manchmal geschieht das spontan, und Sie nehmen es einfach wahr und genießen es mehr als vorher. Ein andermal wollen Sie, daß es passiert und entscheiden bewußt, sich dafür bereitzumachen. Vielleicht können Sie einfach gegenwärtig sein, vielleicht müssen Sie die oben entwickelte Sequenz in verkürzter Weise durchmachen. Mit etwas Übung können Sie die Schritte Körper-Atem-Seele in ein paar Sekunden durchlaufen. Besser noch, es verdichtet sich alles zu einem geheiligten Strecken und Lockern.

Unter Umständen hilft es Ihnen, einen ähnlichen Prozeß zu durchlaufen, bevor Sie in bestimmte Situationen eintreten, und zwar in Situationen, die Sie aller Wahrscheinlichkeit nach gefangen nehmen und vergessen lassen. Hüten Sie sich allerdings davor, das Ganze in eine psychologische Methode zu verwandeln. Es kann gut sein, daß Sie sich besser fühlen und besser funktionieren, wenn Sie eine kontemplative Haltung einnehmen, doch ich warne Sie: *Benutzen* Sie sie nicht, um stressige Situationen besser in den Griff zu bekommen oder Ihre Effizienz zu steigern. Versuchen Sie, sich an Ihre ursprüngliche Sehnsucht und Absicht zu erinnern und an die Gefahren der Jagd nach einem künstlichen Zustand.

Es gibt viele Verzerrungen, die sich in die Übung der Kontemplation einschleichen können. Ich habe es schon gesagt: Es gibt viele Möglichkeiten, es falsch zu machen, und keine, es richtig zu machen. Als erstes wird uns schon die Idee, *es zu machen*, in Schwierigkeiten bringen. Deshalb ist es vielleicht von Nutzen, noch einmal für einen Moment auf die Übung der Kontemplation zurückzublicken und noch einmal darüber nachzudenken. Wenn Sie für die tägliche Rückschau schon Raum geschaffen haben, können Sie diesen zusätzlichen Rückblick leicht hinzufügen. So oder so möchte ich Sie ermutigen, folgenden Fragen im Gebet nachzugehen:
1. Habe ich meiner Suche nach offener, freiwilliger Gegenwart irgend etwas Zusätzliches hinzugefügt? Halte ich mich an etwas fest, zensiere ich etwas, greife ich krampfhaft nach etwas, versuche ich etwas zu kontrollieren?

2. Habe ich mich dabei ertappt, wie ich meinen Verstand oder mein Herz unterdrückt oder aufgehalten habe, statt frei in Gottes Liebe zu sein?
3. Hat sich mein Bewußtsein gelangweilt, betäubt oder wie in Trance angefühlt, statt einfach offen und präsent? Wenn ich eine Routine aufgebaut habe, hilft sie mir wirklich, oder benutze ich sie zur Flucht?
4. Habe ich irgendwie an allem manipuliert, mich angestrengt oder versucht, irgend etwas künstlich zu produzieren, statt die Dinge spontan und natürlich geschehen zu lassen?
5. Hat die Übung irgendeine Wirkung auf meine Beziehungen zu anderen Menschen? Wenn ja, bin ich mehr oder weniger liebevoll präsent?

Achten Sie besonders auf die fünfte Frage; sie ist vielleicht die wichtigste und sicherlich die heikelste. Es sollte Ihnen inzwischen klar sein, daß »liebevolle Gegenwart« anderen Menschen gegenüber nichts ist, was Sie an der Zahl Ihrer guten Taten oder der Menge der eingelösten Erwartungen, die Sie selbst oder andere an Sie stellen, messen können. In manchen Situationen ist die Liebe hart und wird Menschen unglücklich machen. In anderen Fällen kann Ihre Antwort auf die Liebe sein, sich zeitweise aus manchen Beziehungen zurückzuziehen, und es kann dauern, bevor Sie in größerer Fülle zurückkehren können. Ziehen Sie also keine voreiligen Schlüsse. Es kann helfen, die Rückschau mit einem Menschen zusammen zu machen, der in Ihre Situation einen besseren Einblick hat.

Zunehmende Einfachheit

Wenn Sie denken, daß Sie mit Ihren Übungen am Ziel vorbeigehen, liegt das vielleicht daran, daß Sie sich zu sehr anstrengen oder die ganze Sache zu sehr verkomplizieren. Die Übungen zum Körper- und Atembewußtsein sind voll von Möglichkeiten, um die Dinge zu manipulieren. In der wirklichen kontemplativen Gegenwart sind all diese Dinge nebensächlich. Sie sind, wie alle Methoden, Dinge, die wir deshalb tun, weil wir hoffen, daß sie uns zu einer kontemplativen Einstellung verhelfen. Und wie alle Methoden, verkomplizieren sie eigentlich das, was an der Gegenwärtigkeit wirklich wichtig ist.

Ich weiß, daß ich mich wiederhole, aber alle Übungsmethoden, alle Hilfen und Mittel gibt es nur, weil wir so süchtig danach sind, immer irgend etwas zu tun. Diese ganzen Tätigkeiten brauchen wir nur in dem Maß, wie unser Verstand ohne sie ins Wanken gerät. Sie sind nur insoweit nützlich, als sie unserem Verstand durch die Entziehungserscheinungen hindurchhelfen, die bei zunehmender Einfachheit auftreten. Wenn wir an irgendeiner Methode des Gebets oder der Meditation über diesen Punkt hinaus festhalten, machen wir einen Götzen daraus und müssen darüber nachdenken, ob wir uns Gott hingeben oder einer Technik. Ich betone das so sehr, weil ich es selbst so oft getan habe. Wieder und wieder habe ich Dinge entdeckt, die mir beim Gebet helfen konnten, und später herausgefunden, daß ich nun diese Dinge betreibe, statt wirklich zu beten. Es ist viel bequemer, sich an eine spirituelle Technik zu klammern, anstatt sich wirklich in die bedenkliche Situation des Gebets hineinzugeben, in das liebende, aber so fremde Geheimnis Gottes.

Vereinfachen Sie also wann und wo Sie es können. Lassen Sie alles fallen, was Sie nicht brauchen. Gehen Sie meine Liste der zweitbesten Dinge soweit möglich mit dem Rotstift durch. Versuchen Sie, wie weit Sie ohne stützende Methoden leben können und wo Sie Gott vertrauen müssen, statt Ihrem eigenen Wissen und Ihren Fähigkeiten.

Aktive Kontemplation

Wenn Sie sich tatsächlich vor Gott Sie selbst sein lassen, dann schließt dieses *Selbst* alles in Ihnen ein, was echt und natürlich ist. Ihr Wissen, Ihre Erfahrungen, Ihre Urteils- und Entscheidungsfähigkeit, Ihren gesunden Menschenverstand, Ihre Fähigkeit zu antworten und Ihre Fähigkeit zu handeln; nichts ist ausgeschlossen! Ihren Körper loszulassen, heißt zum Beispiel, daß er sich bewegen kann, wenn es ihm unbequem wird, und daß er auf die Situationen, in denen er sich befindet, reagieren kann. Ihren Verstand loszulassen heißt, ihn die Urteile und Unterscheidungen treffen zu lassen, die seiner Natur entsprechen. Wenn Sie Ihr Bewußtsein in Gottes Liebe und Licht loslassen, werden Sie ganz natürlich Situationen einschätzen und auf sie antworten. Sie werden weder Ihre natürlichen Aktivitäten unterdrücken – das wäre aufgesetzt – noch jedem Impuls, der gerade auftaucht, folgen, denn dafür müßten Sie Ihre Urteilskraft blockieren. All Ihre Möglichkeiten und Fähigkeiten stehen Ihnen zur Verfügung. Aber durch Ihre Heiligung geschieht nichts außerhalb Ihrer Beziehung zur Liebe.

Das bedeutet, daß kontemplative Gegenwart oft tatsächlich etwas sehr Aktives ist. Da sind Arbeiten, die erledigt sein wollen, Menschen, die Aufmerksamkeit brauchen, Falsches, was richtiggestellt werden muß, Gerechtigkeit, die unseren Dienst fordert, Freude, Spiel und Humor, die ihren Ausdruck suchen. Und vor allem ist da die Liebe, die erfüllt sein will. Es muß möglich sein, daß das alles in der kontemplativen Gegenwart geschieht, in Gott und mit Gott. *Wahre kontemplative Gegenwart ist die Verwirklichung (d. h. das Wirklich-werden-lassen) des Lebens, Handelns und Seins in Gott.*

Wenn Ihnen nach dieser Beschreibung schwindlig ist, sind Sie damit nicht allein. Es ist unmöglich, diese Qualität des Daseins voll zu erfassen. Von außen erscheint ein Mensch mit einem kontemplativen Herzen vielleicht nicht anders als jeder andere. Der innere Unterschied ist allerdings grundlegend. Nichts geschieht mehr außerhalb der Gegenwart Gottes. Und wenn die Situation es erfordert, zeigen sich die Antworten dieses Menschen als das, was sie sind: die Bereitschaft, sich für die Liebe zu opfern.

Negative und positive Wege

Meine eigene Erfahrung – die in keiner Weise die Lauterkeit der Bereitschaft erreicht hat, die ich hier beschrieben habe, – hat mir gezeigt, daß ich der kontemplativen Gegenwart nur unter großen Schwierigkeiten auf positive Weise nahekommen kann. Ich kann mir kein Bild des Gegenwärtigseins machen und dann danach suchen. Mein Weg ist eher negativ: Ich komme am besten voran, wenn ich alles stoppe, was eindeutig nicht Teil dieser Gegenwärtigkeit ist. Wenn ich das Gefühl habe, ich muß irgend etwas allein, autonom und ohne Bezug auf Gott erledigen, dann ist es Zeit, um kürzerzutreten. Wenn ich mich dabei ertappe, wie ich etwas Künstliches aufbaue, oder wenn ich die ach-so-vertrauten Gefühle der Verzweiflung, des Anklammerns und des krampfhaften Zugreifens spüre, die jenseits der Bereitschaft für Gott liegen, weiß ich, es ist Zeit, zu beten. Der negative Weg sucht also einfach nach Fehlern und Irrtümern und vertraut Gott, daß er für die Wahrheit sorgen wird. Deshalb haben mir die Worte meiner Freundin soviel bedeutet: »Ist da irgend etwas, das nicht auf Gott vertraut?«

Weil mein Weg also ein negativer Weg zu sein scheint, bin ich bei der Beschreibung eines positiven Weges etwas im Nachteil. Mir fallen zwei Beispiele aus der Tradition des Christentums ein. Das erste ist, zu betrachten, was wir aus der Bibel über Jesus wissen. Zu allen Zeiten haben viele spirituelle Sucher versucht, so zu leben wie Jesus, und jede Absicht nach dem Vorbild des Zimmermannssohns aus Nazareth zu gestalten. Ein Teil der Nachahmung Christi beinhaltet den Versuch, seine Lehren und Gebote, soweit sie sich auf das äußere Handeln beziehen, zu befolgen. Hier liegt die Betonung auf dem Tun, besonders in den Bereichen Gebet, Gottesdienst, Gerechtigkeit und Mitleid.

Eine echte Suche nach Jesus schließt allerdings auch den Versuch ein, in sein Herz und seinen Verstand einzudringen, eine Suche nach seiner inneren Erfahrung. Ich glaube, das führt unausweichlich zu der Erkenntnis, daß Jesus nie bewußt von seinem *Abba*, seinem Gott gewichen ist. Sicherlich hatte er Zeiten des Gebets in der Einsamkeit, doch es gibt keine Anzeichen dafür, daß er den Rest seiner Zeit ohne Gott verbracht hätte. Alles weist auf das Gegenteil hin: Daß er in ununterbrochener Gemeinschaft, ja sogar Vereinigung, mit Gott stand, und daß diese Vereinigung die Fülle seines Menschseins in keiner Weise gestört oder gemindert hätte. Selbst in dem alten Wort der Verzweiflung, das er vom Kreuz herunter sprach: »Mein Gott, mein Gott, warum hast Du mich verlassen?«, brachte er seine unerschütterliche Hingabe an Gott zum Ausdruck. Wenn wir diese innere Erfahrung nachzuahmen versuchen, bedeutet das, daß wir die wahre Bedeutung der Inkarnation fördern. Egal, ob wir Gottes Gegenwart wahrnehmen oder nicht, nichts muß von Gott getrennt geschehen. Um es positiver zu formulieren: Alles, alles kann im Bewußtsein der Gegenwart Gottes geschehen.

Ein anderes positives Beispiel kontemplativer Präsenz ist die Geschichte von Jesus bei Maria und Martha. Jesus wird in das Haus seiner guten Freundinnen eingeladen. Martha ist mit den Essensvorbereitungen beschäftigt, während Maria mit Jesus zusammensitzt. Martha beschwert sich darüber, daß Maria ihr nicht hilft, worauf Jesus ihr sagt, daß sie sich mit zu vielen Dingen beschwert. Nur eines ist wirklich notwendig, und Maria hat sich dafür entschieden. Für viele Menschen ist das kein leichter Abschnitt, besonders für viele Frauen. Oberflächlich klingt es, als ob Jesus Martha wegen der Arbeit der Essensvorbereitung kritisiert und Maria für ihr passives Zuhören lobt. Aber sehen Sie genau hin: Er stellt Marthas Sorgen in Frage, nicht ihre Arbeit, und lobt Marias Gegenwärtigsein, nicht ihre Fügsamkeit. Das griechische Wort für Marthas inneren Zustand ist *merimnao*. Es leitet sich von der Wurzel *merismos* für *zerrissen* ab und bedeutet: von den Dingen völlig in Anspruch genommen. Das Problem ist also nicht Marthas Arbeit, sondern daß sie von ihrer Arbeit so besessen ist. Maria hat ein kontemplatives Herz, sie hat sich für das Wichtigste entschieden und sich Gott zugewandt. Es ist Zufall, daß sie im Moment dabei stillsitzt. Ein andermal – vielleicht schon im nächsten Augenblick – kann sie sich Gott zuwenden *und* dabei bei der Arbeit helfen. Vielleicht wäre es besser gewesen, die Geschichte so zu erzählen. Noch besser wäre es unter Umständen gewesen, wenn Jesus selbst mitgeholfen hätte. Aber Marthas Problem war, daß ihre Sorgen ihre Aufmerksamkeit eingefangen und von Gottes Gegenwart abgelenkt haben.

Heutzutage möchten viele Leute die Bereiche Arbeit und Gebet deutlich voneinander abgrenzen. Sie würden soweit gehen, zu sagen: »Gott hat mir meinen Willen gegeben. Also will Gott, daß ich allein arbeite.« Aber das ist weder nötig, noch läßt es sich aus der Bibel rechtfertigen. Natürlich haben wir von Gott die Freiheit zu handeln, egal, ob mit oder ohne bewußte Hinwendung zur Quelle der Liebe. Was Gott in Wirklichkeit will, und wonach sich auch unsere Herzen im tiefsten sehnen, ist, jeden Moment, jedes Tun und jeden Atemzug in bewußter Gemeinschaft mit ihm, der die Liebe ist, zu erleben.

Kapitel 11

LIEBE IN DER WELT

Das Sehnen der Seele ist wie das
Treiben der Wolken und das
unendliche Rauschen des frischen
Wassers, es kommt nie zur Ruhe.
In dieser Sehnsucht suchen heilige
Menschen ihr Werk von Gott.
Hildegard von Bingen

Es ist nicht leicht, in der Welt der Liebe zugewandt zu bleiben. Es kann nur geschehen, wenn unsere Sehnsucht uns gefangen hält wie ein nagendes Hungergefühl, oder wenn wir mitten in allen Dingen mit der Gnade der echten Gegenwart beschenkt werden. Wir können uns daran erinnern, sooft wir wollen und Gott den ganzen Tag um Anstöße bitten, aber allein die Gnade macht es möglich. Im Laufe eines Tages finden wir uns in vielen Situationen und Rollen wieder. Auf die eine oder andere Weise sind wir in alle möglichen Dinge verwickelt: Haushalt, Finanzen, Politik, Erziehung, Kunst, Religion, menschliche Beziehungen, Gesetze, Wissenschaft, Umwelt und eine Menge anderer Angelegenheiten. In all diesen Bereichen finden wir Unterstützung und Nahrung für unser liebendes Gegenwärtigsein. Aber in gleichem Maße finden wir Widerstand und Störung. Ich möchte als Beispiel über den Arbeitsplatz und über Zuhause reden. Die Erkenntnisse, die wir hier sammeln, lassen sich auch auf alle anderen Bereiche übertragen.

Am Arbeitsplatz
Im Idealfall ist unsere Arbeit Mitschöpfung. Unser Körper, unser Geist und unsere Seele nehmen den Rhythmus des Streckens und Lockerns ein, und wir gebären und nähren die Welt. Im Idealfall ist

unsere Arbeit geheiligt. Sie geschieht in der Gegenwart, wie in dem alten Zen-Bild vom Holzhacken und Wassertragen. Wenn Sie Holz hacken, hacken Sie Holz. Wenn Sie Wasser tragen, tragen Sie Wasser. Das ist durch nichts vom ewigen Tanz der Liebe getrennt. Im Idealfall ist Arbeit nur ein weiterer schöner Weg, am Leuchten der Schöpfung teilzunehmen. Aber das ist der Idealfall. Wenn Sie ein Künstler sind, oder wenn Sie mit Pflanzen, Tieren oder der Erde arbeiten, können Sie dem nahekommen. Ich kann mich diesem Ideal in meiner Arbeit nähern, in der spirituellen Anleitung, wenn ich unterrichte und schreibe. Ihre Arbeit sieht diesem Ideal vielleicht überhaupt nicht ähnlich. Und meine war nicht immer so befriedigend.

Ich habe fast zwanzig Jahre als Psychiater in öffentlichen Einrichtungen gearbeitet (militärische und staatliche Krankenhäuser und Gefängnisse). In den letzten zwölf Jahren habe ich bewußt versucht, in der Liebe zu leben und das Gegenwärtigsein vor Gott zu üben. Das war das frustrierendste Unternehmen in meinem Leben. Ich war sehr gewissenhaft: Morgens habe ich gebetet und meditiert. Auf der Fahrt zur Arbeit habe ich mich erinnert. Ich konnte auf dem ganzen Weg bewußt, geheiligt und im gegenwärtigen Moment gegründet sein, sobald ich die Station betrat, war alles anders. Ich war sofort gefangen: Ich hatte mich entfernt von der Gegenwärtigkeit und von jeder Wahrnehmung der Liebe oder ihrer Quelle, sogar von jedem Gefühl der Selbstannahme. Es gab keinen schrittweisen Übergang, es fühlte sich so an, als ob mir jemand klammheimlich meine Seele gestohlen hätte. Im einen Augenblick war ich noch da, im nächsten schon hatte ich mich entfernt.

Wo war ich hingegangen? Damals wußte ich es noch nicht. Im Rückblick ist es für mich eindeutig: Ich war in meinem Verantwortungsgefühl für die Diagnose und Behandlung meiner Patienten aufgegangen. Normalerweise waren wir überbelegt und hatten nicht genug Personal. Die Pflege war bestenfalls ausreichend, und ich hatte alle Hände voll zu tun, falsche Medikationen zu verhindern und dafür zu sorgen, daß keine gefährlichen Personen freigelassen würden. Und der ganze Papierkrieg! Die Belastung des Personals war unglaublich. Ich hatte durchaus meine Pausen, ich trank Kaffee, machte Mittag, ich unterhielt mich und machte mit den anderen meine Witze. Es hätte schon Raum gegeben, mich ein wenig zu erinnern, aber ich dachte an nichts. Ich hatte sogar die Möglichkeit, Patienten und Personal ein bißchen in Meditation zu unterrichten – selbst dabei erinnerte ich mich nicht! Ich glaube, es hat einigen Menschen dort etwas gebracht, mir half es jedenfalls nichts.

Meistens vergaß ich alles, bis ich nach der Arbeit auf dem Nachhauseweg war. Dann erinnerte ich mich und wurde sehr traurig. Wo war ich nur gewesen? Wie konnte ich mich nur so gefangennehmen lassen? Einmal fuhr ich nach Hause, nachdem ich den ganzen Tag mit einer schwer gestörten Patientin verbracht und mich total hilflos gefühlt hatte. Ich faßte mich an den Kopf, als mir einfiel, daß ich für sie und mich hätte beten können, statt mir die ganze Zeit nur Sorgen zu machen, was ich tun könnte. Ich versuchte alles. Ich legte kleine Notizen auf meinen Schreibtisch und ignorierte sie. Ich tat kleine Kieselsteine in meine Schuhe und gewöhnte mich daran. Ich plante untertags Zeiten der Stille ein, um sie dann mit Papierkrieg zu verbringen.

Ich stand in diesem Kampf nicht allein. Seit den frühen Siebzigern arbeitete ich Teilzeit beim Shalem Institut für Spiritualität. Ich leitete Gruppen und Workshops. Die Gemeinschaft des Personals von Shalem hat mich unterstützt, herausgefordert und im Gebet begleitet, wie es sich ein Mensch in einer Gruppe von Pilgern nur wünschen kann. Ich sprach mit ihnen und mit meinem spirituellen Leiter über meine Kämpfe. Ich hatte Menschen, die für mich beteten, und wurde von meinen Freunden und meiner Familie unterstützt. Es war alles, wie es sein sollte, besser noch als bei den meisten Menschen, und doch klappte es nicht.

Es war eine lange Periode spirituellen Leidens. Es war keineswegs ganz dunkel: Die anderen Dinge meines Lebens liefen gut, und ich spürte Gottes Gegenwart oft, nur eben nicht bei der Arbeit. Die Tatsache, daß ich an meinem Arbeitsplatz nicht in der Liebe gegenwärtig sein konnte, war wie ein riesiges, schmerzhaftes Loch, eine Wunde, die mitten in jedem Tag klaffte. Nichts half, nichts konnte es bessern. Ich verstand es nicht. Das alles dauerte zwölf Jahre.

Es hörte erst auf, als ich die psychiatrischen Einrichtungen verließ und begann, Vollzeit in Shalem zu arbeiten. Die ersten Monate fühlte ich mich wie in einer anderen Welt. Die liebevolle, unterstützende Atmosphäre in Shalem half mir, meine frühere Arbeit aus einer gewissen Perspektive zu betrachten. Ich erkannte einiges, was mir vorher entgangen war. Zum ersten Mal bemerkte ich eine Gewohnheit, die ich während der Arbeit in der Psychiatrie entwickelt hatte. Jeden Morgen legte ich eine Art seelischen Panzer an, bevor ich zur Arbeit ging. Ich wußte, jeden Tag würden mich Menschen anschreien und bedrohen und schwere Anforderungen an mich richten. Ich wußte jeden Tag, ich würde Angst haben – nicht so sehr davor, daß mich jemand verletzen würde, sondern daß ich einen Fehler machen könnte, der das Leben eines Menschen ruinieren würde. Ich konnte nicht ungeschützt in so einen Tag gehen, also errichtete ich eine Gefühlsbarriere gegen den kommenden Streß.

Ich vermute, die meisten Ärzte haben solch eine Schranke, genauso die meisten Lehrer, Ordnungskräfte und die anderen Leute, die in einer Atmosphäre von Krise und Feindseligkeit arbeiten müssen. Von diesem Panzer bekamen die anderen Leute nicht viel mit, und mir selbst war er völlig unbewußt. Die meisten Leute hielten mich für einen fürsorglichen und humanen Arzt, und ich war stolz auf mein Mitgefühl. Ich wußte nichts von der Stärke meiner Abwehr, bis ich anfing, in Shalem zu arbeiten. Ich legte weiterhin jeden Tag diesen Panzer an, obwohl es nichts gab, gegen das ich mich hätte schützen müssen. Niemand bedrohte mich, und meine Fehler gefährdeten kein Leben mehr. Es war ein sehr merkwürdiges Gefühl, einen Schutz und keine Feinde zu haben. Ich glaube, ich brauchte über ein Jahr, um diese Gewohnheit abzulegen. Vielleicht existiert immer noch ein Rest davon, ich wäre der letzte, der es merken würde. Ich weiß auch, daß es manchmal wiederkommt. Und ich weiß, daß es sehr schwer ist, die Gegenwärtigkeit in der Liebe zu praktizieren und gleichzeitig einen solchen Panzer zu tragen. In meinem Fall war es über ein Jahrzehnt lang unmöglich.

Ich habe nur eine Antwort auf diese Erkenntnis: Mitgefühl. Ich kann mir meine Kämpfe und mein Scheitern vergeben. Darüber hinaus habe ich großes, trauerndes und manchmal überwältigendes Mitgefühl mit den Menschen, die ich in diesen Institutionen zurückließ. Die, die dort eingesperrt sind und sich vierundzwanzig Stunden am Tag schützen müssen, und die, die immer noch jeden Tag ihren Panzer anlegen, um dort zu arbeiten. Viele, insbesondere die Hilfspflegerinnen und -pfleger und die Leute, die in der Technik arbeiten, haben keine Chance, eine andere Arbeitsstelle zu bekommen. Entweder sie arbeiten dort, oder sie arbeiten gar nicht. Sie haben Familie und Kinder wie ich, nur hängen sie dort fest, während ich gehen konnte. Ich habe mit dem Geld, das ich dort verdiente, meine Kinder durch die Schule gebracht, und dann konnte ich etwas Anderes machen. Diese Freiheit haben sie nicht. Das ist nicht gerecht. Manchmal habe ich Schuldgefühle, weil ich ihnen das alles über das spirituelle Leben in der Liebe beigebracht habe. Habe ich dazu beigetragen, daß manche von ihnen sich auch so schlecht fühlen, wie ich mich in diesen zwölf Jahren gefühlt habe?

Aber wenn wir nicht die Vision eines Lebens in der Liebe hätten, selbst in schmerzvoller Verzweiflung, was bliebe dann von der Hoffnung auf eine bessere Welt? Mein Problem damals lag nicht nur in mir, sondern auch an dem Arbeitsplatz selbst. Die Einrichtungen, die »unnütze« Menschen beherbergen, sind von Grund auf verkehrt. Ich weiß zwar nicht wie, aber ich weiß, daß sie sich verändern müssen. Und sie werden sich nicht ändern, solange wir uns an sie anpassen. Nur die Schmerzen der Menschheit bringen Freiheit und Würde hervor. Ich gehe soweit ins Detail, weil das, was ich sage, nicht nur für die Institutionen der Psychiatrie gilt. Bis zu einem gewissen Grad gilt es für jede Einrichtung unserer Gesellschaft. Für Erziehung und Sozialarbeit, Regierung und Wirtschaft, und genauso für religiöse Einrichtungen. Überall stecken dort Leute fest, die weder weggehen, noch in diesen Einrichtungen zu einem Dasein in der Liebe finden können. Liebe verlangt Verwundbarkeit, und das ist an den meisten, wenn nicht sogar an allen Arbeitsplätzen ein zu hoher Preis.

Aber da ist noch mehr. In der Rückschau auf meine Arbeit in Hospital und Gefängnis entdeckte ich noch zwei Dinge, die einen Unterschied gemacht hätten, wäre ich nur rechtzeitig darauf gekommen. Beide haben mit dem Annehmen von Geschenken zu tun. Erstens: Wie Sie vielleicht gemerkt haben, als ich meinen Kampf beschrieben habe, habe ich meine Gegenwart in der Liebe sehr extrem in ein *Projekt* verwandelt. Ich wollte es selber schaffen. Sicher, ich wußte genug, um Gott um die Liebe zu bitten, aber damals war sogar das eine Methode, etwas, das *klappen* würde, wenn ich es richtig anstellte. Ich wollte tatsächlich mein Gegenwärtigsein in der Liebe alleine bewerkstelligen. Ich war nicht offen für die Tatsache, daß sie ein Geschenk ist. Natürlich hatte ich das Gefühl zu scheitern. Hätte ich schon mehr unmittelbares Gegenwärtigsein erlebt, hätte ich es wahrscheinlich als Erfolg eingestuft. Nur deshalb bin ich inzwischen dankbar, daß nichts geschah. Ich wünsche mir immer noch, ich hätte den Unterschied zwischen dem, was es bedeutet, ein Geschenk anzunehmen, und dem, was es heißt, ein Ereignis hervorzurufen, verstehen können. Aber es ist begreiflich: Mit einem solchen Panzer ist niemand sehr aufgeschlossen.

Die zweite Beobachtung ähnelt der ersten. Ich ging die ganzen Jahre durch und sammelte alle Momente, die mir einfielen, in denen ich in Hospital und Gefängnis das Geschenk der Gegenwärtigkeit erhielt. Ich fand in der ganzen Zeit nur vier. Sicher gab es mehr, aber genau wie mir damals die Liebe unzugänglich war, war es jetzt die Erinnerung. Diese Momente haben alle eines gemeinsam. Sie traten ein, als ich es einem anderen Menschen erlaubte, sich um mich zu kümmern. Zwei der Augenblicke habe ich im ersten Kapitel erwähnt: Die schizophrene Frau, die mir Feuer für meine Pfeife besorgte, und der Serienmörder, der mir durch ein schwieriges Interview hindurchhalf. Beim dritten Mal bot ein Patient an, mir Kleingeld für ein Telefongespräch zu leihen, und beim vierten Mal halfen mir Leute vom Pflegepersonal, mein Büro sauberzumachen. Ich bin traurig, daß es nur so wenige Momente waren, es hätten soviel mehr sein können. Aber ich war so in meiner Rolle als Helfer, Pfleger und verantwortlicher Geber von Hilfeleistungen gefangen, daß mir fast nie die Idee kam, jemand könnte sich auch um mich kümmern. Ich komme mir dumm vor, weil ich so empfand, aber es war einfach so. Zu Hause und in Shalem erlaubte ich Menschen, sich um mich zu kümmern, und an beiden Plätzen nahm ich regelmäßig meine Gegenwart in der Liebe wahr. Aber nicht auf den Stationen. Dort war mein Panzer zu dick, ich fühlte mich viel zu verantwortlich, und mein Bedürfnis, die Dinge in der Hand zu haben, war zu groß.

Wenn Sie also das Gefühl haben, Sie stecken in einer Situation, in der es für Sie unmöglich ist, das Gegenwärtigsein zu üben, würde ich ihnen vier Vorschläge machen. Erstens: Überprüfen Sie Ihre Aufnahmebereitschaft. Es gibt Menschen, die Sie gerne bestärken und beschenken würden, wenn Sie nur fragen würden, oder auch nur offen wären, etwas anzunehmen. Vielleicht wartet auch Gott mit einem Geschenk. Ich muß immer an das alte Wort des heiligen

Augustinus denken, der sagte, daß Gott uns immer Gutes schenken will, aber wir nie die Hände frei haben. Zweitens: Wenn Sie sich wie ein Versager fühlen, weil Ihnen das Gegenwärtigsein nicht gelingt, hören Sie mit dem Versuch auf, es zu *machen*. Denken Sie nicht nur daran, daß es ein Geschenk ist, *leben* Sie diesen Gedanken. Sie können natürlich gerade das Gegenteil von mir sein. Vielleicht tun Sie nie etwas für sich und erwarten alles von anderen. Aber ich zweifle eigentlich daran.

Drittens: Betrachten Sie Ihre Panzerung. Sie hat eine andere Farbe und eine andere Form als meine, aber ich wette, Sie haben eine. Die Frage ist, brauchen Sie sie so wie ich? Können Sie bei dem, was Ihnen jeden Tag widerfährt, ein bißchen weniger Schutz und ein bißchen mehr Verwundbarkeit riskieren? Ich schlage hier nicht vor, Sie sollten oder könnten in jede Situation absolut schutzlos hineingehen. Aber Sie sollten nicht auch noch etwas hinzufügen. Prüfen Sie, was Sie in Leben und Arbeit bedroht. Was davon ist echt und was eingebildet? Wieviel Bedrohung zielt auf Sie selbst und wieviel auf Ihr Selbstbild? Was kann im schlimmsten Fall passieren? Es ist nicht leicht, aber vielleicht können Sie ein wenig mehr Mut und Würde aufbringen und ein wenig mehr Vertrauen in Gott und Ihre eigene wesenhafte Gütigkeit haben? Manchmal hilft es Ihnen zu vollmächtiger Ganzheit, dem, was Sie bedroht, geradeaus ins Gesicht zu sehen.

Der vierte Vorschlag ist vielleicht der schwierigste. Wenn Sie in einer Lebenssituation oder an einer Arbeitsstelle festsitzen, die Ihrer Gegenwart in der Liebe wirklich im Weg steht, müssen Sie sich fragen, ob Sie dort wirklich so festgenagelt sind, wie Sie denken. Es mag vielleicht keine anderen Möglichkeiten geben, aber meistens gibt es sie doch, sie gefallen Ihnen nur nicht. Seien Sie ganz ehrlich, warum bleiben Sie an einem Platz, an dem Sie sich nicht für die Liebe öffnen können? Ich weiß, warum ich damals dort blieb. Das war keine Selbstlosigkeit, sondern das Gefühl, daß ich für meine Familie ein festes Einkommen brauchte, ein Gefühl, das wir alle gewöhnt sind. Die Einrichtungen versorgten mich mit einer Krankenversicherung und einem regelmäßigen Scheck, der mein schwankendes Einkommen aus meiner privaten Praxis absicherte. Das war alles, punktum. Ihre Gründe sehen vielleicht ganz anders aus; die Frage ist, sind sie unausweichlich? Vielleicht meinen Sie, niemand im Stich lassen zu dürfen, oder Sie wollen niemand sein, der oder die die Sachen hinschmeißt, oder Sie ziehen es wie Hamlet vor, die Sorgen zu tragen, die Sie haben, statt sich auf unbekannte neue Sorgen einzulassen. Stellen Sie sich ehrlich Ihren Gründen.

Wenn Sie erkennen, daß Sie eine Situation verlassen können, die es Ihnen unmöglich macht zu lieben, müssen Sie im Gebet in einen beruflichen Entscheidungsprozeß eintreten. Vielleicht lädt Gott Sie ein, es auszuhalten und einen Weg hindurch zu finden. Vielleicht gibt es auch eine Möglichkeit, für die Liebe offen zu werden, die Sie bis jetzt einfach nicht entdeckt haben. Vielleicht braucht es auch eine Art Umsturz in der Situation. Sie können unter Umständen Strukturen ändern und dazu beitragen, eine Atmosphäre aufzubauen, in der die Liebe mehr Raum hat. Es könnte sogar möglich sein, daß Gott Sie einlädt, das alles zu erdulden und es im Gebet in einen Akt der Fürsprache zu verwandeln für andere Menschen, die in irgendeiner Falle sitzen.

Vielleicht ist es aber auch wirklich Zeit, zu gehen. Manche Einrichtungen müssen von innen heraus verrotten, und Ihr Gehen kann deren seliges Ende nur beschleunigen. Ich sagte schon, wir haben in solchen Dingen nie eine hundertprozentige Sicherheit; aber wenn wir genügend beten, den Rat anderer Menschen einholen und aufrichtig darüber nachdenken, haben wir eine Grundlage, auf der wir entscheiden können. Aber zuvor müssen wir die Courage haben, uns der Situation ehrlich und unmittelbar zu stellen. Wir denken oft, wir brauchen Mut, um zu tun, was getan werden muß; aber ich denke, der wirkliche Mut entsteht, wenn wir am Anfang im aufrichtigen Gebet eine kritische Entscheidung treffen.

Unser erstes Gebet wird wohl dem Mut gelten. Aber Mut, der aus der Gnade kommt, hat nichts mit dem Gefühl im Bauch zu tun, an das wir meistens denken. Es geht nicht darum, sich zu stählen, die Muskeln zu spannen, die Lenden zu gürten oder sich in anderer Weise zu rüsten. Wir bauen keine unabhängige Kraft auf, sondern wir flüchten uns in die Kraft der Liebe. Das bedeutet, wie bei jeder Hoffnung auf die Gnade, wir öffnen uns einem Geschenk. Das Gebet der Hildegard ist ein Echo auf die Psalmen: »Die höchste Sehnsucht zieht mich zu Dir, lädt mich ein, in Deinen Schutz zu kommen, in den Schatten Deiner Macht.«[1]

Zuhause

Wenn ich *Zuhause* sage, meine ich dabei unsere engsten, tiefsten und festesten menschlichen Beziehungen. Das schließt enge Freunde, Nachbarschaft, Ehe und Familie mit ein. Ein Freund von mir sagt, Ehe und Familie seien gleichbedeutend mit der stärksten Askese, die es gibt. Wenn die es nicht schaffen, Ihren Stolz und Ihre Süchte abzuschleifen, schafft es niemand. Das ist wahr und trifft auf alle Beziehungen zu, die Ihr Zuhause ausmachen. So Gott will, macht es auch eine Menge Spaß. Der Spaß besteht aus dem Auf und Ab der Beziehungen. Wer tut wem was und warum? Für viele Leute ist die ideale Familie oder Beziehung etwas Solides, Stabiles, Verläßliches, etwas, das zuverlässig und immer gleich bleibt. Ich kenne das ja nicht, weil ich Familie nie so erlebt habe, aber es klingt ein wenig langweilig. Die Askese an der Sache ist, daß Ihre engsten Freunde und Ihre Familie Sie ziemlich gut kennen. Sie können Ihnen nicht viel vormachen.

Vor ein paar Jahren war ich eine Woche außer Haus, um Vorträge und Workshops zu halten. Als ich nach Hause kam, bereiteten mir Betty und die Kinder wie immer ein herzliches Willkommen. Wir verbrachten einen schönen Abend miteinander, aber ich fühlte mich irgendwie komisch. Ich hätte nicht sagen können warum, aber irgend etwas stimmte nicht. Erst am folgenden Abend kam ich darauf. Niemand betrachtete mich als große Autorität, und kein einziges Familienmitglied hatte in den vergangenen vierundzwanzig Stunden meinen weisen Rat eingeholt! Und das hatte ich vermißt. Gott sei Dank hatte mir meine Rückkehr nach Hause gezeigt, was ich für einen Egotrip begonnen hatte. Ich habe oft Egotrips, aber ich hätte viel mehr, wenn meine Frau, meine Kinder und meine guten Freunde aufhören würden, mich daran zu erinnern, daß ich nur der ganz gewöhnliche alte Jerry bin. Meine Kinder sind mittlerweile erwachsen, und sie lösen diese Aufgabe mit viel Vergnügen. Meine Söhne und ihre Freunde nennen mich gerne den *mystikschen Theoloken.* Pompöse Selbstbilder kommen einem in einer Familie und in guten Freundschaften abhanden, und Schutzmechanismen bauen sich entweder von allein ab oder werden verschlissen. Deshalb gefällt mir das Auf und Ab in einer Familie so gut.

Die andere Seite der Kräfte in einer Familie sind Stabilität und Sicherheit, das Gleichgewicht in einem Familiensystem, und obwohl ich weiß, daß das notwendig ist, stehe ich dem mit mehr Argwohn gegenüber. Wie alle dauerhaften menschlichen Gruppen bilden Familien Gewohnheitsmuster aus. Wenn diese Muster nicht gut sind, nennen wir sie dysfunktional. Egal, ob gut oder schlecht, zuviel Gewohnheit läßt uns alles für selbstverständlich halten. Das passiert auch am Arbeitsplatz. Wir gewöhnen uns so an die Opfer, die andere für uns bringen, daß wir ihre Liebe nicht mehr zu schätzen wissen. Es ist wundervoll, sich beim Haushalt und bei anderen Tätigkeiten auf die feste Unterstützung anderer verlassen zu können. Es ist gar nicht mehr wundervoll, wenn wir uns so daran gewöhnen, daß wir diese Unterstützung und die dahinterstehende Liebe als selbstverständlich hinnehmen.

Das eigentliche Problem mit Gewohnheiten in Familien und anderswo ist, daß unsere am tiefsten verwurzelten Gewohnheiten Süchte sind. Ob Tradition oder Fehlfunktion, ob tägliche Routine oder eingeschränkte Erwartungshaltung, unsere verfestigten Gewohnheiten füllen unsere Freiräume aus und begrenzen unsere Freiheit für die Liebe. Genauso wie Liebe und Gnade sich in einer Gemeinschaft unermeßlich vermehren können, so können Süchte in Familien und Institutionen tückischer und bösartiger sein, als alles, was sich ein einzelner Verstand ausdenken kann. Darüber hinaus sind die Süchte tiefer verankert. Wenn Sie das Muster blockieren, wird die ganze Gruppe Entziehungserscheinungen bekommen. Lassen Sie eine Person nach Freiheit suchen und das ganze System verschwört sich, um es zu hintertreiben. Fast immer bleiben die ganzen Vorgänge unbewußt.

Ich habe nie die ganze Theorie der gegenseitigen Abhängigkeit und Funktionsstörung in Familien verstanden, aber sie hat eindeutig eine wichtige Tatsache erfaßt. Familien, genauso wie Institutionen, entwickeln Abhängigkeiten zu zerstörerischen Verhaltens- und Beziehungsmustern. Als Gruppe verfallen wir einer Sucht schwerer, tiefer und schneller wie als Einzelne. Und wenn wir uns schon nicht von individuellen Süchten lösen können ohne das Eingreifen der Gnade, dann können wir erst recht nicht unsere Familien und unsere Institutionen allein mit der Kraft unseres Willens befreien.

Die Beziehung spielt keine Rolle. Ob Sie es Abhängigkeit oder gegenseitige Abhängigkeit nennen, zwanghafte Kollusion oder

Sklaverei der Liebe, es findet statt, wenn die Liebe ihre Freiheit durch die Sucht verliert. Das passiert bei individuellen Abhängigkeiten, in der Liebe eines Paares, in den Gewohnheiten einer Familie und in jeder Gruppe, die Sicherheit in der Gemeinschaft sucht. Wie ich schon sagte, können Sie es daran erkennen, daß kein Raum mehr da ist. Sie merken es, wenn Sie das Gefühl haben, keine Wahl zu haben, und wenn Ihre persönliche Würde nicht mehr aus der Quelle der Liebe kommt.

Wenn Sie in einer Beziehung aufwachen und entdecken, daß das, was Sie für ein Heim gehalten haben, eher wie ein Gefängnis aussieht, dann müssen Sie einige mutige Schritte unternehmen, um Ihre Freiheit wiederzugewinnen. Sie werden Gottes Gnade brauchen, damit sie Ihnen Kraft gibt. Aber wir sollten uns nicht allzusehr vor ein wenig Sucht in Beziehungen fürchten. Würden wir uns nur von Sucht vollkommen freie Beziehungen zugestehen, dann hätten wir gar keine Beziehungen. Das ist unmöglich. Ich habe es schon oft gesagt: Wenn Sie etwas oder jemand wirklich lieben, wird sich immer ein wenig Sucht daruntermischen. Das ist in Ordnung. Die Sehnsucht unserer Herzen wird nie ganz gestillt werden, und wir sind auch nicht bestimmt dafür, ganz ohne Sucht zu leben. Aber Sie müssen ein weiteres Mal entscheiden: Folgen Sie der Einladung der Liebe oder weichen Sie der Drohung der Furcht? Wählen Sie zwischen der Suche nach dem Licht oder der Flucht vor der Dunkelheit. Das soll nicht heißen, daß Süchte gut seien; sie sind es nicht. Aber befreien Sie sich vom Entweder-Oder-Denken. Lockern Sie Ihren Perfektionismus, und befreunden Sie sich ein wenig mit der Realität der Dinge.

Familien und enge Freundschaften sind wie Systeme. Sie sind machtvolle Kräfte sowohl in Richtung Sucht als auch in Richtung Freiheit. Was auch immer ein Einzelner tun kann, eine Gruppe kann es mit viel mehr Nachdruck – im Guten wie im Bösen. Im Idealfall können Ehe, Familie und Freundschaft Ausdruck spiritueller Gemeinschaft in ihrer besten Gestalt sein: Hingebungsvolle Menschen, die einander sehr gut kennen, die zueinander eine tiefe Liebe empfinden und die das Erwachen zur Liebe beim anderen unterstützen und dafür beten. In Wirklichkeit tun Beziehungen immer beides: Sie unterstützen die wahre Liebe und höhlen sie aus, sie fördern die Freiheit und verstärken die Fesseln der Abhängigkeit.

So ist es für jeden Menschen als einzelnen; in der Gemeinschaft kann und soll es nicht anders sein.

Es ist auch zu erwarten, daß wir uns gegenseitig nicht wirklich verstehen. Zusammen mit dem Mythos der ewigen Liebe hegen viele Leute den Glauben, daß bei Paaren und anderen engen Beziehungen nicht nur jeder Mensch den spirituellen Kern des anderen verstehen sollte, sondern auch die Erfahrungen und den spirituellen Übungsstil. Sollte das stimmen, dann sind die meisten Beziehungen unzureichend. Ich habe mit Hunderten von Leuten über ihr spirituelles Leben in Ehe und Gemeinschaft gesprochen und nie eine völlige Übereinstimmung des spirituellen Kerns gefunden. Auch hat sich nur eine Handvoll der Beteiligten voll verstanden gefühlt. In allen durch Liebe verbundenen Beziehungen findet sich eine Mixtur aus Verstehen und Verwirrung, aus Unterstützung und Widerstand. Das klingt vielleicht so, als würde etwas mit unseren Beziehungen nicht stimmen, aber ich denke, es ist schon alles in Ordnung so.

Wir sind nicht dazu geschaffen, daß sich all unsere Sehnsüchte erfüllen und all unsere Leere gefüllt wird. Ich denke, wir sind genausowenig dafür geschaffen, in menschlichen Beziehungen Vollkommenheit zu finden. Ich hoffe wenigstens, daß das so ist, denn menschliche Beziehungen können nie vollkommen sein. Unsere Liebe ist immer mit Abhängigkeit vermischt. Wenn bei einer Person die Liebe tiefer wird – und damit die Abhängigkeit nachläßt –, bedeutet das eine gewisse Bedrohung für die Abhängigkeiten der anderen Person. Es ist äußerst hilfreich, wenn beide Beteiligte das als unvermeidlich ansehen und akzeptieren, aber das ist nicht einfach. Es hilft noch mehr, wenn beide vor der Heiligung des oder der anderen Ehrfurcht haben – auch wenn sie ganz anders sein mag als die eigene – und wenn beide in der Beziehung auf Gottes Gnade vertrauen. Dann ist die wachsende Freiheit ein gegenseitiger Grund zur Freude. Aber selbst dann wird es Veränderungen an der Basis der Beziehung geben. Das können wir nicht vermeiden, denn die Liebe fordert uns heraus, Gott mehr zu vertrauen als jeder Partnerschaft. Das soll so sein.

Persönliche Praxis

Wir müssen unseren Mangel an Perfektion akzeptieren und anerkennen, daß in unserer Arbeit, zu Hause und überall, wo wir leben
und engagiert sind, ein gewisses Maß an Süchtigkeit auftritt. Wir
müssen wissen, daß das so in Ordnung ist. Das heißt allerdings
nicht, wir müßten uns daran anpassen oder unseren Frieden damit
machen. Wirklich in Ordnung ist unsere Bereitschaft, die Dinge zu
nehmen wie sie sind, kombiniert mit unserem leidenschaftlichen
Verlangen, sie zu verbessern. Schauen Sie, was los ist, verschwenden Sie keine Zeit mit Vorwürfen, und tun Sie Ihr Bestes, um die
Liebe stärker zu machen. Das ist das Wesen der Praxis in der wirklichen Welt.

Gebet kommt am Anfang, in der Mitte und am Ende jeder Praxis
– falls Praxis je ein Ende hat. Es ist ein Bittgebet: Um Mut, um
Erinnerung und einfaches Gegenwärtigsein in der Arbeit und zu
Hause. Es ist ein Fürbittgebet: für die Menschen bei der Arbeit und
zu Hause, daß die Gnade sie durchdringen soll, sie befreien und
ihre Zerbrochenheit heilen. Es gilt auch den Systemen und Institutionen, die unser Zuhause und unsere Arbeit bilden, ein Gebet um
Befreiung und Liebe in der Umgebung und der Atmophöre, in der
die Menschen arbeiten, beten und sich nach Besserem sehnen. Es
ist das Gebet des Lobes, der Anbetung und des Dankes. Es ist Ausdruck unserer Dankbarkeit für die Gnade, die uns gegeben wurde,
und unseres immer weiter wachsenden Bedürfnisses nach mehr
Gnade. Es ist auch eine Bitte um Führung: Wie kann ich antworten,
hier und jetzt? Was ist die echte Einladung der Liebe in dieser besonderen Situation? Darüber hinaus ist es noch das Gebet um
Stärke, Mut und Schutz, damit wir uns nicht nur in den Schatten der
Flügel Gottes flüchten, sondern von dort aus auch entschlossen
handeln.[2]

Mit diesem alles erfüllenden Gebet können wir hoffnungsvoll (im
wahrsten Sinn des Wortes) die Offenheit und Einfachheit entwik-
keln, in der es uns möglich ist, das Geschenk der unmittelbaren,
liebenden Gegenwart anzunehmen. Versuchen Sie nicht, sie zu *machen!* Benutzen Sie alle Anstöße, alle Sakramente und alle Einfälle,
die Sie für hilfreich halten. Räumen Sie alle Hindernisse aus dem
Weg. Gehen Sie darauf zu, auch wenn dabei etwas daneben geht.
Aber versuchen Sie nicht, die Gegenwärtigkeit zu machen.

Achten Sie auf den Balken in Ihrem Auge und nicht auf die Splitter in den Augen Ihrer Familie, Ihrer Freunde und Kollegen. Bemühen Sie sich um Mitgefühl für ihre festgefahrene Lage, selbst wenn sie Ihnen eine große Last sind. Bemerken und würdigen Sie ihre Opfer und ihre Geschenke. Aber verraten Sie nicht Ihre Würde. Nehmen Sie den Raum und die Freiheit in Anspruch, die Ihr angeborenes Recht sind. Vielleicht müssen Sie um genug Raum in Beziehungen ringen oder um Pausen in Ihrer Arbeit, damit Sie Ihre wahre Sehnsucht wieder wahrnehmen und in die Hand nehmen können. Das können Sie nicht, ohne anderen auf die Füße zu treten. Es wird den Leuten nicht gefallen, und sie werden es oft nicht verstehen, aber die Gnade macht es möglich, fest zu bleiben, ohne bösartig zu sein. Die Gnade macht alle Dinge möglich.

Denken Sie daran, daß Ihre wahre Heimat die Liebe Gottes ist. Dort ist Ihr Herz. Das ist Ihr spirituelles Zuhause. Es ist immer gegenwärtig und unmittelbar nah, egal, wo Sie sind und was Sie tun. Das Zuhause zu Hause. Das Zuhause, wenn Sie arbeiten. Das Zuhause, wo auch immer Sie sind, aber in immer wieder erneuerter Unmittelbarkeit. Wenden Sie sich diesem Zuhause immer wieder zu, kehren Sie heim, von Augenblick zu Augenblick. Und wenn Sie angekommen sind, strecken und lockern Sie sich, bis Sie im wirklichen Leben und Tun im Jetzt angekommen sind.

Versuchen Sie es mit ein wenig geheiligtem Zen. Tun Sie immer nur eine Sache, mit umfassender, unmittelbarer Aufmerksamkeit. Erledigen Sie nichts flüchtig, nur um zur nächsten Sache zu kommen. Tun Sie alles um der Liebe willen. Tun Sie es ganz, empfindsam und offen. Tun Sie es jetzt. Tun Sie die nächste Sache *danach.* Hacken Sie Holz. Holen Sie Wasser. Tippen Sie Briefe. Lesen Sie die Post. Sprechen Sie mit Ihrem Freund. Baden Sie die Kinder. Kichern Sie. Machen Sie das Essen. Erledigen Sie Ihre Geldangelegenheiten. Schlafen Sie mit Ihrer Partnerin oder Ihrem Partner. Trinken Sie Kakao. Gehen Sie ans Telefon. Beschweren Sie sich bei Ihrem Chef. Reparieren Sie das Abflußrohr. Laufen Sie von hier nach da. Planen Sie jetzt die Verabredungen für den nächsten Monat. Erledigen Sie den Haushalt. Schlagen Sie den Nagel ein. Streiten Sie sich mit Ihrem Kollegen. Wechseln Sie die Glühbirne aus.

Es *ist* möglich, so zu leben. Ich weiß es, denn ich lebe so (etwa vier bis fünf Minuten am Tag). Der vietnamesische Zenmeister Thich

Nhat Hanh formulierte es so: »Während Sie das Geschirr abspülen, denken Sie vielleicht schon an den Tee, den Sie hinterher trinken wollen. Deshalb versuchen Sie, den Abwasch möglichst schnell aus dem Weg zu räumen, damit Sie sich dann hinsetzen und den Tee trinken können. Aber das heißt, daß Sie in der Zeit, in der Sie abwaschen, nicht in der Lage sind zu leben.«[3]

Halten Sie Ausschau nach den kleinen, einfachen Orten zu Hause und bei der Arbeit, an denen die lebendige, liebende Gegenwärtigkeit von selbst kommt. Vielleicht im Garten oder wenn Sie einem Kind in die Augen schauen oder in den Momenten der Arbeit, wenn Sie ganz dabei sind. Was können Ihnen diese Momente beibringen? Wie können Sie sie verstärken? Welcher Bruch, welche Überlastung oder welche Sucht erstickt diese Momente und verschüttet die Freiräume? Wie muß die Heilung aussehen? Was für ein Gebet brauchen Sie jetzt?

Praxis in den Institutionen

Wäre es nicht schön, wenn die Leute zu Hause und bei der Arbeit gemeinsam die unmittelbare Gegenwärtigkeit in der Liebe suchen würden? Vielleicht ist das eher möglich, als Sie es sich vorstellen können. An vielen Arbeitsplätzen und in fast allen Heimen gibt es wenigstens eine kleine Chance zur Zusammenarbeit und ein gewisses Potential für spirituelle Gemeinschaft. Das Unangenehme ist nur, Sie brauchen einigen Mut, um sie zu finden und zu stärken. Sie müssen den Leuten um Sie herum etwas von den Wünschen Ihres Herzens mitteilen, und das fühlt sich fast immer ziemlich risikoreich an.

Das erste Problem ist, die Worte zu finden, die Ihrer Sehnsucht Ausdruck verleihen. Kaum ein Wort paßt da richtig. Und wenn Sie dank der Gnade ein paar zusammenhängende Worte auf die Reihe bekommen, wie wird die Reaktion ausfallen? Vielleicht verstehen die Menschen um Sie herum überhaupt nichts. Schlimmer ist es, wenn sie es verstehen und sich entweder bedroht fühlen oder anderer Meinung sind. Noch schlimmer ist es, wenn sie deswegen auf Sie herunterschauen. Wenn jemand Sie verachtet, wenn Sie Ihrer tiefsten Sehnsucht Ausdruck geben, dann fühlen Sie sich im innersten Ihrer Seele angegriffen. Das ist Ihre zarteste und verwundbarste Stelle. Es gibt keine Möglichkeit, sich zu rechtfertigen oder zu erklären; je mehr Sie das versuchen, desto schrecklicher fühlt es sich an. Nichts wirklich Spirituelles kann je gerechtfertigt werden gegenüber einer Person, die anderer Meinung ist.

Manchmal ist es besser, den Mund zu halten. Das trifft besonders dann zu, wenn Sie merken, daß Sie anfangen, zu argumentieren oder sich zu verteidigen. Es kann allerdings Zeiten geben, in denen es wirklich nötig ist, sich zu offenbaren. Sie werden niemals erfahren, wie die Leute reagieren, bis Sie es riskieren, und wenn Sie es nicht tun, werden Sie viele Gelegenheiten verpassen, spirituelle Freundschaften zu schließen oder Unterstützung zu erhalten. Beten Sie um Mut und um Führung. Halten Sie die Augen offen nach Hinweisen auf die Bereitschaft anderer Menschen, dem, was Sie sagen wollen, zuzuhören. Und wenn Sie dann sprechen, versuchen Sie, es aus Ihrer Verwurzelung in der Liebe heraus zu tun. Verlieren Sie nicht den Kontakt zu diesen Wurzeln, so wie ich es viele Male getan habe, indem Sie *über* Ihre Sehnsucht sprechen, statt *aus ihr heraus*. Und seien Sie verwundbar. Wer weiß, vielleicht wird Ihr Arbeitsplatz oder Ihr Zuhause eine echte Quelle gemeinsamer spiritueller Vertiefung. Gott allein weiß, ob es möglich ist, aber es wäre sicherlich wundervoll. Es ist das Risiko wert.

Ich frage mich, was geschehen wäre, wenn ich in den psychiatrischen Einrichtungen, in denen ich gearbeitet habe, mehr riskiert und meinen Panzer weiter geöffnet hätte. Aber das ist eine fragliche Sache; das alles ist für mich schon lange Vergangenheit. Shalem, mein derzeitiger Arbeitsplatz, ist eine unglaublich reiche spirituelle Gemeinschaft. Ich muß dafür keine großen Risiken eingehen, weil alle Menschen in meiner Umgebung diese Risiken auf sich nehmen. Auf diese Weise wird das Risiko des Einzelnen etwas kleiner. Sie sind vielleicht anderer Meinung als ich, aber ich vertraue darauf, daß sie mein Inneres respektieren; sie werden mich nicht verachten. Wir reden gemeinsam über unser spirituelles Leben, wir beten zusammen, wir wissen, daß uns eine gemeinsame Sehnsucht verbindet. Und uns eint der Widerstand dagegen, daß die Effizienz die Liebe verdrängt. Dabei spielt es natürlich eine große Rolle, daß es der Zweck unserer Einrichtung und das Ziel unserer Arbeit ist, den Menschen beim Beten zu helfen. Es gibt auf der Welt noch eine Reihe solcher Arbeitsplätze, an denen die Menschen sich einig sind, zuerst der Liebe zu dienen, zuerst Gott zu suchen und gemeinsam darum zu ringen, das alles möglich zu machen. Wenn es doch mehr wären!

Shalem ist ein sehr privilegierter Arbeitsplatz, aber es ist trotzdem nicht leicht. Wir sind mit Arbeit überhäuft und stehen ständig in der Versuchung, uns Sorgen zu machen, ob wir alles schaffen. Wir verschwören uns gelegentlich, um die Effizienz anzubeten. Aber wenigstens merken wir es, und wir merken es gemeinsam. Leute kommen gerne in unser Büro, wegen des Gefühls der Weite und Offenheit, verglichen mit ihren eigenen Arbeitsstellen in der Hauptstadt der Vereinigten Staaten. Das ist allerdings eine Frage des Blickwinkels; wir erleben es in der Regel nicht so offen und frei. Ich sah einmal, wie Tilden Edwards, unser Geschäftsführer, aus einem Büro in ein anderes rannte, unter den Armen Bücher und Unterlagen, und mit Verspätung zu einer Besprechung unterwegs war. Er sah, wie ich ihn angrinste, und meinte: »Wir, die wir über Sabbat reden, tun uns am härtesten damit.«

Wir sind uns dessen bewußt, und wir tun was wir können, um es zu ändern. Hier sind einige der Dinge, die wir unternommen haben:

— Bei unseren Besprechungen (Leitungsteam, Ausschüsse, Programm- und Finanzplanung, Büropersonal und so weiter) beginnen wir nicht nur mit stillem Gebet, sondern wir reden auch gemeinsam darüber, was Gebet und Gegenwart jedem von uns in diesem Augenblick bedeuten. Auf der Tagesordnung der Vorstandsbesprechungen steht jeweils am Anfang und am Ende ein Gespräch über unsere Gebetssituation. Wir haben entdeckt, daß ein solches Gespräch gerade am Ende einer Besprechung sehr hilfreich ist. Wann war unsere Gegenwärtigkeit am stärksten? Wann waren wir am meisten gefangen?

— Wir entscheiden im Gebet, was zu tun ist, um die Dinge unmittelbarer und offener für die Liebe zu gestalten. Im Laufe der Jahre haben wir eine Menge Tricks entwickelt, zum Beispiel eine Glocke, die mitten im Treffen läutet, oder Pausen für die Stille zwischen den einzelnen Punkten auf der Tagesordnung. Einer von uns (wir lösen uns dabei ab) betet still während der ganzen Besprechung, und wir ermutigen jeden einzelnen, um Stille zu bitten, wenn er oder sie das Gefühl hat, vom inneren Zuhause weggetrieben zu sein. Manchmal bedeutet das mehr Stille als Worte – die Arbeit wird trotzdem erledigt.

- In den Besprechungszimmern und den Büros haben wir etliche
  sichtbare Anstöße: Kerzen, Heiligenbilder, Blumen und Symbole.
- Wir spielen zusammen und haben Spaß – und davon eine ganze
  Menge. Nach all den Jahren hat kaum jemand von uns noch ein
  schlechtes Gewissen, wenn ein Besucher oder eine Besucherin
  hereinkommt und uns beim Herumspinnen antrifft.
- Wir haben regelmäßige Zeiten der Zurückgezogenheit und des
  Gebets, und wir unterstützen uns gegenseitig, damit alle für sich
  Zeit und Raum finden.

An dem, was wir tun, ist nichts Magisches und wir sind weit davon
entfernt, eine vollkommen liebevolle Einrichtung zu sein. Das
Wichtigste, was wir tun, ist vielleicht, daß wir darüber miteinander
sprechen. Wenn wir eine hilfreiche Methode haben, entdecken wir
in der Regel bald, daß wir sie ändern oder nach kurzer Zeit fallen-
lassen müssen, sonst wird sie zur Routine. Wir gewöhnen uns an sie,
und sie verliert ihre Frische. Aber nur im Gespräch darüber tritt
unsere gemeinsame Sehnsucht und Absicht ans Tageslicht. Dann
werden wir bis zu einem gewissen Grade zusammen geheiligt, und
unsere ganzen Methoden bekommen Vollmacht. Ohne diese Berührung der gemeinsamen Heiligung wäre jede Methode, und sei
sie noch so einfallsreich, eine leere Routine.

Das Geschenk – und wir alle wissen, daß es ein Geschenk ist –
besteht darin, daß die Gnade Gottes bei all unseren Kämpfen um
mehr gemeinsame Gegenwärtigkeit in der Liebe bei uns geblieben
ist. Die Gnade hat uns dabei geholfen, zuviel Konkurrenz zu vermeiden und nicht zuviel Betonung auf unser Überleben als Institution zu legen. Sie hat uns auch geholfen, uns selbst nicht so wichtig
zu nehmen und nicht zu abhängig von der Routine zu werden. Wir
beten darum, daß diese Gnade solange weitergeht, solange wir zu-
sammenbleiben sollen. Ich sehe, wie lebendig die Gnade in den einzelnen Menschen ist, die diese Gemeinschaft bilden. Das trifft auf
jede spirituelle Gemeinschaft zu. Es gibt immer einen Menschen,
der die anderen still im Gebet unterstützt. Es gibt immer einen, der
Heiterkeit hereinbringt, wenn wir zu ernst werden und immer jemand, der oder die uns auf den Boden zurückholt, wenn wir abge-
hoben haben. Immer ist eine Person da, die die Sache erledigt haben will, und eine, die sagt, daß nur Gottes Liebe allein wichtig ist.

Es gibt auch immer eine Person, die die Prophetenrolle ein-
nimmt, unseren derzeitigen Weg in Frage stellt und etwas Besseres
fordert. Selbst in dieser privilegierten Umgebung erfordert die prophetische Rolle Mut und Bereitschaft, zu leiden. Wie jedes System
und jede Institution werden auch wir süchtig nach unserer Art, die
Dinge zu tun, und wir wollen Sie nicht gern loslassen. Es ist nicht
leicht, der Mensch zu sein, der aus der Echtheit seines Herzens heraus fordert, daß die Einrichtung sich ändern muß. Der christliche
Ausdruck dafür ist *das Kreuz tragen*. Das militärische Gegenstück
dazu ist: *Stellung beziehen*. Wie auch immer Sie es nennen, es bedeutet, daß eine Person uns andere an einen Ort führt, an den wir
nicht hinwollen.

Ich schlage nicht vor, daß Sie die Erfahrungen von Shalem als
Vorbild für Ihre eigene Arbeitsstelle oder Ihre Familie benutzen sollen, nicht mehr, als Sie meine individuelle Erfahrung als Vorbild für
Ihre verwenden sollten. Sie sind einzigartig und genauso Ihr Zuhause und die Situation an Ihrem Arbeitsplatz. Vielleicht können
Sie die eine oder andere Idee in Ihrer Familie oder bei Ihrer Arbeit
verwenden. Aber es ist wichtiger, daß Sie hoffnungsvoll darauf vertrauen, daß Gottes Gnade in der Lage ist, Ihnen den Weg zu öffnen,
für Sie, Ihr Zuhause, Ihre Arbeit und für die Welt.

Kapitel 12 LIEBE FÜR DIE WELT

Denn ich sage Euch dies: Ein liebendes,
blindes Sehnen nach Gott allein
ist in sich wertvoller und erfreulicher
für Gott und die Heiligen,
wohltuender für Euer eigenes Wachstum
und hilfreicher für Eure Freunde,
beide, die toten und lebenden,
als irgend etwas sonst, das Ihr noch tun könntet.
Die Wolke des Nichtwissens

Wie kann ein ungeteiltes Sehnen nach Gott meinen Freunden
mehr helfen, als alle guten Taten, die ich für sie tun könnte? Ich
kann verstehen, daß es den Toten nützen könnte, die Lebenden
wollen mehr von mir. Hat der Autor der »Wolke des Nichtwissens«
hier nur etwas spirituelle heiße Luft produziert und die harte und
gefährliche Arbeit, die Welt zu verbessern, umgangen? Wir haben
einen vollständigen Kreis abgeschritten und stoßen jetzt wieder auf
den Konflikt zwischen Effizienz und Liebe. Mein an der Effizienz
orientierter Verstand sagt, daß nur eines zählt: Loszugehen und für
eine bessere Welt zu arbeiten. Ich muß aufstehen und mich einrech-
nen lassen, ich muß die Probleme der Ungerechtigkeit, der Krank-
heiten und der Armut anpacken, wo auch immer sie zu finden sind.
Ich muß mich dem Krieg in den Weg stellen und meinen Rücken im
Dienst der Freiheit beugen. Und das alles muß jetzt geschehen und
schnell und gut.

Mein im Tiefsten erwachtes Herz verteidigt und rechtfertigt sich
nicht. In ihm sind nur Sehnsucht und Liebe. Es sehnt sich genauso
nach all diesen Dingen, und sein leidenschaftliches und mitfühlen-
des Sehnen nach einer besseren Welt schmerzt bis zur Verzweiflung. Aber es kann – oder will – nicht mit der Effizienz konkurrie-
ren. Alles, was es tut, ist sehnen und lieben.

234

Mein Problem ist, daß ich immer Effizienz und Liebe gegeneinanderstelle und im Netz des Entweder-Oder hängenbleibe. So ist es immer, wenn die Effizienz die Oberhand gewinnt. Wenn das Wie vor dem Warum kommt, wird es immer nur Verwirrung geben. Eine Veränderung, die hier für mehr Gerechtigkeit sorgt, schafft woanders Unrecht. Frieden in einer Region wird durch Krieg in einer anderen erkauft. Revolution befreit die Unterdrückten, nur damit sie zu Unterdrückern werden. Die Hungernden bekommen zu essen und müssen dafür mit ihrer Würde bezahlen. Die Kranken werden kuriert, aber nicht geheilt. Wenn es nur darum geht, daß die Arbeit getan wird, dann bringen die erledigten Arbeiten immer wieder neue Arbeiten hervor, die getan werden müssen.

Und das Herz hört nicht auf, sich in schlichtem, stummem Flehen nach Taten zu sehnen, die die Liebe nicht nachahmen, sondern aus ihr heraus entstehen, nach Effizienz, die kein Selbstzweck ist, sondern der Anfang des Spiels, das die Liebe spielt, der Beginn der Herrschaft der Liebe über alle Dienste.

Ich denke, daß der Autor der »Wolke« das Richtige getroffen hat. Mein ungeteiltes Sehnen nach Gott wird meinen Freunden mehr helfen, weil mein ungeteiltes Sehnen nach Gott die Art Taten hervorbringen wird, die ihnen wirklich helfen. Es heißt also nicht, sich nach Gott zu sehnen statt Hilfe zu leisten, sondern sich nach Gott zu sehnen als der Quelle aller Taten, die wirklich hilfreich sind. So einfach ist das: Setzen Sie Effizienz an die erste Stelle, und die Welt wird so weiterlaufen, wie sie das heute tut; setzen Sie die Liebe an die erste Stelle, und die ganze Bedeutung der Effizienz wird verändert.

Wer weiß, was wahre, bis ins letzte gehende Effizienz ist? Wer weiß, wie sie aussieht, oder wann und wo was zu tun ist? Werfen Sie einen Blick auf die liebevollsten Dinge, die jemals für Sie getan worden sind – die, an denen Sie keinen Zweifel hegen – und auf die liebevollsten Taten, die Sie je für andere getan haben. Wo kamen sie her? Waren sie vorhersagbar? Wie hätten sie ausgesehen, wenn sie nicht aus einem liebenden Herzen gekommen wären? Wären sie dann überhaupt passiert?

Wir hatten einmal einen nörgelnden alten Mann als Nachbar. Als unsere Kinder anfingen, im Hinterhof zu spielen, stellte er einen Zaun auf. Wir versuchten, uns mit ihm anzufreunden, aber er wollte nichts davon wissen. Er drohte, er würde das Kätzchen meines Sohnes Paul töten, nachdem es einmal in seinen Rosenbüschen herumgestreunt war. »Wenn ich diese Katze noch einmal auf meinem Grundstück erwische, werde ich sie vergiften«, sagte er. Paul, der damals vier Jahre alt war, wurde davon besessen, das Kätzchen auf unserem Grundstück zurückzuhalten. Er wachte in der Nacht auf und schrie. Ein paar Tage später war die Katze tot. Wir sahen sie verenden, und wir waren überzeugt, daß sie vergiftet worden war. Während die anderen Familienmitglieder trauerten und sich in ihrer Phantasie ausmalten, was wir tun könnten, um uns zu rächen, wurde Paul ganz still. Schließlich sagte er auch etwas über unseren Nachbarn: »Er muß sehr einsam sein. Vielleicht sollten wir für ihn eine Geburtstagsparty veranstalten oder so etwas.«

Wer hätte das vorhersagen können? Wer weiß im voraus, was Frieden und Gerechtigkeit bringen wird? Wenn Sie eine Reaktion hören oder sehen, die wirklich aus der Liebe kommt, dann sagt Ihr Herz:»Ah ja, das ist richtig.« Dieses Gefühl hatte auch meine Familie, nachdem sich der erste Schock über Pauls Worte gelegt hatte. Aber es gibt keinen Weg, um vorhersagen zu können, was zu tun ist. Unser Problem ist, daß wir nie warten können. Wir rennen Hals über Kopf los, um uns um irgendwelche Dinge zu kümmern und sind so in unserem Bedürfnis verfangen, irgend etwas zu tun, daß wir die Liebe dabei völlig außen vor lassen. Mit unseren Feinden geraten wir in Sackgassen, mit unseren Freunden in Konfusion. Wir stürzen uns auf Prinzipien und Strategien, statt Entscheidungen zu treffen. Wir reagieren aus Reflex und Gewohnheit, statt aus dem Gebet heraus zu antworten; wir reagieren aus Furcht statt aus Liebe.

Selbst wenn wir in unserem Handeln das wirklich aus der Liebe kommende Handeln anderer Menschen nachahmen, bringt das oft genausoviel Ärger, wie es gutmacht. Ich könnte jedesmal, wenn mich jemand verletzt, die Worte meines Sohnes wiederholen, aber sie wären nicht richtig. Christen versuchen, das, was Jesus getan hat, zu imitieren und folgen dem Buchstabensinn seiner Gleichnisse, ohne darauf zu achten, worauf Christi Herz in diesem Augenblick gerichtet war. Es liegt eine Ironie darin, daß große Teile der Christenheit genauso sind, wie die Pharisäer, die Jesus dafür tadelte, daß sie den Buchstaben des Gesetzes folgten, ohne auf die Quelle des Gesetzes zu achten. Es ist sicher besser, wenn wir versuchen, den Vorschriften und Prinzipien der Liebe zu folgen, statt uns der Selbstsucht und der Rache zu überlassen. Aber das ist so, als ob wir Tanzschritte machen wollten, ohne jemals die Musik zu hören, oder den Pinselstrich eines Künstlers nachahmen, ohne das Bild je zu sehen. Es ist eine Liebe ohne den Geist der Liebe. Es ist herzlos.

Viel von diesem herzlosen Handeln ist nicht mehr als eine Reaktion. Wir tun es, weil es die Welt von uns erwartet. Unsere Mitmenschen zu Hause und in der Arbeit wollen nicht darauf warten, bis wir die Sehnsucht unseres Herzens wahrgenommen haben. Dafür ist weder Raum noch Zeit. Sie wollen jetzt Ergebnisse sehen. Und wir denken, wir sollten sie ihnen liefern. Aber es würde nicht lange dauern — oft würde ein innerer Blick reichen. Mein Sohn hatte nur einige Minuten geschwiegen, bevor er seine Bombe platzen ließ.

Ein Teil unseres herzlosen Handelns erklärt sich durch unsere Süchte. Wir verfügen alle über ein Repertoire an gewohnheitsmäßigen Reaktionen, guten und schlechten, für eine große Bandbreite von Situationen. Vielleicht wollen wir diese Reflexe rechtfertigen, indem wir sie für effizienter erklären als sich die Zeit zu nehmen, um in die offene, liebende Gegenwart einzutauchen. Glauben Sie es nicht. Wir stecken fest in unseren Gewohnheiten, und das ist Sucht.

Herzlosigkeit hat, ob aus der Sucht als Reaktion oder einfach aus Dummheit, ihren Ursprung größtenteils in der Angst. Wir haben Angst, die Erwartungen anderer Menschen nicht zu erfüllen. Wir haben Angst vor der Qual, der Unsicherheit und der schrecklichen Leere, die entstehen, wenn wir eine Sucht nicht ausleben. Und, wenn wir ehrlich sind, wir haben Angst vor den Dingen, zu denen uns die Liebe auffordern könnte. Es könnte zu etwas führen, das wir nicht mehr kontrollieren können. Es könnte bedeuten, verletzt zu werden.

Aber wir haben die Wahl! Ich bin kein Fanatiker, wenn ich sage, daß die einzige Hoffnung der Schöpfung darin liegt, daß jeder einzelne Mensch auf die Sehnsucht seines Herzens hört, damit wir den Schritt nach vorn in die Liebe hinein tun können, statt uns in die Angst zu flüchten und hineinzusteigern. Wenn wir etwas von der Effizienz dieser Welt opfern müssen, um die Zeit und den Raum dafür zu finden, dann muß es eben sein. Weiterhin dürfen wir uns unseren Herzen nicht mit Hintergedanken zuwenden. Weder werden wir am Ende effizienter sein, noch werden wir eine bessere Welt haben. Die Hinwendung muß um ihrer selbst willen geschehen. Wie ich schon sagte: Liebe kann nie ein Mittel zum Zweck sein, egal wie der Zweck aussieht. Liebe ist wie ein Blitz, die leuchtende Energie des Universums; sie ist etwas, an dem wir teilnehmen, nicht etwas, das wir nutzen. Irgendwie muß zwischen unserer Sehnsucht nach Liebe und unseren automatisierten Reaktionen genügend Raum sein, in dem wir am Prozeß der Liebe teilnehmen können. Sonst werden wir die wirkliche Liebe mit unseren verzweifelten Versuchen der Hilfsbereitschaft überfahren.

Süchtige Hilfsbereitschaft

Es kann sich für uns als praktisch erweisen, von unseren automatisierten, reflexartigen Hilfeleistungen gegenüber anderen ein wenig Abstand zu nehmen. Das mag für einige von uns sehr bedrohlich erscheinen. Die Suchtanteile in unserer Hilfsbereitschaft herauszuarbeiten, bedeutet, die Art zu kritisieren, wie wir gewöhnlich unserer Liebe Ausdruck verleihen. Das heißt schon fast, die Liebe selbst in Frage zu stellen. Das ist eine sehr sensible Sache und eine sehr wichtige. Ich werde versuchen, sie so gelassen wie möglich anzugehen.

Sagen wir, irgend jemand, den wir kennen, leidet. Vielleicht ist die Person traurig, vielleicht hat sie finanzielle Probleme, oder sie hat entdeckt, daß ihre Partnerin oder ihr Partner eine Affäre hat. Wir haben mit diesem Menschen Mitleid und sorgen uns um ihn; wir wollen irgendwie helfen. So weit, so gut: Unser Herz ist voll Mitgefühl, es spürt den Schmerz des anderen Menschen und will hilfreich reagieren. Aber wir müssen diese Gefühle sofort in Aktion umsetzen, und an dieser Stelle werden die Suchtelemente unserer Hilfsbereitschaft ausgelöst. Fast wie bei einem Computer werden unsere internen Programme des *Was-mache-ich-in-einer-solchen-Situation* aktiviert und laufen ab. Ganz anders als der Computer schauen wir aber nicht einmal, welches Programm aufgerufen wurde. Dafür haben wir keine Zeit. Wir müssen uns auf das Geschäft der Hilfeleistung stürzen.

Bitte verstehen Sie mich richtig: Ich ordne Menschen nur sehr ungern in Typen ein. Es ist wie bei vielen alten Etikettierungen der Psychiatrie, wenn wir uns gegenseitig als Typen einordnen, macht uns das weniger menschlich, mehr wie Maschinen mit unterschiedlichen Funktionen. Aber wenn Sie es mit einem Augenzwinkern tun, kann es viel Spaß machen, und genau das habe ich jetzt vor. Ich habe eine Liste gemacht, die Menschen nach dem Stil ihrer Hilfsbereitschaft ordnet.

Da gibt es die Person, die Sie jedesmal dazu bringen möchte, über Ihren Ärger zu reden. Ich werde diese Person den Emphatophilen nennen. Das ist ein Mensch, der davon überzeugt ist, daß alles besser wird, wenn wir es teilen: »Jetzt setz Dich mal hierhin, und erzähl mir die ganze Geschichte.«

Ich selbst bin der Das-kriegen-wir-schon-hin-Typ. Mein erster Impuls ist immer, Ihr Problem mit meinem do-it-yourself-Reparaturwerkzeug anzugehen: »Ich werde Dir einen Rechtsanwalt besorgen.« »Ich weiß, wo Du einen preisgünstigen Kredit kriegen kannst.« »Hast Du es schon mit Schäfchenzählen versucht?«

Dann gibt es den Schmuseknuddler. Kein Problem ist so groß, daß es nicht durch Streicheleinheiten besser würde. Schmuseknuddler sagen meist nicht viel, sie kommen auf Dich zu, mit weitgeöffneten Augen und einem dummen Lächeln. Mir sind sie die liebsten. Wann immer ich Ärger habe, möchte ich, daß mindestens einer in der Nähe ist. (Das ist gut, selbst wenn ich keinen Ärger habe.)

Was ich auch liebe, sind die Du-mußt-was-essen-Feen. Egal, wie Dein Problem aussieht, sie werden Dir erst einmal etwas zu essen machen. Sie sind sehr direkt. Sie sagen nichts zu Deinen Sorgen, sondern nur: »Ich hab Dir einen Kuchen gebacken.« Es gibt eine seltene und wundersame Unterart, die Wie-wärs-mit-ein-bißchen-Schokolade-Feen. Mit einer Wie-wärs-mit-ein-bißchen-Schokolade-Fee und einem Schmuseknuddler an meiner Seite könnte ich wahrscheinlich alles durchstehen.

Dann gibt es da natürlich noch die mobilen Heulschultern. Sie ziehen Dich an sich und sagen: »Laß es einfach alles raus.«

Der theologische Psychopath lächelt beruhigend, um Dir dann ein »es ist alles Gottes Wille« reinzuhauen.

Und so weiter. Ich könnte noch weitermachen, aber ich denke, Sie haben es begriffen. Jeder dieser Stile, mit Ausnahme des theologischen Psychopathen, kann am richtigen Ort und zur richtigen Zeit hilfreich sein, aber wer weiß, wann und wo? Das Problem ist, daß diese Muster reflexartig und automatisch, ohne eine Entscheidung, ablaufen. Die meisten von uns haben genügend Menschen, die sie unterstützen, und auf diese Weise trifft bestimmt einer den Stil, der gerade nützlich ist. Die anderen machen uns klar, daß wir den Leuten wichtig sind. Und außerdem haben wir noch einen Gott, der uns durch jede Sintflut unangebrachter Hilfeleistungen hindurchhilft.

Aber lassen Sie uns noch einen Augenblick zu dem kleinen, fast nicht vorhandenen Raum zurückkehren, der zwischen dem Mitgefühl für den Schmerz eines anderen Menschen und der Reaktion darauf liegt. Es ist nicht leicht, den Schmerz einer anderen Person einfach zu erleben, ihn zu fühlen wie den eigenen. Kein Wunder, daß wir so schnell mit unseren eingefahrenen Reaktionen bei der Hand sind. Sobald wir anfangen, etwas für die leidende Person zu tun, vermindern wir die unverhüllte Qual, die wir erleben, wenn wir den Schmerz dieses anderen Menschen fühlen. Das ist immer so: Unser süchtiges Verhalten wirkt wie ein mildes Schmerzmittel.

Es gibt natürlich eine Reaktion und einen Stil, der es überhaupt vermeidet, die Schmerzen der anderen Person zu empfinden. Er tritt sehr oft auf und ist nicht im geringsten lustig. Vor kurzem starb ein lieber frommer Freund von mir. Er war Mitglied einer religiösen Gemeinschaft, aber er starb nach Jahren einsamen Lebens. Er war alt, krank und ein Halunke, und es war nicht einfach, mit ihm auszukommen. Die Leiter seines Ordens organisierten alles für ihn, beschafften ihm eine Unterkunft und bezahlten dafür und für die medizinische Versorgung, aber sie schafften es nicht, in seinem Schmerz bei ihm zu sein. Sie hätten seine Familie sein sollen, aber sie waren es nicht. Er war allein. Ich bin auf sie wütend, aber ich habe einen saftigen Balken in meinem Auge. Ich frage mich, wie viele Patienten im staatlichen Hospital ich auf diese Weise *verwaltet* habe, wie viele in den chirurgischen Stationen und wie viele Häftlinge?

»Na schön«, höre ich Sie sagen, »wenn es Ihr Beruf ist, mit Leuten umzugehen – besonders mit Leuten in Notlagen – können Sie nicht erwarten, den Schmerz jedes einzelnen Menschen mitzuempfinden. Wenn Sie das zuließen, würden Sie in nullkommanichts ausbrennen.« Aber ich sage Ihnen, daß das nicht stimmt. Den Schmerz der Leute zu empfinden, ist *nicht* der Grund für das Ausbrennen.

Wir brennen aus, weil wir das verrückte, süchtige Bedürfnis haben, dauernd für alle etwas zu tun. Wir brennen aus, weil wir uns zwischen Gefühl und Reaktion keinen Raum lassen. Aber es geht hier gar nicht um das Ausbrennen. Es geht um die Liebe um der Liebe willen. Und die Liebe braucht Raum.

Askese von der Fürsorge

Wenn wir uns selbst mehr Raum zwischen Gefühl und Reaktion zugestehen und in diesen Raum geheiligt eintreten, werden wir entdecken, daß wir die Vollmacht zu jeder Antwort haben, zu der uns die Liebe ruft. Dessen bin ich sicher. Diese Vollmacht ist nicht unsere Kraft, sondern eine Kernfusion von Gottes Gnade und unserer geheiligten Bereitschaft. Wenn wir diesen Raum in Anspruch nehmen, wird das manchmal, vielleicht sogar oft so aussehen, als ob wir nicht reagieren wollen. Wir haben Angst, daß die Person denkt, sie sei uns gleichgültig, und das nur, weil wir nicht sofort wie heißes Fett aus der Pfanne spritzen, um irgend etwas Hilfreiches zu tun. Manchmal wird die Antwort, zu der wir innerlich aufgefordert sind, nach außen hin überhaupt nicht hilfreich erscheinen. Vielleicht sind wir nur eingeladen, ruhig im Hintergrund zu beten, oder auch einfach nur präsent zu sein, ohne ein Wort zu sagen oder eine Berührung anzubieten. Manchmal fordert uns die Liebe sogar auf, einen Menschen alleinzulassen. Solche Antworten schaden unserem Ego. Der Mensch, der leidet, wird kaum kommen und uns dafür danken, daß wir uns nicht eingemischt haben. Die Liebe fragt nicht nach Anerkennung, und sie erlaubt auch nicht, daß die Bestätigung unseres Egos der Grund für unsere Antwort ist.

Wenn wir ehrlich aus der Liebe heraus antworten wollen, verlangt das eine Form des Fastens von Hilfsbereitschaft. Ehrliche Hilfsbereitschaft setzt voraus, daß wir unsere fürsorglichen Reflexe loslassen. Wir sollen nicht nur bei dem unbetäubten Schmerz der Person oder der Situation gegenwärtig bleiben, sondern auch das Risiko auf uns nehmen, lieblos zu erscheinen. Darüber hinaus sollen wir unwissend sein. Mitten in einer Situation, die nach Aktion schreit, müssen wir zugeben, daß wir wirklich nicht wissen, was zu tun ist. Letztendlich sind wir aufgefordert, uns dem zuzuwenden, nach dem unser Herz bereits sucht: Die Quelle der Liebe. Dort und nur dort finden wir den Ursprung ehrlicher Antworten.

Wie wir die Antwort erkennen

Ich habe Sie in Kapitel sechs aufgefordert, darüber nachzudenken, wie Sie eine bestimmte Handlung erkennen sollen. Dabei lag die Betonung mehr auf Ihrer Initiative. Jetzt betrachten wir den Fall, daß wir auf Menschen oder die Welt antworten. Das Prinzip ist ähnlich, aber mit ein paar feinen Unterschieden. Hier werden an uns Erwartungen gerichtet, und wir haben eine Menge gebrauchsfertiger Gewohnheiten, um jedes Unheil abzuwenden. Die entscheidende Frage lautet nun: Was geschieht in dem geheiligten Zwischenraum zwischen Gefühl und Antwort?

Von einem engen, nur auf uns selbst gerichteten Blickwinkel aus könnten wir sagen, daß eine Art Einsicht geschieht. Da sind wir, um uns herum Schmerz und in uns Unsicherheit, und wir haben nichts als die Sehnsucht unseres Herzens, um uns daran festzuhalten. Wir wenden uns Gott in unserer Unwissenheit zu und bitten um Führung. Wie lautet die Aufforderung der Liebe? Was will Gott von uns? Wie sollen wir überhaupt beten? Das alles wird nicht so viele Worte brauchen, besonders nicht in einer Krise. Aber es ist einfach wie ein Öffnen, mit nichts darin, außer unserem Wunsch, das Richtige zu tun, und unserem Ausstrecken nach der Quelle der Liebe. Es ist nicht künstlich, also gibt es keinen bestimmten Weg, wie wir das tun sollen. Es geschieht einfach, wenn wir bei den Dingen sind, so wie sie sind, und uns weigern, in unsere automatisierten Reaktionen auszuweichen.

Autoritäten der Wahrnehmung beschreiben gern, wie das alle unsere Fähigkeiten fordert: Gedanken, Gefühle, Erinnerungen, einfach alles. Aber ich denke nicht, daß in diesem Raum hier und jetzt *alle* Fähigkeiten gefordert sind. Wenigstens können wir sie nicht alle willentlich aufrufen. Täten wir das, würde es uns weit von unserer unmittelbaren Gegenwärtigkeit wegführen. Hier ist nichts als der Schmerz der sehnsüchtigen Liebe: Die Hoffnung auf irgend etwas, etwas Gutes, Heilendes, Wundervolles. Hier ist ein vierjähriges Kind theologisch so gut wie Sie und ich. Hier könnte ein Mensch, der geistig zurückgeblieben oder behindert ist, sogar einen Vorteil haben. Er oder sie könnte ein Fenster sein, das offener ist für das Wehen des Geistes.

Ich habe dafür keine Worte. Ich kann mir nur einen Menschen vorstellen, der seine Arme ausstreckt und sich öffnet und ausstreckt nach der Berührung des Heiligen. Die Christen beten mit gefalteten Händen, die Moslems mit der Stirn zu Boden geneigt. Die alte hebräische Gebetshaltung zeigt es meiner Ansicht nach am besten: Die Arme zum Himmel gereckt, die Handflächen offen, fast so, als ob Sie in ihrer würdevollen Anbetung mit den Schultern zucken würden. Hier in dem Raum zwischen Gefühl und Antwort gibt es vielleicht gar kein Gebet im uns bekannten Sinn. Das Gebet liegt in der Situation selbst, es ist in der Haltung des Herzens angelegt.

Ich habe versucht, Ihnen mein Bild dieses Raumes zu vermitteln, aber tatsächlich weiß ich nicht, was sich dort ereignet. Sie wissen es auch nicht, und Sie werden es auch dann nicht erfahren, wenn Sie diesen Raum in umfassender Heiligung betreten. Es geschieht etwas, und es geschieht eher unbewußt als bewußt. Vielleicht empfängt unser Herz ein Wort. Vielleicht hören wir auch nur auf unser Herz – wer weiß? Nur Gott weiß es. Aber es geschieht etwas. In der Regel kommt es nicht so durch unseren Verstand oder unser Gefühl, daß wir sagen könnten: »Das soll ich tun.« Statt dessen ist es einfach plötzlich da.

Sie müssen dieses Gebiet selbst erforschen, ich kann Ihnen allerdings erzählen, wie es bei mir aussieht. Nur selten zeigt sich dieses *Ding* als eine Idee, ein Gefühl oder eine Intuition, über die ich dann nachdenken kann. Wenn das der Fall ist und dafür Zeit ist, dann wende ich meine Fähigkeiten darauf an. Ist es wirklich das Richtige, auch wenn es vielleicht nicht das ist, was ich oder andere erwartet haben? Deckt es sich mit früheren Erfahrungen der Gnade? Steht es in Übereinstimmung mit meinem Glauben und meinem gesunden Menschenverstand? Wenn das nicht so ist, gibt es Anzeichen dafür, daß es trotzdem sein soll? Und so weiter, bis ich soweit bin, vorausgesetzt, ich habe die Zeit dazu.

Viel öfter taucht dieses *Etwas* einfach als das Nächste, was zu tun ist, in dem Raum auf. Es ist eine Art Baby-Sehnsucht, ein neugeborener Wunsch, der schon ein wenig so wie die Sehnsucht meines Herzens ist. Er ist irgendwie natürlich, obwohl er ganz anders sein kann als alles, was ich vorhergesagt hätte. Er umgeht jeden Kommentar und steht als eine fertige Sache da, die ich nur noch in Angriff nehmen muß. Und – so Gott will – tue ich es auch: Ich gebe mich in seine Entstehung hinein, ohne darüber nachzudenken und ohne zu zögern, weil es zu absonderlich sein könnte. Ja tatsächlich,

ich handle, ohne darüber nachzudenken, aber nicht, ohne präsent zu sein. In diesen Augenblicken der Gnade sind meine süchtigen Muster aufgehoben, der Raum öffnet sich, und ich tue einfach, was zu tun ist. Oder wird es durch mich getan und ich bin einverstanden? Der Unterschied hat hier anscheinend seine Bedeutung verloren.

Wenn die Sache sehr phantastisch erscheint (zum Beispiel einen Witz loszulassen, wenn jemand weint, oder zu ignorieren, wenn mir jemand seine innersten Gefühle mitteilt), dann zögere ich. Manchmal ist etwas so absonderlich, daß es mir genügend Angst einjagt, um mich auf irgendeine gut erprobte, süchtige Reaktion zurückzuziehen. Wenn aber Gott dafür sorgt, daß ich meine fünf Sinne beieinander habe, dann halte ich diese seltsame Sache wieder in den Raum hinein, aus dem sie entstand. Ich halte sie wie durch ein Fenster Gott hin und frage: »Wirklich?« Und wenn die Zeit reicht, denke ich wieder ein wenig nach. Schleicht sich da etwas Andressiertes in der Verkleidung einer Eingebung ein? Riecht es irgendwie vertraut? Ich habe zum Beispiel die Gewohnheit, meinen Humor zu benutzen, um mit Stress umzugehen. Ist das vielleicht der Grund, warum ich gerade jetzt diese siebengescheite Bemerkung loswerden will?

Also halte ich dieses Baby eine Weile, schaue es von allen Seiten an und halte es Gott hin. Ich versuche darauf zu vertrauen, daß ich mich in seine Verwirklichung hineingeben kann, sobald, beziehungsweise falls, es an der Zeit ist, und daß Gottes Gnade allen Beteiligten weiterhilft, falls ich den Moment verpassen sollte. Ich bin sicher, daß ich auf diese Weise etliche Momente verpasse. Das ist eine ängstlich-konservative Ader in mir, die fast so weit zurückreicht, wie der hippokratische Eid: in erster Linie keinem zu schaden. Um die Wahrheit zu sagen, ich glaube nicht, daß mir dieser ängstliche Konservativismus je etwas gebracht hat. Im Licht des heiligen Raumes zwischen Gefühl und Reaktion sieht er viel eher wie Sucht als wie Liebe aus. Aber meistens kommt das Baby auf die Welt, nachdem ich es eine Weile zurückgehalten habe. Und dann kommt der nächste unmittelbare Augenblick.

Was ist, wenn in dem Raum überhaupt nichts auftaucht? So Gott will, warte ich. Ich halte meine große Klappe, lege meine geschäftigen Hände in den Schoß und warte. Manchmal ist das Warten in diesem weiten Raum schön, meistens ist es ein großes Ringen. Es erfordert eine grimmige und heilige Würde, mit nichts als Leere in sich zu warten mitten unter Dingen, die getan sein wollen. Manchmal ist es ein spiritueller Kriegszug, voll von Versuchungen, irgend etwas zu tun, um in der Welt außerhalb irgend etwas zu verändern und die Leere in sich zu füllen. Das Warten kann für mich schön sein oder qualvoll, es ist nie langweilig.

Wenn ich allein meditiere und denke, es sei nur für mein eigenes spirituelles Wachstum, kann das Warten langweilig sein. Aber mitten im Gewühl, wenn die Leute Antworten wollen und die Welt nach Gerechtigkeit schreit, gibt es keine Langeweile. Und sei es also aus keinen anderen denn aus selbstsüchtigen Gründen, dann ist es doch sinnvoll, von der Voraussetzung auszugehen, daß die eigene spirituelle Praxis um anderer Menschen willen geschieht. Die Schöpfung braucht Ihre Gegenwart – jetzt!

Wachsende Gegenwärtigkeit

In Kapitel sechs, Abschnitt eins habe ich Ihnen vorgeschlagen, aufgrund Ihres eigenen Wissens über die Unterschiede zwischen Impulsen, Zwängen, Launen und natürlichen, spontanen Regungen nachzudenken. Vielleicht wollen Sie unter dem Gesichtspunkt des Antwortens auf die Bedürfnisse der Welt um Sie herum noch einmal darüber reflektieren. Erinnern Sie sich an bestimmte Momente, als Sie aus automatisierten, konditionierten Gewohnheiten heraus reagiert haben. Wie hat sich das angefühlt, als Sie es taten? Denken Sie daran, wie es war, als Sie aus einer Laune heraus reagiert haben. Wie war das? Und erinnern Sie sich an die Augenblicke natürlicher Spontanität, die aus der Weite zwischen Gefühl und Antwort heraus entsprangen. Wie fühlte sich das an? Nehmen Sie sich etwas Zeit mit Ihren Erfahrungen und betrachten Sie sie von allen Seiten. Denken Sie darüber nach. Fühlen, schmecken und riechen Sie sie. Lernen Sie sie gut kennen. Vielleicht entdecken Sie ganz plötzlich den Unterschied. Sie werden es nicht hundertprozentig schaffen, aber ausreichend. Es wird reichen, weil Sie nicht alleine sind.

Sie können diesem Prozeß vertrauen, wenn Ihre Sehnsucht fest ist. Lassen Sie es mich anders sagen: Suchen Sie Ihr Herz, so gut Sie können, folgen Sie ihm so weit wie möglich zur Quelle der Liebe, heiligen Sie sich und vertrauen Sie. Gottes Gnade ist gegenwärtig, und Gottes Liebe ist unwiderruflich. Sie können ihr vertrauen, und Sie können sich in ihr vertrauen.

Es gibt keine Ausnahmen. Es gibt in Ihnen und in der ganzen Schöpfung keine Stelle, an der Gottes Liebe nicht wäre. Sie lebt in Gefängnissen und Krankenhäusern, in Konzentrationslagern und Schützengräben, in Erdbeben und Orkanen, in Ihrer Selbstsucht und Ihrer Sucht. Ununterbrochen ruft sie nach Ihrem Herzen, und Ihr Herz ist wach und antwortet. Suchen Sie es, und vertrauen Sie ihr.

Vertrauen Sie, oder riskieren Sie Vertrauen – je nachdem – allein, zu Hause, bei der Arbeit, beim Spiel, in Beziehungen, in Schmerz, Trauer und Lachen. Genauso wie es keinen Platz in der Schöpfung gibt, der von der Liebe ausgenommen wäre, so gibt es keinen Moment oder Zeitabschnitt in Ihrem Leben. Sie werden nie wissen, welche Gestalt die Liebe annimmt, aber Sie können auf ihre Gegenwart vertrauen, und Sie können Ihrer Sehnsucht nach der Liebe vertrauen.

Die Schöpfung braucht Sie um Ihrer Liebe willen; die Liebe braucht Sie wegen dem, was Sie erschaffen. Gott braucht Sie um Ihrer selbst willen. Ihr Herz spürt das bereits, und es ist bereit, in den Fluß der Gnade einzutreten, um Sie in eine immer weiter wachsende Gegenwärtigkeit zu führen. Suchen Sie die Gegenwart der Liebe überall. Lassen Sie keine dunklen Ecken zu. Suchen Sie sie innen und außen, in Stolz und Scham, in Spannung und Entspannung. Suchen Sie sie in Geschäftsbesprechungen, in den Einkaufsstraßen, beim Zahnarzt und vor Gericht. Suchen Sie sie in der Schule und im städtischen Tiergarten, in Ihrem Badezimmer, in der Fabrik, in der U-Bahn, am Strand und in den Bergen.

Eins muß Ihnen klar sein. Das Suchen und Finden wird schön und schmerzhaft zugleich sein. Die Dinge werden sich wandeln und freier werden. Freiheit tut manchmal weh, und fast immer macht sie Angst. Sie werden Dinge verlieren, die Sie gebunden haben, und das wird Ihnen wehtun. Ihre Beziehungen werden sich wandeln. Je mehr Sie die Freiheit Ihres Herzens in Anspruch nehmen, desto mehr wird Ihre Abhängigkeit von anderen Menschen nachlassen. Sie fühlen vielleicht – und die anderen fühlen es vielleicht auch –, daß Sie sich von ihnen entfernen. Doch in einer merkwürdigen Weise werden Sie ihnen in Wirklichkeit näherkommen. Darauf können Sie vertrauen. Die Systeme, in denen Sie leben, werden gegen Sie reagieren, weil Sie kein so guter Sklave der Stabilität mehr sind. Sie werden nicht fähig sein, sich zu verteidigen, aber Sie werden Schutz finden. Sie können Gottes Liebe vertrauen. Sie können Gottes Liebe immer und überall vertrauen. In der Welt gibt es viel Böses und in Ihrem Inneren viel Verwirrung und Gebundenheit. Sie sind zu Gemeinheiten fähig. Aber in Ihrer Heiligung ist keine Gemeinheit und in Ihrem ehrlichen Herzen keine Rache. Suchen Sie Ihr Herz und die Liebe, in der es immer lebt und der Sie durch alles hindurch vertrauen können.

Sie werden dabei Schmerzen erleiden, und es wird in Zukunft vielleicht Zeiten geben, in denen Sie mehr Schmerzen erleben werden als je zuvor. Es wird Zeiten der Verwirrung, der Dunkelheit und der Zweifel geben. Aber Sie können immer vertrauen und Vertrauen riskieren – Sie *werden* vertrauen und Vertrauen riskieren.

Die berühmtesten Worte der Juliana von Norwich sind: »Alles wird gut sein, und alles wird gut sein, und alle Dinge werden gut sein.« Das sind keine Luftschlösser, das ist die solide Wahrheit einer Frau aus dem vierzehnten Jahrhundert, die heute als eine der für unsere Zeit bedeutendsten Theologinnen angesehen wird. Sie hörte diese Worte in ihren Visionen von Jesus, die sie auf dem Krankenbett hatte, als sie dreißig Jahre alt war. Jesus sagte ihr: »Du wirst nicht überwunden werden.« Sie beschrieb ihre Vision sehr genau: »Er sagte nicht, ›Du wirst nie einen schweren Weg haben, Du wirst nie über das Maß belastet werden, Du wirst Dich nie schlecht fühlen‹, was er sagte, war: ›Du wirst nie überwunden werden.‹«[1]

Juliana dachte über ihre Visionen fast zwanzig Jahre lang nach. Und dann in einem Moment, der geleuchtet haben muß wie ein Lächeln, fragte Gott sie, ob sie wissen wolle, was das alles bedeute. Sie schloß das Buch mit allem, was sie gelernt hatte, und etwas vermessen schließe auch ich damit. Die Bedeutung ist – so Gott will – die gleiche.

Die Liebe war der Sinn.

Wer zeigte es Dir? Die Liebe.

Was zeigte es Dir? Die Liebe.

Warum zeigte es sich Dir? Aus Liebe.

Bleiben Sie in dieser Liebe, und Sie werden mehr darüber lernen. Sie werden nichts anderes mehr lernen – niemals![2]

ANMERKUNGEN

VORWORT

Motto: The Cloud of Unknowning and the Book of Privy Counseling, (Double-day), New York 1973, S. 141, (in deutscher Sprache: Wolfgang Riehle [Bearb.]: Die Wolke des Nichtwissens, Freiburg ²1991)
    1 Hoheslied 5,2
    2 Siehe 1. Chronik 28,9

Kapitel 1   DIE STRAHLEN DER LIEBE TRAGEN

Motto: William Blake: Poems and Prophecies, (Dutton), New York 1970, S. 10
    1 Paul Mac Lean, zitiert nach Richard M. Restak, The Brain (Bantam), New York 1984, S. 136–137
    2 Das Wort *effeciency* kann im Deutschen verschiedene Bedeutungen haben: Tugend, Tüchtigkeit, Leistungsfähigkeit. May spielt mit dem Begriff. Er meint unser leistungsbezogenes Denken und Handeln, wobei wir die Menschen und Dinge nicht mehr an und für sich wertachten, sondern sie nur noch zielgerichtet und als Mittel zum Zweck betrachten und benutzen.
    3 François Fénelon, zitiert in: Brother Lawrence: The Practice of the Presence of God, (Doubleday), New York 1977, S. 18
    4 Jan van Ruysbroek, zitiert nach Evelyn Underhill, An Anthology of the Love of God, Barkway & Menzies (Hrsg.), (Morehouse-Barlow), C. T. Wilton, 1976, S. 33

Kapitel 2   DAS LEBEN DES HERZENS

Motto: Franz von Sales: Treatise on the Love of God, 11,20, (Tan), Rockford, Ill., 1975, Bd. II, S. 253

1 Im Sanskrit werden die Wege *Yogas* (Joch oder Vereinigung) oder *Margas* (Weg oder Pfad) genannt. *Karma Marga* ist der Weg der Taten oder der guten Werke; er entspricht dem westlichen Weg des Guten. *Jnana Marga* ist der Weg des Wissens, der Weg des Wahren. *Bhakti Marga*, der Weg der Hingabe, wird am meisten mit dem Gefühl in Verbindung gebracht und entspricht dem westlichen Weg des Schönen. Der vierte, der kontemplative Weg, *Raja Marga* ist eine Integration der ersten drei und schließt auch das allumfassende Geheimnis dahinter ein. Eine jüngere Entwicklung, die zu ihrer Blüte gebracht wurde, wird im Sanskrit mit *Mahamudra* (wörtlich übersetzt: »großes Siegel« oder »große Haltung«) bezeichnet oder mit *rDzogs-chen* im Tibetischen. Die fruchtbare Anregung, daß Kontemplation der vierte Weg ist, verdanke ich Joan Hickey, Lindsley Ludy und Cecilia Braveboy, die diese Idee als Teil eines Projekts des Shalem Instituts für spirituelle Entwicklung in örtlichen Gemeinden entwickelt haben.

2 Manjusrimitra: Primordial Experience, (Shambala), Boston 1986, S. xii. Thomas Kelly: A Testament of Devotion, (Harper & Row), New York 1941, S. 31. Kontemplation wird weiter unten im Text ausführlicher erläutert, und ich habe den Begriff auch in folgenden Büchern behandelt: Gerald May, Sehnsucht, Sucht und Gnade. Aus der Abhängigkeit zur Freiheit, (Claudius), München 1993, S. 117–119 und Will and Spirit, (Harper & Row), San Franzisko 1982, S. 24–26

3 Abraham Isaak Kook: The Lights of Penitence, The Moral Principles, Lights of Holiness, Essays, Letters, and Poems, übersetzt von Ben Zion Bokser, (Paulist), New York 1980, S. 148

4 Über die Unterschiede zwischen der romantischen Liebe und den anderen Arten der Liebe ist viel nachgedacht worden. Eine kurze Zusammenfassung davon mit Verweisen auf Anders Nygren, Erich Fromm und andere, siehe Will and Spirit, Kap. 6, S. 126–171

5 Süchte sind Verhaltensmuster, die in dem Prozeß der Abhängigkeit erzeugt werden. Siehe Sehnsucht, Sucht und Gnade, besonders die Seiten 15–17

6 Chogyam Trungpa: Cutting Through Spiritual Materialism, (Shambala), Berkeley, Ca., 1973, S. 49

7 Römer 8,22

8 Abraham Isaak Kook: Orot Hakodesh, (Agudah Lehotzoat Sifre Harayah Kook), Jerusalem 1938, Band II, S. 484

9 Wissenschaft von den normalen Lebensvorgängen beim Menschen.

10 Claude Bernard, zitiert nach Eric Kandel und James Schwartz (Hrsg.), Principles of Neural Science, (Elsevier Science Publishing), New York 1985, S. 612. Bernard schuf den berühmten Begriff des inneren Milieus, um die innere Welt des Körpers zu beschreiben, die wir direkt beeinflussen können, im Gegensatz zur Außenwelt, die wir nur indirekt beeinflussen können. In Weiterentwicklung von Bernards Ideen stellte Walter Cannon aus Harvard fest, daß

der Einfluß der Hirnanhangdrüse auf die innere Umwelt nicht so sehr der Erhaltung einer Stabilität als der Gewährleistung einer »begrenzten Variabilität« (zitiert nach Kandel und Schwartz, Hrsg., S. 612) dient. Das ist ein wichtiger Unterschied, weil hier die grundsätzliche Flexibilität lebender Organismen anerkannt wird.

11 Sehnsucht, Sucht und Gnade, S. 88 f

Kapitel 3   FREIHEIT UND ABSICHT

Motto: Der Yaqui-Zauberer Don Juan in Carlos Castaneda, Das Feuer von Innen, (Fischer), Frankfurt/M. 1985, S. 287

  1 Dag Hammarskjöld: Markings, (Alfred A. Knopf), New York 1966, S. 205

  2 Jesaja 43,1 + 4

  3 Kook, Lights of Penitence, S. 211

  4 Ebd., S. 211 + 212

  5 Der Begriff *Haqqodesh* (heiliger Grund) wird in vielfacher Weise gebraucht, bezieht sich aber immer auf Exodus 3,3–5. Moses sieht den brennenden Dornbusch und sagt zu sich: »Ich will dorthin gehen und mir die außergewöhnliche Erscheinung ansehen.« Er will auf den Busch zugehen, als Gott sagt: »Komm nicht näher heran! Leg deine Schuhe ab; denn der Ort, wo du stehst, ist heiliger Boden.« Es ist sehr wichtig, daß Gott nicht spricht, bevor Moses den Entschluß faßt, auf den Busch zuzugehen. Die gängige Interpretation ist, der Boden um diesen Busch herum ist heilig, weil er der Platz ist, an dem Gott sich offenbart. Ich frage mich, ob der Boden, auf dem Moses seine Absicht faßt, ebenfalls heilig ist, denn Gott ist ja auch in Moses Entschluß, vorwärts zu gehen.

  6 Kandel und Schwartz, S. 218, 609–670

  7 Augustinus von Hippo: The Confessions of Saint Augustine, (Sheed & Ward), New York 1943, S. 235–236. (In deutscher Sprache, siehe u. a.: Augustinus, Bekenntnisse, übersetzt und erläutert von Josef Bernhardt, Kösel, 1960.) Johannes vom Kreuz, The Living Flame of Love, Vers 4, in: Collected Works of Saint John of the Cross, (ICS Publications), Washington D. C. 1980, S. 230. Theresas Worte stammen aus Abschnitt 19 ihrer »Meditations on the Song of Songs«, in: Saint Teresa of Avila, The Collected Works, Bd. 2, (ICS Publications), Washington D. C. 1980, S. 230

  8 Ich bin JoAnne Taylor für diese wundervolle Geschichte dankbar, die sie in ihrer gleichfalls wundervollen Studie über die spirituelle Weisheit von Kindern veröffentlicht hat: Innocent Wisdom: Children as Spiritual Guides, (Pilgrim Press), New York 1989. Dieses kleine Buch empfehle ich besonders.

  9 Das Hohelied 5,2. Gregor von Nyssa, Commentary on the Song of Songs, in: Jean Daniélou (Hrsg.), From Glory to Glory: Texts from Gregory of Nyssa's Mystical Writings, (John Murray), London 1963, S. 41

10 Brother Lawrence, The Practic of the Presence of God, übersetzt von Sr. Mary David, (Paulist), New York 1978, S. 89

11 »Wir wollen lieben, weil er uns zuerst geliebt hat.« (1. Joh. 4,19)

Motto: Juliana von Norwich, zitiert nach Josef Sudbrack (Hrsg.): Christliche Mystik, Texte aus zwei Jahrtausenden, München 1989

1 Mehr zum Thema Bereitschaft, siehe: Will and Spirit, S. 1–21. Zum Thema Heiligung, siehe: Sehnsucht, Sucht und Gnade, S. 161–164

2 Genesis 28,16; Mathäus 6,34 und Lukas 21,36; Augustinus, Confessiones, zitiert nach: F. C. Happold, Mysticism: A Study and an Anthology, (Penguin), Baltimore, Md., 1970, S. 231, 234; Brother Lawrence, Practice of the Presence of God, übers. nach Delaney, S. 48; Jean-Pierre de Caussade, The Sacrament of the Present Moment, übersetzt von Kitty Muggeridge (Harper & Row), San Franzisko 1982, S. 81, Kelly, Testament of Devotion, S. 31; Thich Nhat Hanh, The Miracle of Mindfulness, (Beacon), Boston 1976; und Present Moment, Wonderful Moment, (Parallax Press), Berkeley, CA, 1990

3 Caussade, S. 62, Kelly, Testament of Devotions, S. 111, Thich Nhat Hanh: Being Peace, (Parallax), Berkeley, Ca., 1987

4 Ich habe dieses Thema in größerer Breite behandelt in: To Bear the Beams of Love: Contemplation and Spiritual Growth, The Way, Supplement, Nr. 59, Sommer 1987, S. 23–34

5 Mehr über die Ursachen und Kräfte der spirituellen Selbstsucht, bzw. das, was ich »spirituellen Narzißmus« genannt habe, s. Kapitel 5 von Care of Mind/Care of Spirit, (Harper & Row), San Franzisko 1982 und Kapitel 5 von Will and Spirit.

6 Das spirituelle Leben, das in der Heilung beginnt, stellt ab einem bestimmten Punkt die Vergötzung der Heilung in Frage, und manchmal bringt uns erst ein Rückfall über diesen Zustand hinaus. Ich habe dieses Thema ausführlicher behandelt in: Lightness of Soul: From Addiction Toward Love in John of the Cross, Spiritual Life, 1991

7 Thomas Merton: Love and Living, Burton Stone & Hart (Hrsg.), (Bantam), New York 1980, S. 16. (In deutscher Sprache: Liebe und Leben, Benziger, 1988)

8 Vielen Christen liefert das Bild des Dienens, das sie aus Jesu Gleichnissen ziehen, Munition für ihr Diener-Herr-Gefühl in der Beziehung zu Gott. Schauen Sie sich die Geschichten genau an: Jesus spricht über das Dasein im Königreich des Himmels in bezug auf die Geschichte als ganze. Er vergleicht Gott nicht mit dem Herrn. Niemand nennt einen solchen Herrn *Abba* und niemand nennt einen solchen Diener *Freund.* (Johannes 15,15)

9 Das englische Wort *discretion* für *Klugheit* stammt aus derselben Wurzel wie das Wort *discernment* für *Erkennen.* Das Erkennen wird in den Kapiteln 6 und 12 behandelt.

Kapitel 5   IN DIE LEERE EINTRETEN

Motto: Augustine of Hippo, Confessions, 1,1 zitiert nach: Augustine of Hippo: Selected Writings, (Paulist), New York 1984, S. 9

1 Die Bestimmung der Wurzel YS und ihrer Ableitungen stammt von John L. McKenzie, Dictionary of the Bible, (Macmillan), New York 1965, S. 760. Der hebräische Name *Yeshua* (Jesus), der in den Zeiten des Neuen Testaments weit verbreitet war, bedeutet wörtlich *Gott rettet uns.* Der Bezug auf das Bereiten von Wohnungen stammt von Johannes (Joh. 15,4): »Wohnt in mir, wie ich in euch wohne.«

2 Ich benutze den Ausdruck *Seele* im ursprünglichen hebräischen Sinn von *Nephesh,* als die Essenz einer Person. Siehe Will and Spirit, S. 32

3 Tilden Edwards, Sabbath Time, (Seabury), New York 1982

4 Manjusrimitra, Primordial Experience, S. 32

5 Erica Jong, Any Woman's Blues, (Harper Collins), New York 1990, S. 133–134 (in deutscher Sprache, siehe: Der letzte Blues, Fischer, 1992)

6 Etty Hillesum, An Interrupted Life, (Washington Square Press), New York 1985, S. 27, 30

7 Frederick Douglass, Narrative of The Life of Frederick Douglass, an American Slave, zusammengefaßt in: Abraham Chapman (Hrsg.), Black Voices, (New American Library), New York 1968, S. 241–255

8 Rainer Maria Rilke, Briefe an einen jungen Dichter, (Insel Verlag), Leipzig um 1929, S. 23 + 26

9 Julian of Norwich: Revelations of Divine Love, (Penguin), New York 1982, S. 203, 208, 212. (In deutscher Sprache: Eine Offenbarung der göttlichen Liebe, übersetzt von E. Sommer-von Seckendorff, (Herder), Freiburg 1959)

Kapitel 6   PRAXIS

Motto: Psalm 57, aus den Versen 8 + 9

1 I Ging, übersetzt von Richard Wilhelm, (Diederichs), München 1990, S. 19 ff

Kapitel 7   DER KLEINE INNERE BLICK

Motto: Brother Lawrence, Practice of the Presence of God, S. 87

1 Ebd. S. 46–47

2 Das habe ich ausführlicher in Sehnsucht, Sucht und Gnade beschrieben. Siehe die Seiten 105 und 126f

3 Jeremia 29,13–14. Das Bild des Versteckspiels verdanke ich Joe Knowles.

4 Selbst wenn Sie an die Reinkarnation glauben, müssen Sie vielleicht lediglich sechs- bis siebentausend Mal durch alles durch; also sollten Sie Ihre Dummheit besser ernst nehmen.

5 Ich könnte das jetzt mit Anmerkungen über »dysfunktionale Askese« pfeffern, aber Sie werden dann sagen, das sähe meiner Art Spiritualität ähnlich.

6 Matthäus 6,34

7 Habituation ist der natürliche neurale Prozeß, durch den wir mit der Zeit regelmäßige Reize der inneren und äußeren Welt ignorieren. Siehe Sehnsucht, Sucht und Gnade, S. 86 f

Kapitel 8   DAS GEBET DES HERZENS

Motto: The Cloud of Unknowing, S. 56

1 Teile der Beschreibung dieser historischen Abfolge sind dem Buch von John B. Noss entnommen: Man's Religions, (Macmillan), New York 1956

2 »Directions to Hesychasts«, in: Writings from the Philokalia on Prayer of the Heart, übersetzt von E. Kadloubovsky und G. E. H. Palmer, (Faber & Faber), London 1967, S. 164–270

3 The Living Talmud, (New American Library), New York 1957, S. 112–113

4 Jaideva Singh: Vijñanabhairava, (Motilal Banarsidass), Delhi 1979, S. 162–163. Um etwas genauer zu sein, der Atem sagt leise *ah* oder *hahh*, wenn er einfließt, *m* oder *mm* in dem Augenblick der Ruhe zwischen Ein- und Ausatmen und *sah* beim Ausfließen. Zusammengenommen bilden die Silben das Wort *hahmsah* oder *hamsa*.

5 Writings from the Philokalia, S. 238

Kapitel 9   DIE QUELLE DER LIEBE LIEBEN

Motto: Ein Refrain aus dem Hohenlied. Aus einer Übertragung von Marcia Falk, (Harper Collins), San Franzisko 1990, Strophen 8, 13, 25

1 Psalm 139,7 + 9

2 Jesu Wort stammt aus Johannes 15,15

3 Matthäus 18,3

4 Abba, die hebräische Anrede, steht für respektvolle, entspannte, liebevolle Vertrautheit.

5 Martin Buber, Ich und Du, (Insel Verlag), Leipzig 1923, S. 89

6 Ich denke, Erich Fromm war der erste, der die außerordentlich hilfreiche Unterscheidung zwischen »Ich liebe Dich, weil ich Dich brauche« und »Ich brauche Dich, weil ich Dich liebe« veröffentlicht hat. Siehe: Die Kunst des Liebens, (Ullstein), Frankfurt/M. 1980

7 McKenzie, Dictionary of the Bible, S. 834

8 Evelyn Underhill, Love and Response, in: Anthology of the Love of God, S. 30

9 John of the Cross, The Spiritual Canticle, in: Collected Works, S. 713–715. In diesen heiligen Versen ist Gott haargenauso gefangen durch Liebe, wie Johannes: »Ich fing Dich«, sagt Johannes zu Gott, »und eines meiner Augen verwundete Dich.«

10 Die Geschichte von Origines ist wahrscheinlich unecht, aber es haben sich Männer kastriert und Frauen körperlich verletzt bei ihrem Versuch, mit der spirituellen Leidenschaft zurechtzukommen.

11 Hohelied 8,1

12 Elisabeth von der heiligen Dreifaltigkeit, The Complete Works, Bd. 1, (ICS Publications), Washington D. C. 1984, S. 179 und 181 f. Der Satz in seiner Gänze war noch radikaler: »Lass Dich lieben, mehr als diese.« Elisabeth schrieb das Wort *lass* in Großbuchstaben, um die wachsende Betonung hervorzuheben.

13 Martin Buber: Ich und Du, (Insel Verlag), Leipzig 1923, S. 12–13

14 Apostelgeschichte 17,28; Epheser 1,23; Exodus 3,14

15 Lukas 21,36

16 Johannes vom Kreuz: Collected Works, S. 66–67

Kapitel 10   KONTEMPLATIVE GEGENWART

Motto: Martin Buber: Ich und Du, (Insel Verlag), Leipzig 1923, S. 110

1 Johannes 13,25 und 21,20

2 Es kommt einer etwas orthodoxen christlichen Übung näher, wenn wir uns der heiligen Dreieinigkeit zuwenden, wie in meinem Beispiel: Der Körper in Gottes Arme, der Atem wird vom Geist geatmet, der Verstand wird Jesus übergeben, und alle verschmelzen in einer liebenden Gegenwart.

3 Lukas 10,38–42

Kapitel 11   LIEBE IN DER WELT

Motto: Hildegard von Bingen: Meditations with Hildegard von Bingen, übersetzt von Gabriele Uhlein, (Bear and Company), Sante Fe, N. Mex., 1982, S. 70

1 Hildegard von Bingen: Meditations, S. 99

2 Psalm 17,8; 36,8; 57,2; 63,8; Siehe auch Matthäus 23,37 und Lukas 13,34

3 Hanh: Miracle of Mindfulness, S. 24

Kapitel 12   LIEBE FÜR DIE WELT

Motto: The Cloud of Unknowing, S. 60

1 Juliana von Norwich: »Alles wird gut sein...« zitiert nach Happold, S. 329. »Du wirst nicht überwunden werden...« zitiert nach Revelations of Divine Love, S. 185. Zu einer Diskussion über die theologische Wirkung Julianas in der Gegenwart, siehe: A Lesson of Love: The Revelations of Julian of Norwich, übersetzt von John Julian, (Walker), New York 1988, S. V–XVIII

2 Das ist meine Version der Zeilen von Julianas letztem (dem 86sten) Kapitel. Alle Quellen bieten unterschiedliche Übersetzungen ihres Englisch aus der Zeit Chaucers.